CHRISTIAN LINDEMANN

SOUVERÄN AUF DEN BÜHNEN DES LEBENS

Mehr Sein als Schein

Econ

Econ ist ein Verlag
der Ullstein Buchverlage GmbH
ISBN 978-3-430-21048-5
© Ullstein Buchverlage GmbH, Berlin 2021

Alle Rechte vorbehalten
Lektorat: Dr. Annalisa Viviani, München
Gesetzt aus der Scala OT
Satz: LVD GmbH, Berlin
Druck und Bindearbeiten: GGP Media GmbH, Pößneck
Printed in Germany

Christian Lindemann
Souverän auf den Bühnen des Lebens

Inhalt

Prolog — 7
Showtime
Wie ich Menschen beschenke, indem ich sie beklaue

Kapitel 1 — 17
Wer glänzen will, muss schwitzen
Woran wir Leidenschaft erkennen

Kapitel 2 — 49
Verkaufen kann man nur sich selbst
Wie Sie Ihre Persönlichkeit einsetzen

Kapitel 3 — 81
Sterne kann man klauen, aber nicht kopieren
Was uns einzigartig macht

Kapitel 4 — 107
Warum du?
Welchen Unterschied Expertise macht

KAPITEL 5 133

Positive Manipulation

Warum Überlegenheit auf Gegenseitigkeit beruht

KAPITEL 6 161

Backstage im Kopf

Wo die Quelle der Souveränität liegt

KAPITEL 7 191

Bitte lächeln

Was Schlagfertigkeit wirklich bedeutet

KAPITEL 8 227

Das Show-Gen

Warum jede Rolle eine Hauptrolle sein kann

KAPITEL 9 251

Die Show ist der Star

Wozu jeder ein Ensemble braucht

KAPITEL 10 269

Standing Ovations für alle

Warum Sie den Applaus verdienen

Nachweise 299

Prolog
Showtime
Wie ich Menschen beschenke, indem ich sie beklaue

>»Ein bisschen Showbiz hat noch niemandem geschadet.«
>Peter Capaldi

Klauen ist verdammt harte Arbeit. Daran denke ich allerdings nicht, wenn die Spotlights angehen. Gleich den Suchscheinwerfern eines Polizeihubschraubers nageln sie mich fest, wie sich das für einen Meisterdieb gehört. Wie ertappt stehe ich da, mitten im Publikum, als 3000 Augenpaare sich auf mich richten.

Vom gleißenden Licht werden meine Pupillen klein wie Stecknadelköpfe, als sie blitzschnell die Menge scannen. Während ich die 120 Stufen hinab von der Empore auf die Bühne laufe, mit einem breiten Lächeln das Publikum begrüße und mich als »Christian Lindemann, König der Taschendiebe« vorstelle, ist ein anderer Teil meines Gehirns damit beschäftigt, den von mir auserwählten Zuschauer wiederzufinden.

Während ich selbst im Mittelpunkt der Aufmerksamkeit stehe, gilt meine eigene Achtsamkeit nur dieser Aufgabe: Ich muss den Mann mit dem grau karierten Jackett und der roten Krawatte aufspüren, dessen Sitzplatz ich mir in meinem Plan backstage markiert habe. In der Mitte von Reihe 50 muss er sitzen, hoffentlich, er wird doch nicht etwa …? Doch, da ist er, Gott sei Dank.

Jetzt bist du fällig, mein Freund. Und du wirst es lieben, genauso wie alle anderen: Deine Krawatte wird der Höhepunkt der Show sein.

Wäre er gerade auf der Toilette, oder würde er draußen vor dem Zelt eine Zigarette rauchen, müsste ich jetzt umplanen und mir den jungen Hipster in Reihe zwölf vorknöpfen oder den mäßig gelaunten älteren Herrn in Reihe drei – beide ohne Krawatte, aber immerhin mit Gürtel. In meinem Beruf muss man nehmen, was man bekommt. Ob ich optimale Arbeitsbedingungen vorfinde, interessiert das zahlende Publikum ja nicht: The show must go on, auch ohne Schlips.

Heute habe ich Glück: Der Karo-tragende Krawattenträger sitzt an seinem Platz und schaut kein bisschen kariert. Das ist nicht unwichtig. Neben ihm sitzt seine Frau, und auf beiden Seiten neben ihnen sitzen offenbar befreundete Paare. Schon beim Einlass habe ich beobachtet, was ich jetzt wieder wahrnehme: Die ganze Truppe ist gut gelaunt. Mit strahlenden Augen verfolgen sie die Show und witzeln zwischendurch miteinander. Das verspricht ideale Bedingungen. Schließlich sind alle außer mir nur zum Spaß hier. Ein gut gelauntes Opfer bedeutet mehr Freude an der Sache für alle – mich eingeschlossen.

Nichts ahnend strahlt der Mann weiter, während ich mir den Weg zu ihm bahne. Dabei tue ich so, als wüsste ich noch nicht, wen ich gleich beklauen werde. Als ich ihn schließlich fixiere und auf ihn zugehe, erkenne ich in seinen Augen den Moment, da ihm klar wird: Ich bin der Auserwählte. Ein kritischer Moment für mich; Sie glauben nicht, wie Menschen manchmal reagieren, wenn sie im Fokus der Aufmerksamkeit stehen.

Noch einmal habe ich Glück: Mein heutiges Opfer hat Bock, beklaut zu werden. Es ist ja nicht so, als ob ich daraus einen Hehl machen würde. »Let's play a game«, habe ich gerade noch bei der Begrüßung gesagt, »jetzt wird geklaut!« Im Gegensatz zu den kriminellen Fachkollegen auf der Straße kann bei mir keiner behaupten, er sei nicht gewarnt worden.

Leider ist nicht jeder so bereitwillig dabei wie Patrick, der mir auf unserem gemeinsamen Weg zur Bühne, von den Spotlights verfolgt, seinen Namen verrät. Und doch kriege ich fast jeden, den ich will, fast immer. Wie, verrate ich Ihnen noch.

Der Spaziergang mit Patrick, den ganzen langen Weg von Reihe 50 wieder nach vorn, dauert etwa eine Minute. Weil Patrick so weit hinten sitzt, werden alles in allem etwa drei Minuten vergangen sein, wenn wir dort ankommen – macht höchstens noch zwölf Minuten bis zum Ende meines knallhart kalkulierten Zeitfensters in der größten Varietéshow der Welt. Das muss ich nicht schätzen, das weiß ich, denn ich habe es tausendmal geprobt und in Tausenden Vorstellungen eingeübt; meine Schritte sind exakt gemessen.

Diese Zeit unterwegs kann ich gut gebrauchen. Unter anderem, um Patrick mit einem Blick in die Augen und einigen sorgfältig gewählten Worten klarzumachen: Keine Sorge, mein Lieber, ich will dich nicht bloßstellen. Sie werden nicht über dich lachen, sondern mit dir. Wir rocken diese Bühne gemeinsam, und du bist der Star! Binnen Sekunden muss ich Patricks Vertrauen gewinnen. Auch in dieses Geheimnis meiner Kunst werde ich Sie in diesem Buch einweihen.

Als wir beide auf der Bühne ankommen, weiß ich bereits eine ganze Menge über Patrick. Zum Beispiel weiß ich, dass er (oder seine Frau) seine Krawatte in einem sauberen einfachen Windsorknoten bindet – nicht in einem dieser chaotischen Junggesellenknoten, die mir manchmal das Leben schwer machen. Ich weiß auch, dass er sein Portemonnaie wie die meisten Männer in der rechten hinteren Hosentasche trägt und sein Schlüsselbund in der linken vorderen. Außerdem habe ich bemerkt, dass sein Handy in der rechten äußeren Jacketttasche steckt und eine ganze Menge Kleinkram auf der anderen Seite. Was genau ich dort finden werde, kann ich zu diesem Zeitpunkt allerdings noch nicht sagen. Und schließlich weiß ich, dass Patricks teure Automatikuhr über einen klassischen Pin-Verschluss verfügt.

All das und noch einiges mehr habe ich schon herausgefunden, bevor wir gemeinsam die fünf Stufen zu einer der beeindruckendsten Bühnen der Welt erklimmen: der 20 Meter großen Showbühne des Cirque du Soleil. Erfahren habe ich all das nicht, weil wir uns unterwegs unterhalten hätten. Vielmehr war ich mit meinen Händen längst überall, ohne dass Patrick davon etwas mitbekommen hätte.

Seine Uhr zum Beispiel ist Patrick schon losgeworden, während er noch erfreut meine Hand geschüttelt hat. Vielleicht hat er in dem Moment, als ich sie ihm abgenommen habe, gedacht: Mensch, der Christian, der hat einen Händedruck wie ein richtiger Kerl. Und da hat er recht, denn das ist die erste Regel in der Schule der Taschendiebe: Der starke Druck kaschiert den schwachen. Als ich Patrick jovial die Hand auf die Schulter gelegt habe, habe ich auf dem Weg dorthin mit einer federleichten Berührung den Inhalt seiner Jacketttaschen geprüft und, auf der Schulter angekommen, unbemerkt mit zwei Fingern an seinem Hemdkragen seinen Krawattenknoten gecheckt.

An diesem Punkt bin ich bereits dankbar, dass ich heute Abend Patrick ausrauben darf. Denn ich habe schon ganz andere Opfer erlebt. Die Menschen, die ich beklaue, um dem Publikum eine gute Zeit zu schenken, wissen gar nicht, wie sehr ich auf sie zähle. Wenn ich vor einem Auftritt einen oder mehrere Kandidaten mit Krawatte entdecke, ist das für mich ein Geschenk. Es ist vielleicht kein Muss, aber eine große Hilfe. Das Klauen der Krawatte ist, wie erwähnt, der Höhepunkt meiner Show.

Ist im ganzen Zelt kein einziger Krawattenträger anwesend,

muss ich noch ein kleines bisschen härter arbeiten als sonst. So hart, dass ich meistens klatschnass geschwitzt von der Bühne gehe. Denn dann tue ich, was außer mir kein anderer Showtaschendieb weltweit tut: Ich suche mir ersatzweise ein Opfer mit Gürtel aus und klaue den. Das kann richtig anstrengend werden. Bei Patrick zum Beispiel wäre es das. Der hat nämlich ein paar Kilo zu viel auf den Rippen und trägt einen eng sitzenden Ledergürtel in seiner Jeans – eine ganz schlechte Kombination. Leder auf lockerer Anzugwolle an einem schlanken jungen Herrn: flutscht. Leder auf knalleng sitzender, weil in der Hüfte gut gefüllter Jeans: suboptimal.

Aber zum Glück ist Patrick ja Krawattenträger. Gemeinsam stehen wir im Scheinwerferlicht, und dann ist es so weit: Showtime für Patrick und Showtime für den König der Taschendiebe! In den nächsten Minuten wird Patrick ziemlich alles los, was er bei sich trägt – manches davon mehr als einmal. Natürlich bekommt er alles zurück. Allerdings erst nachdem er schon wieder auf dem Weg zurück zu seiner Frau und seinen Freunden in Reihe 50 ist, damit das Publikum sieht: Er hat wirklich nicht gemerkt, wie ich ihm sämtliche Besitztümer einschließlich seiner Krawatte entwendet habe. Patrick, wie fast alle anderen vor ihm, nimmt es mit Humor. Er spürt, wie viel Freude die anderen Zuschauer an unserer gemeinsamen Darbietung haben. Als es schließlich vorbei ist, schickt das Publikum ihn mit einem tosenden Applaus zurück zu seinem Sitzplatz.

Ich weiß, das Klatschen ist Musik in seinen Ohren. Denn so klingt es auch in meinen – nach all den Jahren immer noch.

Der Moment danach ist jedes Mal aufs Neue der merkwürdigste meines Showalltags. Dabei habe ich ihn schon Hunderte Male erlebt. Weil mein Auftritt mitten im Publikum endet, verlasse ich das Showzelt durch den Besuchereingang. Ob bei

30 Grad Hitze oder bei strengem Frost, immer stapfe ich über den Vorplatz zurück in Richtung Artistenzelt, das Zirkusäquivalent eines Backstagebereichs. Je nachdem, wo wir gerade auf Tournee sind, ist das oft eine Marslandschaft von einem Schotterplatz. Schon viele Male habe ich mir vorgestellt, welches Bild ich in diesen Momenten wohl abgeben mag: allein in dieser Einöde, in meinem auffälligen Kostüm eines italienischen Gigolos. Das schreiende Jackett, die Gelfrisur, der Schnurrbart, das Goldkettchen – all das gehört zu meiner Rolle. Unter einer Schicht Make-up, die ich vor jeder Show zwei Stunden lang selbst auflege, muss ich außerhalb des Zelts wie eine Italo-Version des Jokers auf Weltvernichtungsmission aussehen. Nur aufgrund der Dramaturgie meines Auftritts bin ich der einzige Künstler, der das Zelt überhaupt im Kostüm verlassen darf, für diese wenigen surrealen Sekunden. Es ist wie ein Schritt in eine andere Welt.

Immer wieder aufs Neue erinnert mich dieser Moment daran, wie sehr sich die Bühnen unterscheiden, zwischen denen wir in unserem Alltag hin und her wechseln. Oft tun wir das von einer Minute auf die nächste. Und doch bleiben wir dieselben. Das verbindende Element zwischen diesen unterschiedlichen Welten, der gemeinsame Nenner zwischen meinen unterschiedlichen Bühnen, der rote Faden zwischen den Szenen meiner Geschichte: Das bin ich. Und wie ist es in Ihrem Leben? Da sind Sie das. Haben Sie schon einmal darüber nachgedacht?

Wie bestimmt auch Ihnen manchmal in der Hektik Ihres Alltags, bleibt mir keine Zeit zum Durchatmen. Nach der Show ist vor der Show: Nach einem schnellen Essen in der mobilen Zirkuskantine und einer frischen Schicht Make-up an meinem Garderobenplatz geht bald alles wieder von vorne los. Kurz darauf habe ich schon mein nächstes Opfer für die zweite Vorstellung des Tages im Auge. Was nicht heißen soll, lieber Patrick, dass das mit uns nichts Besonderes war.

So ist das Leben auf Tournee mit dem Cirque du Soleil: keine Wochenenden, keine Feiertage, aber ganz viel Teamspirit und Glückseligkeit in dieser einzigartig talentierten, kleinen, globalen Elite von Ausnahmekünstlern. Es ist so fordernd wie euphorisierend, jeden Tag aufs Neue. Für mich gibt es kein besseres Leben.

Selbst wenn Sie an diesem Punkt noch immer Ihr Portemonnaie festhalten, glauben Sie mir inzwischen vielleicht wenigstens das: Klauen ist harte Arbeit.

Und das ist noch längst nicht alles, was sich über meine Berufung sagen lässt. Schließlich habe ich mir nicht nur einen einzigen, wenig ehrbaren Beruf ausgesucht, sondern eigentlich gleich zwei in einem. Klauen ist nämlich nicht nur harte Arbeit, sondern auch eine Kunst. Die Schwiegermütter unter Ihnen mögen an dieser Stelle endgültig die Hände über dem Kopf zusammenschlagen: Krimineller *und* Künstler – wo soll das noch hinführen?

Und ich kann es nicht einmal leugnen: Ich habe so einige krumme Touren mit Ihnen vor. Wie soeben geschehen, werde ich Sie in diesem Buch noch einige Male hinter eine Bühne entführen. Im Schatten zwischen den Lichtkegeln der Scheinwerfer werde ich Ihnen eine ganze Reihe von Tricks beibringen, die so effektiv sind, dass sie verboten gehören. Ich möchte Sie in die Geheimnisse meiner Zunft einweihen, weil ich überzeugt bin: Das Repertoire der Künstler kann Ihnen auch auf den Bühnen Ihres Lebens wertvolle Dienste leisten.

Vor mehr als zehn Jahren begann ich meine Arbeit beim Cirque du Soleil. Heute bin ich der einzige deutsche Sprachkünstler, der es zum Haupt-Act im berühmtesten Zirkus der Welt gebracht hat. Bis dahin war es ein langer Weg. Er begann schon in meiner Kindheit, führte über schier endlose Jahre beinahe brotloser Kunst und dauerte alles in allem zwei Jahrzehnte. Dieses Klischee stimmt: Der Weg des Künstlers ist nie einfach. Doch es war trotz allem auch ein unvergleichlich schöner Weg, selbst in den harten Jahren. Ich möchte keinen Meter davon missen.

Das meiste davon, da bin ich sicher, lässt sich auch über Ihren Weg sagen. Auch in Ihrem Leben reiht sich eine Bühne an die andere. Mit Instagram geht es schon beim Aufwachen los. Irgendjemand versucht immer, uns die Show zu stehlen, während wir schlafen. Wenn es nicht der Kollege im Büro in Schanghai ist, ist es eben die Freundin auf Urlaub in Mexiko. Der Arbeitsplatz ist ebenfalls ein Laufsteg der Eitelkeiten – präsentiere sich, wer kann. Jede Begegnung mit Kunden, Kollegen und Konkurrenten mutiert schnell zu einer Darbietung vor dem strengsten Publikum der Welt. Und abends beim Geschäftsessen oder beim Date wollen wir trotzdem strahlen, als wäre nichts gewesen. Unser Alltag hat sich zu einer Aneinanderreihung von Auftritten entwickelt – eine Bühne schöner, aber auch herausfordernder als die andere.

Sie merken schon: Ihr Alltag und mein Alltag haben vielleicht mehr miteinander gemeinsam, als Sie bisher dachten. Mit meinem Repertoire als Künstler und Bühnenexperte möchte ich Sie unterstützen, damit auch Sie auf den Bühnen Ihres Lebens glänzen können. In diesem Buch greife ich für Sie in meinen Werkzeugkasten: die Trickkiste der internationalen Showstars. Denn letztlich entscheiden auf Ihren Bühnen des Lebens dieselben Stärken über den Erfolg wie im Rampenlicht: von Leidenschaft über Sendungsbewusstsein bis zum Selbstwert. Der Moment, wenn ich die Bühne betrete und mich dem Publikum präsentiere: Persönlichkeit. Wenn Patrick innerhalb von Sekunden Vertrauen zu mir aufbaut: Fokussiertheit. Wenn ich ihm die Krawatte abnehme, ohne dass er es merkt: Expertise. Wenn mein Opfer ein berühmter Milliardär ist und nach der Begegnung mit mir genauso leere Taschen hat wie jeder andere: mentale Stärke. Wenn ich in eine Jacketttasche greife und dort einen Revolver vorfinde: Schlagfertigkeit. Wenn ich auf der Bühne plötzlich blute wie angestochen und die Show trotzdem weitergeht: Kooperationsliebe.

Alle sogenannten Erfolgsgeheimnisse der Stars sind bei näherer Betrachtung handfeste Ich-Kompetenzen und Persönlichkeitsstärken, die auch Sie trainieren können. Genau dabei möchte ich Sie mit diesem Buch unterstützen, indem ich Übersetzungsarbeit zwischen der Showbühne und Ihren alltäglichen Bühnen leiste. Vielleicht stehen Sie noch am Anfang Ihres Weges, vielleicht haben Sie schon viel erreicht. Ich weiß nur: Da geht noch mehr. Immer. Es gibt nur einen König der Taschendiebe, und auch Sie gibt es nur einmal. Worin auch immer Ihre Kunst bestehen mag: Sie ist ausbaufähig. Egal, was Sie tun, was Sie antreibt, was Ihre Leidenschaft ist: Das Potenzial ist riesig. Sie brauchen nur die nötige Souveränität, um es auszuschöpfen.

Was auch immer Sie bisher über uns Künstler und vielleicht auch über sich selbst dachten, Sie werden sehen: Wahre Souveränität ist immer mehr Sein als Schein.

Kapitel 1
Wer glänzen will, muss schwitzen
Woran wir Leidenschaft erkennen

»Wer sich selbst treu bleiben will,
kann nicht immer anderen treu bleiben.«
Christian Morgenstern

Suchen und gefunden werden

Hören Sie auf, nach Ihrer Leidenschaft zu suchen!

Wie kann ich, als Künstler, Ihnen gleich zu Beginn einen solchen Rat geben? Ich gebe Ihnen eine Antwort darauf, erst nachdem wir einen Pakt miteinander geschlossen haben. Lassen Sie uns in diesem Buch ehrlich miteinander sein. Zugegebenermaßen wird das für mich als Autor ein bisschen einfacher als für Sie als Leser. Aber ich vertraue Ihnen, so wie ich davon ausgehe, dass Sie mir vertrauen. Mir, Christian Lindemann, dem König der Taschendiebe. Keine Sorge, ich bin ja weit weg. Es sei denn natürlich, Sie hören das hier bei einer Lesung mit mir. In diesem Fall übernehme ich keine Garantie für den Verbleib Ihrer Wertsachen.

Die wahren Werte in Ihrem Leben allerdings werde ich immer respektieren. Auch Diebe haben einen Ehrenkodex. Showdiebe, jedenfalls ...

Warum rate ich Ihnen also, nicht weiter nach Ihrer Leidenschaft zu suchen? Der Grund mag Sie überraschen oder erleichtern oder beides auf einmal: Sie hat sie längst gefunden oder mindestens sehnsüchtig an Ihre Tür geklopft. Vielleicht

Auch Diebe haben einen Ehrenkodex.

zaghaft, vielleicht dröhnend. Die Frage ist, ob Sie sie zulassen, oder ob Sie sich Ihre Leidenschaft versagen.

Das ist alles. So einfach zu sagen und doch so schwierig zu leben, denn natürlich haben Sie gute Gründe. Dazu kommen wir noch. Für den Moment halten wir erst einmal fest: Den wichtigsten Baustein für Souveränität tragen Sie bereits in sich. Denn Souveränität kann vieles überwinden, aber ohne Leidenschaft ist sie nicht zu haben. Was Sie leidenschaftslos tun, werden Sie nie wirklich souverän tun. Professionell, vielleicht. Gründlich, vielleicht. Vielleicht sogar überzeugend. Aber nie souverän.

Das war die gute Nachricht. Jetzt kommt die schlechte: Auch wenn Sie Ihrer Leidenschaft folgen, müssen Sie sich die Souveränität erarbeiten. Wer glänzen will, muss schwitzen.

Zum Trost schiebe ich gleich noch eine frohe Botschaft hinterher: Nichts in Ihrem Leben hat sich jemals so gut und so richtig angefühlt wie dieser Prozess. Wenn Sie Ihre Leidenschaft schon entdeckt haben und wir uns mitten auf diesem Weg begegnen, wissen Sie, wovon ich spreche. Falls Sie gerade erst loslaufen, darf ich Sie beglückwünschen: Alles, was ab jetzt kommt, tut gut – selbst an den Tagen, an denen es wehtut.

Wenn ich in meinem Leben zurückspule zu dem Moment, in dem meine Leidenschaft mich fand, muss ich nicht lange nach der richtigen Stelle suchen. Ich weiß genau, wann es um mich geschehen war. Als ich 15 Jahre alt war, stand ein Mann am Zenit seiner Karriere, den Sie höchstwahrscheinlich kennen: der große Illusionist David Copperfield. Damals war er mit seiner Show gerade auf Tournee in Deutschland und löste einen großen Hype aus. In der Popularität stand er Musikidolen wie Robbie Williams und Schauspielern wie Keanu Reeves nicht nach. Dank ihm war Zauberei plötzlich in. Nicht einmal Uri Geller hatte seinerzeit einen derartigen Boom ausgelöst.

Ich war einer der Millionen Fans, die der Magier aus Las Vegas hierzulande hatte. Zum ersten Mal sah ich ihn live in der Dortmunder Westfalenhalle. Zwei Stunden lang war ich wie weggebeamt in eine andere Welt und vergaß alles um mich herum. Als der Abend endete, waren die Würfel gefallen. Es war eine magische Anziehung – die Geburtsstunde meiner Leidenschaft. Von diesem Moment an war ich mir sicher, dass ich als Showkünstler dort oben hingehörte. Das war meine Bühne!

Dass meine Eltern überrascht waren, kann man nicht behaupten. Die Wurzel hatte ich nämlich schon lange vorher in mir getragen. Wie lange genau, vermag ich nicht mit Sicherheit zu sagen. Begeisterung für die Zauberkunst hatte ich schon mit sieben Jahren gezeigt, als ich – wie viele Jungs meiner Generation – von meinen Eltern einen Zauberkasten zum Geburtstag geschenkt bekam. Auf der Stelle fand ich Freude daran, Menschen mit meiner Fingerfertigkeit zu überraschen und zu begeistern. Einmal malten wir im Kunstunterricht ein Selbstporträt in unserem Traumberuf. Ich zeichnete mich als Showstar auf einer Bühne.

Statt wie die Eltern meiner Freunde zum Tennisunterricht mussten meine Eltern mich fortan regelmäßig zum Unterricht bei meinem Zauberlehrer Michael Sondermeyer bringen. Auf ihren Geburtstagspartys mussten meine Freunde sich von meinen Zaubertricks und meinen ersten Gehversuchen als Entertainer bespaßen lassen – ebenso wie alle Erwachsenen, die uns leichtsinnig über ihre feierlichen Anlässe informierten.

Welches Kind bekommt nicht gern Aufmerksamkeit und Applaus? Heute weiß ich: Es ging nicht um die Magie, so wie es heute nicht eigentlich ums Klauen geht. Damals wie heute ging es um die Show. Das ist meine Leidenschaft.

Sie hatte also bereits in Wartestellung gelauert, als David Copperfield auftauchte und mich darauf aufmerksam machte.

Viele Jahre später sollte ich die Gelegenheit bekommen, ihm persönlich dafür zu danken. Was damals noch fehlte, war die Darstellungsform, mit der ich meine Leidenschaft kanalisieren und mich der Welt als Entertainer präsentieren konnte. Zauberei war damals ein großer Trend und die Welt voller Möchtegern-Copperfields. Sogar in Castingshows wurde nach dem nächsten großen Magier gesucht. Das war mir zu beliebig. Und sosehr ich von den großen Illusionisten fasziniert war – Kisten und Ketten, Feuerräder und verschwindende Fahrzeuge waren nicht mein Ding. Mir lag eher der kleine Radius mit der großen Wirkung – die Faszination, die ich mit meiner Fingerfertigkeit auslösen konnte, wie ich es schon als Kind getan hatte.

Und wo Leidenschaft ist, ist immer ein Weg. Es war nur eine Frage der Zeit, bis auch meine Kunst mich finden würde. Da kam das Entwenden ins Spiel. Das war die Ausdrucksform, die mir gefehlt hatte! Der Showtaschendiebstahl passte genau zu meiner Leidenschaft und meinen Talenten – es war wie das fehlende Puzzleteil, mit dem alles plötzlich Sinn ergab.

Jetzt war mein Zielbild klar: Ich wollte die Showbühnen der Welt als Taschendieb erobern. Ich war nicht aktiv auf der Suche gewesen, nicht mehr als jeder andere Jugendliche. Doch meine Leidenschaft hatte mich gelenkt und mich die berufliche Bühne meines Lebens finden lassen.

Aber was bedeutet eigentlich »Bühne des Lebens«? Mit einer »Bühne« im engeren Sinne hat das nicht unbedingt etwas zu tun. Zufällig hat meine Leidenschaft mich auf eine tatsächliche Bühne ins Scheinwerferlicht und vor Publikum gezogen. Doch das heißt nicht, dass es bei Ihnen ebenso sein müsste. Ihre Bühne des Lebens kann alles Mögliche sein: Ihr spezielles Umfeld, zum Beispiel, wenn Sie sich sozial engagieren. Ihre privaten Beziehungen, wenn Ihre Familie für Sie der Dreh- und Angelpunkt ist. Ihr Beruf, wenn Sie noch immer für die Tätigkeit brennen, für die Sie sich vor vielen Jahren entschieden haben oder gerade jetzt entscheiden. Für viele Vertreter der jungen Generationen spielen Hobbys oder persönliche Träume wie Weltreisen und soziale Gründungen eine große Rolle in der Lebensgestaltung. Für manche haben diese Lebensbereiche gleiche oder größere Priorität als der Beruf. Andere wiederum widmen ihr Leben einem bestimmten Thema, einem Motto oder einer Herausforderung, der sie alles andere unterordnen bis hin zur Familienplanung. Leidenschaft ist so individuell wie ein Fingerabdruck und so facettenreich wie unsere Kultur: Es gibt so viele Ausprägungen davon, wie es Menschen gibt.

Und doch ist die Unterscheidung zwischen wichtig und unwichtig, leidenschaftlich und leidenschaftslos, die uns manchmal so schwierig erscheint, eigentlich ganz einfach: Unsere Bühnen des Lebens sind die, auf denen wir gern sind – ganz in unserem Element. Die Leidenschaft ist Ihr Filter, um herauszufinden, welche Bretter Ihre Welt bedeuten und welche nicht. Aus meiner persönlichen Bühnenerfahrung kann ich Ihnen raten: Nehmen Sie diese Unterscheidung ernst. Es gibt Bühnen, auf die Sie gehören – und es gibt solche, auf denen Sie untergehen. Garantiert.

Es gibt Bühnen, auf die Sie gehören – und es gibt solche, auf denen Sie untergehen.

Dieses Buch hilft Ihnen, sich von Ihrer Leidenschaft lenken zu lassen und die richtige Wahl zu treffen. Denn wahre Souveränität werden Sie nur auf Ihren Bühnen des Lebens finden.

Mit dem Klauen kamen die Tränen

»Ich will als Taschendieb berühmt werden!« Das ist wohl der Satz, den alle Eltern von ihrem Kind nicht gerne hören wollen.

Ich muss gestehen, ich hatte großes Glück. Obwohl die Ankündigung sie garantiert nicht in Partylaune versetzte, unterstützten meine Eltern mich vom ersten Tag an. Mein Vater nahm bei meiner Reifung als Showkrimineller eine besonders wichtige Rolle ein, wie ich Ihnen später erzählen werde. Da die wichtigsten Menschen in meinem Leben es also nicht zu verhindern wussten, schlug ich tatsächlich diesen verrückten Weg ein, während meine Schulkameraden Kaufleute, Anwälte oder Softwareingenieure wurden.

Ich hatte natürlich keine Ahnung, worauf ich mich eingelassen hatte. Die nächsten Jahre wurden zu einem Leidensweg, wie ich ihn mir schlimmer nicht hätte ausmalen können. Insgesamt dauerte es 15 Jahre, bis ich es zum offiziellen König der Taschendiebe und Haupt-Act im Cirque du Soleil gebracht hatte. Besonders die ersten zehn Jahre waren manchmal eine Qual. In einer Zeit, in der viele am liebsten von jetzt auf gleich Star oder wenigstens Starunternehmer werden wollen, mag meine Geschichte nicht die Botschaft sein, die jeder hören will. Und doch spricht wenig dafür, dass der Erfolg über Nacht als Karrieremodell ernsthaft Potenzial hat, auch wenn so mancher uns das vorgaukeln möchte.

Ich werde Ihnen über meine Anfänge reinen Wein einschenken. Das Klischee von der brotlosen Kunst bewahrheitete sich schneller, als mir lieb sein konnte. Meine ersten Shows hatte ich vor etwa zehn Zuschauern. Acht davon waren Freunde und Familie. Von meinem Ersparten kaufte ich mir einen alten VW-Bus und tingelte von Stadtfest zu Stadtfest. Da das Klauen einer Uhr allein nicht für eine Show taugte, eignete ich mir ein paar zusätzliche Straßenkunstfähigkeiten an.

Der Weg zu ein bisschen Bühne, ein bisschen Routine, ein bisschen Bekanntheit war zäh wie Kaugummi. Die Probleme begannen schon damit, dass mir niemand mein auserwähltes

Handwerk beibringen konnte oder vielmehr wollte. Bei den wenigen professionellen Showtaschendieben blitzte ich glatt ab, als ich mich ihnen als Assistent und Kofferträger andiente. Offenbar hatte ich mir von allen Fertigkeiten ausgerechnet die geheimnisumwittertste ausgesucht. Bücher und Videokassetten für angehende Zauberkünstler gab es haufenweise – kaum aber für angehende Taschendiebe.

Also brachte ich mir alles selbst bei – und zwar live und vor Publikum. Ich hatte keine andere Wahl! Die etwa 20 offenen Kleinkunstbühnen oder »Open Stages«, die es damals in Deutschland gab, wurden zu meinem zweiten Zuhause. Von der »Scheinbar« in Berlin über das »Schmidt-Theater« auf der Reeperbahn bis hin zum Oberhausener Ebert-Bad, das in einem alten Schwimmbad residiert – auf diesen kleinen Varietébühnen gaben sich all jene die Klinke in die Hand, die zwar ihre Bühne gefunden hatten, aber ihr Publikum noch suchten.

Viele, die heute Rang und Namen im deutschen Showbusiness haben, bildeten in diesem überschaubaren Umfeld meine Clique: die Comedian Cindy aus Marzahn, der Bauchredner Sascha Grammel, der Illusionist Jan Becker und viele andere, die heute jeder kennt, aber damals noch lange nicht so bekannt waren.

Auf einer Open Stage kann sich jeder, der etwas zu zeigen und den nötigen Mut hat, dem Publikum stellen. Manchmal stand man auf einer Bühne, die den Namen verdiente, manchmal auf einer stoffbespannten Euro-Palette. Später ging ich sogar europaweit auf Klinkenputzertour: von der Freilichtbühne vor dem Centre Pompidou in Paris über Covent Garden in London bis zum Künstlerviertel Las Ramblas in Barcelona.

Geld gab es für die Auftritte nicht. Den Applaus konnte mir

erst recht niemand garantieren. Manchmal kamen fünf Zuschauer, manchmal 200 – jeder Abend war ein Experiment. Oft konnte ich schon froh sein, wenn ich überhaupt zum Zug kam: Wenn von fünf Zuschauern vier Frauen waren, hatte ich nur ein potenzielles Opfer – denn aus offensichtlichen Gründen raube ich ausschließlich Männer aus. Und wenn der eine Mann im Saal keine Krawatte, keinen Gürtel und keine Jacke trug, dann sanken meine Chancen auf gelingenden Showtaschendiebstahl.

Besonders für jemanden wie mich, der sein Handwerk mehr trainierte als beherrschte, waren die offenen Bühnen eine brutale Schule. In der Anfangszeit wurde ich an manchen Abenden regelrecht vom Publikum geschlachtet. Bei meiner Performance war das künstlerische Risiko um einiges höher als in vielen anderen Darbietungsformen. Wenn bei einem Comedian von zehn Gags drei nicht zünden, ist das keine Katastrophe. Ich war mit meiner Nummer dagegen unbedingt auf die Gunst des Publikums angewiesen. Keine sehr gute Ausgangslage in dieser Szene: Immerhin gehört die rituelle Schlachtung zum Konzept einer offenen Bühne dazu. Gnade hat da keiner zu erwarten – schon gar nicht einer, der sozusagen am offenen Herzen das Operieren trainiert.

Im Schnitt zweimal die Woche stellte ich mich diesen Tribunalen, und oft fühlte es sich an wie Teeren und Federn mit Ankündigung. »Jetzt klaut er mir den Gürtel!«, brüllte einmal einer höhnisch lachend in den Saal, als ich mich noch ungeübt an seiner Jeans zu schaffen machte. Andere bewiesen bei ihren Verurteilungsritualen wenigstens noch Humor: »Soll ich mir die Uhr selbst abmachen, oder kriegst du es hin?«

Jede Darbietung war ein hundertprozentiges Risiko. Doch einen anderen Weg als diese Tortur gab es nicht, um besser zu werden.

Was heute Sekunden dauert und bis auf die letzte Note durchkomponiert ist wie ein Klavierstück, hat mich in den Feinheiten zwanzig Jahre meines Lebens und Hunderte von Shows gekostet. Vor allem beim Klauen von Krawatte oder Gürtel musste ich jeden einzelnen Handgriff Hunderte Male in immer neuen Variationen ausprobieren, bis ich die eine gefunden hatte, die mit nahezu hundertprozentiger Sicherheit funktionierte. Jedes Mal musste ich dafür das volle Risiko eines Liveauftritts eingehen. Es war die schwerste Zeit meines Lebens. Von der »Leidenschaft, die Leiden schafft« kann ich ein Lied singen.

Und doch war genau sie der einzige Grund, warum ich all das zähneknirschend aushalten konnte. Sollte das Girokonto doch im Dispo sein: Ich lebte das Leben, das ich mir ausgesucht hatte. Mit jeder rituellen Bühnenschlachtung und jeder verbalen Demütigung wurde mein Fell dicker – und mit jedem Auftritt wurde ich handwerklich besser. Auch wenn es zunächst noch niemand außer mir sah und sogar mein eigener Blick an manchen Tagen zu getrübt war, um die kleinen Fortschritte wahrzunehmen: Es ging aufwärts. Langsam. Sehr. Langsam. Aber aufwärts.

Aus den Aufnahmen einiger meiner besten Auftritte schnitt ich einen kurzen Videotrailer zusammen, den ich bei YouTube hochlud. Es war dieses Video, durch das eines Tages die Castingabteilung des Cirque du Soleil auf mich aufmerksam werden sollte.

Davon wagte ich damals noch nicht einmal zu träumen. Und doch, irgendwo tief in mir drin, genoss ich jeden Tag die Qualen dieses Wachstumsprozesses – auch die, an denen ich kurz davor war, den Glauben zu verlieren.

Leidenschaft ist eine Glaubensfrage

Leidenschaft hat viele Gesichter. Nicht jedes davon ist uns vertraut oder auf den ersten Blick sympathisch. Manchmal ist die Leidenschaft anderer von außen nicht leicht zu erkennen, geschweige denn zu verstehen. Je enger das eigene Schaffen an eine tief empfundene, alles beherrschende Begeisterung gebunden ist, desto komplexer und abenteuerlicher ist die Geschichte eines Menschen oft – so geradlinig und folgerichtig sie im Rückblick erscheinen mag.

Leidenschaft hat viele Gesichter.

Wie stark die Leidenschaft eines Menschen wirklich ist, erkennen wir daran, welchen Preis er oder sie zu zahlen bereit ist, um den großen Traum zu verwirklichen. Bei besonders erfolgreichen Menschen zieht sich diese Spur wie ein roter Faden durch die gesamte Biografie. Manchmal tun sie Dinge, die uns überraschen oder uns widersinnig erscheinen, bis wir sie durch die Brille der Leidenschaft betrachten. Hinter der größten Verrücktheit kann der größte Traum stecken, hinter dem größten Spinner das größte Potenzial. Was wir aus Überzeugung zu tun bereit sind, ruft bei anderen manchmal Kopfschütteln hervor. Doch wahre Leidenschaft ist sich für nichts zu schade. Je dramatischer der Werdegang, desto größer ist später oft der Erfolg.

Freddie Mercury ist unbestritten einer der größten Showstars aller Zeiten. Die grenzenlose Leidenschaft, die dafür nötig ist, half ihm in seiner bewegten Biografie über jede Hürde hinweg. Nach seinem Studium am Ealing Art College in London machte der Entertainer als nächsten logischen Schritt nicht etwa den Sprung auf die große Bühne – so funktionieren Künstlerkarrieren in den seltensten Fällen –, sondern er schlug zunächst einen großen Bogen: als ganz kleines Licht auf einer ganz anderen Bühne des Lebens.

Um sich einen Namen als Musiker zu machen, mussten Mercury und seine Band Queen erst einmal etwas Vorzeigbares produzieren. Doch Musik aufzunehmen ist eine teure Angelegenheit. Die jungen Männer mussten jedes Mal ein Studio mieten, um Demo-Aufnahmen zu machen, die nötige Technik kaufen oder leihen und nebenher irgendwie ihren Lebensunterhalt bestreiten. Trotz aller Energie, mit der uns die Leidenschaft versorgt, essen können wir sie nicht. Jeder, dessen Ambitionen größer sind als sein Kontostand, kann davon ein Lied singen. Aber sie hilft uns, unbändige Leistungsreserven zu entfalten. Sie gibt uns die Kraft zu tun, was nötig ist.

Freddie Mercury finanzierte sich seinen Traum als Straßenhändler. Von 1971 bis 1973 betrieb er einen Marktstand auf Londons Kensington Market. Dort verkaufte er gemeinsam mit seinem Kumpel Roger Taylor, dem Schlagzeuger von Queen, Secondhandkleidung und Kunstgegenstände ihrer College-Kommilitonen. Sogar seine eigene Abschlussarbeit vertickte Mercury – eine Abhandlung über Jimi Hendrix.[1]

Zwei Jahre später ernteten die Bandkollegen den Lohn ihrer Mühen. Die selbst finanzierten Demo-Aufnahmen hatten eingeschlagen. Die Band veröffentlichte unter ihrem Namen Queen ihr Debütalbum, das den Beginn ihrer unvergleichlichen Karriere markierte.[2]

Manchmal schauen Menschen auf andere herab, die einem Traum folgen und sich dabei mit Jobs über Wasser halten: Das schafft der doch nie, der Traumtänzer! Was sie dabei übersehen: Es braucht eine Menge Selbstvertrauen und Durchhaltevermögen, um jahrelang seine Zeit und seine Kraft in eine Arbeit zu investieren, die man nur als Mittel zum Zweck betrachtet. Manch einer hätte in zwei Jahren als Marktverkäufer mit seinem Schicksal gehadert. Nicht Freddie Mercury. Er zweifelte in dieser schwierigen Zeit nicht daran, dass er es auf die Bühne seines Lebens schaffen würde.

Das wissen wir von einem anderen, heute weitaus weniger bekannten britischen Rockmusiker. Noddy Holder, Sänger der Band Slade, war längst ein Star, als Queen noch an ihren Demo-Bändern bastelte. Jahrzehnte später erzählte er einer britischen Zeitung eine Anekdote aus dieser Zeit. Der Redakteur hatte den Sänger gefragt, woher er den verspiegelten Hut gehabt habe, der in seinen besten Zeiten in den 1970ern zu seinem Markenzeichen geworden war. Noddy Holder antwortete: »Ich habe ihn von einem Typen in Kensington Market gekauft, der Freddie hieß. Der sagte zu mir: ›Eines Tages werde ich ein großer Popstar sein wie du.‹ Ich sagte zu ihm: ›Fuck off, Freddie.‹ Er wurde zu Freddie Mercury.«³

Der Queen-Sänger steht mit seiner verblüffenden Vorgeschichte nicht allein da. Beinahe so surreal wie ihre Musik und ihre Selbstinszenierung ist auch die Vorstellung, was die isländische Popikone Björk trieb, bevor sie zu Weltruhm gelangte. Während sie es durch Auftritte mit lokalen Bands bereits als Jugendliche zu einer gewissen Bekanntheit in der Musikszene von Reykjavík gebracht hatte, arbeitete sie noch eine ganze Weile Vollzeit in dem Job, mit dem sie ihren Lebensunterhalt verdiente: In einer Fischfabrik war die exzentrische Sängerin dafür zuständig, mit einer Pinzette Würmer aus den Fischfilets zu ziehen, damit die nicht mit auf dem Teller landeten.

Einige der größten Weltstars mussten also ganz besonders schwitzen, bevor sie in ihren wahren Rollen glänzen konnten. Die Geschichten über ihre Anfänge als brotlose Künstler zeigen: Leidenschaft kann uns in alles verwandeln, was wir sein wollen. Was wir

Leidenschaft kann uns in alles verwandeln, was wir sein wollen.

bis dahin erdulden, macht uns nur noch stärker, das Ziel nur noch bedeutungsvoller und den Erfolg nur noch größer, wenn er sich eines Tages endlich einstellt.

Ein vielsagendes Wort

Ihre Leidenschaft bestimmt, wer Sie sind – und lässt es andere erkennen. Auch, welchen Preis Sie für welche Aspekte Ihres Lebens zu zahlen bereit sind, sagt viel über Sie aus. Schon die Begriffsgeschichte lässt darauf schließen, wie tief das Prinzip Leidenschaft in unserer Natur verwurzelt ist.

»Leidenschaft« ist bedeutungsverwandt mit Begriffen wie Hingabe, Lust, Neigung, Eifer oder Inbrunst. All diese Wörter deuten auf große Emotionalität hin und sind weitgehend positiv besetzt. Von »Leiden«, immerhin ein klar erkennbarer morphologischer Bestandteil des Wortes, ist also keine Spur zu finden, wenn man dem Lexikon folgt. Leidenschaft ist demzufolge ein »sich in emotionalem, vom Verstand nur schwer zu steuerndem Verhalten äußernder Gemütszustand« (aus dem heraus etwas erstrebt, begehrt, ein Ziel verfolgt wird). Auch kann es sich um eine »große Begeisterung, ausgeprägte Neigung, Passion für etwas« handeln, »was man sich immer wieder zu verschaffen, was man zu besitzen sucht, für eine bestimmte Tätigkeit, der man sich mit Hingabe widmet«.[4]

In der großen Emotionalität, die in dieser Definition zum Ausdruck kommt, deutet sich bereits an, warum Leidenschaft ein so wichtiger Faktor für die Wahl unserer Bühnen ist. Hingabe, Inbrunst und die Euphorie, die dabei entstehen, strahlen aus. Unsere Leidenschaft ist für andere Menschen spürbar und übt eine starke Anziehungskraft aus. Das Funkeln in den Augen, der beschleunigte Puls, der Überzeugungseifer – all das lässt Menschen nicht nur aufmerksam auf unser Tun werden, es steckt auch an.

Was immer Sie tun: Ihre Leidenschaft ist eines Ihrer wichtigsten USP (Unique Selling Points), wenn nicht sogar das wichtigste überhaupt. Sie kann über Erfolg und Misserfolg entscheiden, denn sie lässt uns auch trotz Widerstände dranbleiben und unser Bestes geben.

Eine Menge lässt sich aus der Begriffsgeschichte übrigens auch über den Schöpfer dieses Wortes im Deutschen ablesen. Bei den wenigsten Wörtern kann im Nachhinein klar bestimmt werden, wer ihre Verwendung zuerst geprägt hat – bei der »Leidenschaft« schon.

Philipp von Zesen war mit Leib und Seele von seiner eigenen Leidenschaft getragen: der deutschen Sprache. Aus dieser Hingabe gründete er die Deutschgesinnte Genossenschaft – eine Sprachgesellschaft, deren Name sich heute bedenklicher anhört, als er damals tatsächlich war. Denn im 17. Jahrhundert, als sie gegründet wurde, war die Sprache der Gebildeten und Kultivierten Europas vor allem Französisch. Dieser Umstand war der führenden Rolle Frankreichs in der Philosophie und den Wissenschaften durch die Aufklärung zu verdanken. Die Mitglieder der Deutschgesinnten Genossenschaft verfolgten das Ziel, die deutsche Sprache literatur- und diskursfähig zu machen. Zu diesem Zweck übertrugen sie mit überwältigendem Fleiß bedeutende Werke aus dem Französischen und anderen modernen Fremdsprachen, aber auch aus dem Lateinischen und Griechischen ins Deutsche.

Allein der persönlichen Übersetzungstätigkeit von Philipp von Zesen verdankt die deutsche Sprache eine ganze Reihe von Wörtern. Wir verwenden sie noch heute anstelle der Fremd- und Lehnwörter, die vorher an ihrer Stelle standen. Dazu gehören Begriffe wie »Augenblick«, »Bücherei« oder

»Glaubensbekenntnis«. Manche seiner Eindeutschungen setzten sich zwar nicht durch – darunter etwa »Jungfernzwinger« für »Nonnenkloster«. Auch die prosaische Bezeichnung »Krautbeschreiber« statt »Botaniker« oder »Zeugemutter« statt »Natur« wollte nicht so recht Fuß fassen. Doch zu den Begriffen, die nachhaltig ihren Platz in unserer Alltagssprache fanden, gehörte das schöne Wort, um das sich in diesem Kapitel alles dreht: Aus der lateinischen »Passion« wurde dank Philipp von Zesen die »Leidenschaft«.[5]

Warum in seiner Begriffsschöpfung der Bestandteil »Leiden« auftaucht, ist allerdings nicht überliefert. Vielleicht war auch Philipp von Zesen einen langen Leidensweg gegangen, bis er seine Passion für die deutsche Sprache ausleben konnte. Vielleicht hatten ihm Anfechtungen von den Traditionalisten zugesetzt, die das meist in Französisch und Latein gefasste Herrschaftswissen dem Pöbel nicht durch eine Übersetzung zugänglich machen wollten. Vielleicht stand auch der junge Philipp von Zesen, Urvater der deutschsprachigen Stand-up-Comedy, irgendwann auf einer offenen Bühne und suchte stammelnd nach einem deutschen Wort für »Nonnenkloster«: »Und dann ging die holde Maid in ... in ... in den Jungfernzwinger!«

Leidenschaft lässt sich auch ausbuhen, wenn es sein muss.

Leidenschaft lässt sich auch ausbuhen, wenn es sein muss. Wer braucht schon Auftrittshonorare, wenn er seiner inneren Stimme folgt?

Auf welcher Bühne wollen Sie stehen?

Ich würde auch als Taschendieb auftreten, wenn mich niemand dafür bezahlen würde. Lieber tue ich nichts, als das nicht zu tun. Wenn Sie über etwas in Ihrem Leben dasselbe sagen können, Glückwunsch! Willkommen im Klub der Sprachknacker, Taschendiebe und all der anderen Überzeugungstäter. Und wenn es sich (noch) nicht so anfühlt, keine Sorge: Sie sind in guter Gesellschaft. Je nach Sichtweise auch in der »besseren«.

Klären wir doch erst einmal, was Ihre Bühnen des Lebens eigentlich sind – und warum. Ziemlich sicher können wir sein, dass es sich um irgendeine Art von Tun handelt, denn auch das zeigt uns schon der Sprachgebrauch: Leidenschaft ist in der Regel an irgendeine Form von Aktivität gekoppelt.

Bei Instagram findet man unter dem Hashtag *#Leidenschaft* erstaunlicherweise nicht in erster Linie Bilder von attraktiven, spärlich bekleideten Menschen. Stattdessen taucht es vor allem in Kombination mit anderen Hashtags auf, die etwas bezeichnen, das man gern tut. Wir haben in der Regel eine Leidenschaft für eine Tätigkeit: fürs Zaubern, fürs Kochen, fürs Fotografieren, fürs Rechnen, fürs Laufen. Selbst jemand, der eine Leidenschaft für Blumen hat, lebt diese Leidenschaft bei einer Tätigkeit aus – beim Gärtnern. Wer eine Leidenschaft für Bücher hat, liebt das Lesen und so weiter. Und wenn nicht, können wir davon ausgehen, dass bei demjenigen das persönliche Leidenschaftskonto im Minus ist. Wenn Sie also eine lebenslange Leidenschaft für Pferde hegen, aber keine Möglichkeit haben zu reiten, wäre das schon mal ein erster Hinweis, wo Sie bei Ihrer Lebensplanung vielleicht mal nachjustieren könnten ... nein, *sollten*.

Ich will Ihnen bestimmt nicht sagen, was Sie zu tun haben. Aber an dieser Stelle erlaube ich mir, ausnahmsweise polemisch zu werden, indem ich an Ihre Selbstliebe appelliere. Denn das ist eine der größten Fallen, in die wir im Leben tappen können: dass wir uns unsere Leidenschaften nicht zugestehen.

Der eigenen Leidenschaft zu folgen, ist kein Hedonismus – es ist ein Menschenrecht! Jeder von uns verfolgt eine Reihe von Lebensmotiven, die aus verschiedenen Quellen stammen. Manche mag die Erziehung fördern, andere erwerben wir durch unsere Sozialisierung in einem bestimmten Umfeld – und all das wirkt auf teils unerklärliche Weise zusammen. Psychologen, Philosophen und Soziologen haben beim Versuch herauszufinden, was uns zu den Menschen macht, die wir sind, ganze Bände gefüllt. Fest steht: Jeder Mensch hat seine eigene Kombination von Motiven – und wer diese persönliche Disposition ignoriert, wird auf Dauer kein erfülltes Leben führen.

Das ist mein erster Appell: Leben Sie Ihre Motive! Es gibt eine Reihe von Möglichkeiten zu klären, was wichtig für Sie ist, und eine Starthilfe werde ich Ihnen gleich noch geben. Wenn Sie auf diesem Gebiet noch unsicher sind und tiefer in die Erforschung Ihrer inneren Antriebsfedern eintauchen möchten, beschäftigen Sie sich zum Beispiel einmal mit einer Persönlichkeitstheorie wie dem »Reiss Profile«. Nach Steven Reiss beeinflussen 16 Lebensmotive unsere Persönlichkeit je nach ihrer individuellen Ausprägung. Das Wissen über unsere Motive hilft uns, sowohl unser Leben so zu gestalten, dass wir uns wohlfühlen, als auch zu verstehen, was uns in mancher Lebenslage hemmt oder stört, sowie die Lebensmotive anderer Menschen zu erkennen. Damit ist dieses Erklärungsmodell zugleich umfassender und individueller als andere.

Leben im Einklang

Das bringt mich zu meinem zweiten Appell: Ihre Motive mögen Sie nicht direkt steuern können. Aber die Wahl der konkreten Bühnen, auf die Sie sich in Ihrem Leben stellen, ist ein selbstbestimmter Prozess. Er wird oft Lebensgestaltung oder auch Persönlichkeitsentwicklung genannt. Also gestalten und entwickeln Sie!

Nach meiner Erfahrung verbringen wir etwa zwei Drittel unseres Lebens auf selbst gewählten Bühnen, also frei gewählten Betätigungsfeldern und sozialen Umfeldern. Dazu gehören die Wahl des Berufs, des Lebenspartners, des Lebensorts, der Hobbys, des Freundeskreises und die konkreten Schritte in der Lebensplanung, die all diese Felder umfasst.

Das andere Drittel bilden Herausforderungen und Lebensumstände, die uns widerfahren und die wir nur bedingt oder gar nicht steuern können: Krankheiten, Unfälle, Schicksalsschläge, Zufälle, temporäre Lebensumstände, Naturkatastrophen, Gesellschaftskrisen.

Wenn wir uns nun bewusst machen, dass der größere Teil unseres Lebens auf selbstbestimmten Bühnen entschieden und gestaltet wird – macht das nicht einen riesigen Unterschied für die Frage, wie ernst man diesen Gestaltungsauftrag nimmt? Wir können in viel höherem Maß darüber bestimmen, wie unser Leben verläuft, als wir uns manchmal eingestehen.

Damit fallen die meisten Ausreden aus, mit denen wir uns gern aus der Verantwortung ziehen, wenn die Unzufriedenheit an uns nagt: Ich kann doch kein Kreativbüro gründen jetzt, da ich gerade Mutter geworden bin. Ich kann doch nicht in ein anderes Land ziehen jetzt, da meine Eltern älter werden. Ich kann doch nicht Kunstpädagoge werden, wenn ich aus einer Familie von Anwälten stamme.

Auch ich stand mehrfach vor solchen Entscheidungen und weiß, wie sie sich anfühlen. Meine Tochter Amelie war noch klein, als ich zum Cirque du Soleil nach Kanada berufen wurde. »Kann ich das, darf ich das?« war auch meine Frage.

»Ich muss« war die einzige Antwort. Es ging nicht um eine ungelegene Dienstreise, es ging um die Ausübung meiner Leidenschaft, um den Kern meiner Existenz für den Rest meines Lebens. Natürlich konnte ich.

Ein paar Jahre zuvor erteilte mir Amelie auf einem Elterntag im Kindergarten die Absolution für meine Entscheidung. Bei allen anderen im Raum sorgte sie mit ihren Worten wahrscheinlich für eine Menge Erklärungsbedarf. Mich dagegen rührte sie zu Tränen mit ihrer Antwort auf die Frage, was ihre Eltern beruflich machen. »Mein Papa ist Taschendieb! Aber einer der besten auf der Welt!«

Wenn Sie einem Dieb nicht glauben wollen, glauben Sie seiner stolzen Tochter: Ihrer Leidenschaft zu folgen, ist die wichtigste Entscheidung, die Sie je treffen werden. Das ist mein zweiter Appell: Wählen Sie Ihre Bühnen so aus, dass sie zu Ihren Leidenschaften passen. Ein erfülltes Leben führen wir, wenn unsere Lebensgestaltung im Einklang mit unseren Motiven steht – jedenfalls soweit es die steuerbaren zwei Drittel unseres Lebens betrifft. Das restliche Drittel bietet Störpotenzial genug. Treffen Sie in den frei wählbaren Teilen Ihrer Lebensplanung emotional tragfähige Entscheidungen – dann können die kleinen und großen Krisen des Lebens Ihnen weniger anhaben.

> *Wählen Sie Ihre Bühnen so aus, dass sie zu Ihren Leidenschaften passen.*

Initialzündung

An diese beiden Appelle schließt sich unweigerlich die Frage an: Sind Sie auf den Bühnen, auf denen Sie sein wollen?

Wenn Sie nicht das Gefühl haben, dass Ihr Leben von Leidenschaft erfüllt ist, empfehle ich Ihnen, Ihren Lebensfilm noch einmal gedanklich zurückzuspulen. Bis zu welcher Stelle? Das ist die große Frage! Was wir suchen, ist der Punkt in Ihrem Leben, als Sie zum ersten Mal entflammt sind. Bei einigen meiner Zirkuskollegen: wortwörtlich.

Gehen wir mal davon aus, dass Sie keinen Brennspiritus brauchten, um Feuer zu fangen. Der Moment, den wir suchen, ist ein Leuchten in Ihren Augen, ein plötzlich beschleunigter Puls, ein Wahrnehmungstunnel: Auf einmal war alles andere ausgeblendet und belanglos. Wir suchen den Moment, als Sie das Gefühl hatten: Das bin ich – das ist meine Bühne!
Irgendwann – und das ist der Punkt, den wir suchen – taucht etwas in unserem Leben auf, das zur Obsession wird. Bei vielen Menschen findet diese Offenbarung bereits in der Kindheit statt. Das kann manche Entscheidungen schwierig machen oder verzögern. Das größere Problem ist allerdings, dass viele diesen Punkt übergehen. Manche lassen sich sogar fremdsteuern, bis sie mit Mitte vierzig in ihrer Karriere an eine gläserne Decke stoßen und sich dann schlagartig unwohl fühlen: Wenn das die Endstation ist, dann bin ich in die falsche Richtung gelaufen! War da nicht noch etwas anderes? Die meisten müssen, wenn sie ehrlich sind, nicht lange darüber nachdenken, wo sie falsch abgebogen sind. Ab einem gewissen Alter ist uns schmerzlich bewusst, was wir uns versagt haben.

Deshalb will ich Ihnen helfen, sich einen Weg durch den Dschungel der Widerstände und Anfechtungen zu bahnen, gegen die sich jede Leidenschaft behaupten muss. Das ist die beste Starthilfe, die ich Ihnen geben kann. Die wenigsten von uns haben Schwierigkeiten zu benennen, wofür sie brennen. Nicht die Leidenschaft ist schließlich das Problem, sondern die Hürden auf dem Weg zu Ihren Bühnen des Lebens. Die

Herausforderung besteht jedoch darin, Ihre Leidenschaft ins Zentrum Ihrer Lebensgestaltung zu stellen und gegen Feinde zu verteidigen – äußere, aber auch innere.

Leidenschaftsfeindliche Umfelder

Die Gründe, warum jemand den falschen Weg einschlägt, sind mannigfaltig und doch recht homogen: Fast immer geht die falsche Karriereentscheidung in hohem Maße auf äußere Einflüsse zurück. Auf die Frage, was im Leben »erfolgversprechend« sei, bekommen wir als Kinder und junge Erwachsene alle möglichen Antworten angeboten, um nicht zu sagen: aufgedrängt. Jeder hat einen guten Rat parat, welcher Beruf »Zukunft hat« – dabei hat dieser Rat meistens mehr mit dem Ratgeber zu tun als mit dem Empfänger. Eltern, Freunde, Karriereberater: Jeder will genau wissen, was gut für uns ist – und gerade das engere Umfeld hat leider meist auch keine Hemmungen, die Selbstfindung auf die eine oder andere Art zu manipulieren.

Viele Menschen können im Nachhinein nicht mehr genau sagen, ab welchem Punkt Sie die Entscheidung trafen – ab wann alles zum Selbstläufer wurde. Plötzlich waren sie erwachsen und steckten mitten in einer Karriere, für die sie nie eine wirkliche Leidenschaft hatten. Und dann, manchmal schleichend, manchmal von einem Tag auf den nächsten, scheint die Vernunftentscheidung von damals rückblickend betrachtet gar nicht mehr so vernünftig gewesen zu sein. Zum Glück leben wir heute in einem gesellschaftlichen und wirtschaftlichen Klima, in dem es fast nie zu spät ist, noch einmal neu anzufangen. Aber viele Chancen, viele Jahre und viel erfüllbare Leidenschaft sind zu diesem Zeitpunkt schon unwiederbringlich verloren. Und das alles nur, weil Sie eine vernünftige Entscheidung treffen wollten ...

Die Wahrscheinlichkeit, dass Sie einer dieser vernunfttraumatisierten Menschen sind, ist leider gar nicht gering. Gehen Sie also nicht zu hart mit sich ins Gericht, wenn Sie sich gerade ertappt fühlen. Dem Berufsbildungsbericht der Bundesregierung 2019 zufolge bricht seit Jahren relativ konstant etwa jeder vierte Auszubildende in Deutschland die begonnene Lehre ab, Tendenz sogar leicht steigend.[6] Ungefähr jeder dritte Student steigt laut einer Studie des Deutschen Zentrums für Hochschul- und Wissenschaftsforschung vorzeitig aus seinem Studiengang aus.[7] Als einer der häufigsten Gründe wird die fehlende Identifikation mit dem Fach genannt, mit anderen Worten: Es fehlt an Leidenschaft für das Thema.

Wenn ein junger Mensch mehrere Anläufe braucht, bis er einen Beruf findet, in dem er sich gut aufgehoben fühlt, ist das keine Kleinigkeit, sondern ein echter Verlust – sowohl für den Einzelnen biografisch als auch für die Gemeinschaft volkswirtschaftlich. Über eine Generation hinweg betrachtet, summiert sich das zu einem Berg an vertaner Lebens- und Schaffenszeit sowie an Gemeinkosten auf. Dabei ist Zeitverschwendung das Letzte, was wir uns erlauben können: In unserer überalterten Gesellschaft hängt viel davon ab, dass jeder Einzelne so bald wie möglich an der richtigen Stelle seinen Beitrag leistet.

Wir müssen ehrlich zu uns selbst sein im Hinblick auf das, was uns wirklich Freude macht, und wir brauchen Mut. Um Vertrauen in unsere Leidenschaft zu entwickeln, müssen wir unserer eigenen Urteilskraft vertrauen und bereit sein, Verantwortung auch für eine außergewöhnliche oder sogar unpopuläre Berufsentscheidung zu übernehmen.

Andere von den eigenen Träumen zu überzeugen, wird uns

leichter gelingen mit Vorbildern, die den eingeschlagenen Weg erfolgreich gegangen sind. An ihnen können wir uns orientieren – und auf sie können wir andere verweisen. Bei mir hieß dieses Vorbild David Copperfield.

Wenn Sie jetzt gerade über Ihre nächsten Schritte im Leben nachdenken, spüren Sie möglicherweise diese Unsicherheit am eigenen Leib. Vielleicht haben auch Sie gerade Angst, einen Fehler zu machen, wenn Sie auf Ihre Leidenschaft hören. Mut bedeutet nicht, keine Angst zu haben! Mut ist die bewusste Entscheidung, dass etwas anderes wichtiger ist als die Angst. Die Entscheidung kann ich Ihnen nicht abnehmen – und schon gar nicht will ich ein weiterer Manipulator sein, der Sie in irgendeine Richtung beeinflusst. Ich kann Ihnen aber sagen, was mein Weg und der meiner Künstlerkollegen und Weggefährten mich gelehrt hat.

> *Mut ist die bewusste Entscheidung, dass etwas anderes wichtiger ist als die Angst.*

Ich bin schon fast mein ganzes Leben lang von professionellen Künstlern umgeben. Haben all diese Menschen, die ihrer Leidenschaft gefolgt sind, ein einfaches Leben gehabt? Gewiss nicht. Haben sie alle irgendwann einmal an ihrer Entscheidung gezweifelt und sich ein einfacheres Dasein gewünscht – mit Festanstellung, festem Arbeitsort, festen Arbeitszeiten und einem festen Gehalt? Vielleicht. Würde einer von ihnen sich anders entscheiden, wenn er die Zeit zurückdrehen könnte? No way.

Wenn nicht einmal wir Künstler, deren Urteilskraft in Karrierefragen von allen vernunftgesteuerten Menschen auf dem Planeten angezweifelt wird, unsere Entscheidung für den Weg der Leidenschaft bereuen – warum sollten Sie es tun? Wenn Sie sich also fragen, ob es ein Fehler ist, Ihrer Leidenschaft zu folgen, kann ich Ihnen, ohne zu zögern, antworten: Der Fehler wäre, es nicht zu tun.

Am Ende bereuen wir nicht, was wir getan haben, sondern was wir nicht getan haben. Wenn Sie befürchten, dass Sie sich später etwas nicht verzeihen können, gebe ich Ihnen einen echten Grund zur Sorge: Was schon immer da war, wird Sie bis zum Ende verfolgen. Leidenschaft gibt keine Ruhe.

Was schon immer da war, wird Sie bis zum Ende verfolgen. Leidenschaft gibt keine Ruhe.

Also stellen Sie sich der Herausforderung lieber so früh wie möglich – umso weniger haben Sie später zu bereuen. Spulen Sie zurück. Finden Sie heraus, was schon immer da war. Achten Sie auf die Signale, und folgen Sie ihnen. Und vor allem: Passen Sie auf Ihre Leidenschaft auf wie auf Ihren Augapfel, und zwar für den Rest Ihres Lebens. Denn die Feinde der Leidenschaft sind auch die Feinde der Souveränität.

Die sechs großen Leidenschaftskiller

Wenn Sie noch nicht den Mut aufgebracht haben, dem Pfad Ihrer Leidenschaft zu folgen, besteht darin ab sofort Ihre größte Challenge. Und wenn Sie bereits auf den Bühnen Ihres Lebens stehen, brauchen Sie am meisten Unterstützung im Kampf gegen die Widerstände. Also betrachten wir einmal, was der Leidenschaft im Weg steht – ganz konkret, in Ihrem Alltag, vielleicht schon Ihr Leben lang. Es gibt eine ganze Reihe von Ablenkungsmustern, die mit Ihrem wichtigsten Lebensmotiv konkurrieren. Leider sind die sechs großen Leidenschaftskiller sehr effektiv.

1. Der Kompetenz-Irrtum: Verwechseln Sie nicht Können und Leidenschaft!

Nur, weil Sie gut in etwas sind, heißt das noch längst nicht, dass es Ihre Leidenschaft ist. Die Erfolgsgeschichte des siebenfachen Formel-1-Weltmeisters Michael Schumacher ist ein eindrucksvolles Beispiel dafür, warum die Leidenschaft der bessere Ratgeber in der Lebensplanung ist. Schumacher hatte eine ganze Reihe von sportlichen Talenten: Aus ihm wäre auch ein hervorragender Fußballer oder Tennisspieler geworden. Letztlich entschied er sich aus seinem Strauß von Talenten für den Sport, für den er von frühester Kindheit an eine tiefe Leidenschaft hegte – und wurde zum unbesiegbaren König der Formel 1.

Sie müssen nicht in einer Bank arbeiten, nur weil Sie gut im Rechnen sind. Dass Sie gut reden können bedeutet nicht automatisch, dass Sie gern die Aufmerksamkeit auf sich ziehen. Und wie man an meinem Beispiel sieht, kann man Fingerfertigkeit nicht nur in einem Handwerksberuf einsetzen. Natürlich ist es wünschenswert, dass Sie Ihre besonderen Fähigkeiten in irgendeiner Weise nutzen können. Viele Kompetenzen, die Ihre Leidenschaft vielleicht erfordert, kann man allerdings auch lernen – denken Sie nur an meine 15 Jahre währende Lehrzeit als Autodidakt.

Wenn Sie in Erwägung ziehen, eine bestimmte Fähigkeit zur Grundlage Ihrer Berufswahl zu machen, fragen Sie sich erst einmal: Würde ich das freiwillig zehn Stunden am Tag machen, ohne dass mich jemand dafür bezahlt?

2. Das Schwarze-Schaf-Syndrom: Herkunft ist kein Schicksal!

Auch wenn Eltern ihre Kinder nicht direkt in eine bestimmte Richtung schieben, so übernehmen viele indirekt deren unerfüllte Wünsche. Sie neigen nun einmal dazu, ihre Erwartungen bei der Erziehung bewusst oder unbewusst auf ihre Kinder zu projizieren. So wachsen viele in dem Glauben auf, dass man die »Neigungen« der Eltern erbe: Die meisten Akademikerkinder machen Abitur, viele Arztkinder werden Ärzte, viele Familienunternehmen bleiben in der Familie. Manche Jugendlichen bekommen gar nicht erst den Spielraum, sich auszuprobieren und ihre Leidenschaften zu entdecken.

Nicht jeder bringt die Kraft auf, sich gegen autoritäre Eltern aufzulehnen: Wer wird schon gern als schwarzes Schaf der Familie gebrandmarkt, weil er oder sie »aus der Art schlägt«? Vor allem zieht nicht jeder die Konsequenz, seine Leidenschaft über das vermeintliche »Familienwohl« zu stellen.

Auch ich musste mir von manchen Verwandten missbilligende Andeutungen und Vorwürfe anhören. Meine Eltern dagegen unterstützten mein ungewöhnliches Hobby. Sie erkannten, wie groß meine Leidenschaft war, und legten mir keine Steine in den Weg. Wir sind nicht da, um die Wünsche unserer Eltern zu erfüllen. Wir sind geboren, um unserer Leidenschaft zu folgen.

Wir sind geboren, um unserer Leidenschaft zu folgen.

3. Der Wunsch nach Zugehörigkeit: Hinterfragen Sie Ihr Umfeld!

Einen großen Einfluss kann auch das Umfeld ausüben: der Freundeskreis, die Schulkameraden, die erweiterte Familie. Das Bedürfnis dazuzugehören ist Teil unserer Natur – wir sind Herdentiere. Deshalb ist es nachvollziehbar, wenn das Bedürfnis nach Zugehörigkeit besonders jungen, leicht beeinflussbaren Menschen eine Leidenschaft vorgaukelt, die gar keine ist. Plötzlich fährt man Motorrad, spielt Tennis im selben Verein oder interessiert sich für Mode, weil alle in der Clique es tun.

Stellen Sie sich vor, Ihr Sohn schraubt jedes Wochenende

mit seinem besten Kumpel an Autos herum. Und eines Tages sagt der Kumpel dann: »Ich werde Automechaniker.« Da ist es nur natürlich, wenn Ihr Sohn den Impuls hat: Das mache ich auch! Denn es macht ja Spaß, mit dem Kumpel am Wochenende. Aber wird es das auch unter professionellen Bedingungen in einer Werkstatt? Steckt wirklich eine Leidenschaft dahinter?

Ob als junger Mensch, als Eltern, als Lehrer oder als Freunde: Wir können den Menschen in unserer Nähe enorm helfen, indem wir uns der Macht des Umfelds bewusst sind, niemandem unsere Vorstellungen aufdrücken und die Leidenschaften anderer respektieren und fördern.

4. Anpassungsdruck: Hüten Sie sich vor Vergleichen!
Bestimmt kennen Sie solche Geschichten aus Ihrem eigenen Umfeld, wenn nicht von sich selbst: Ein Vater hat drei Töchter. Zwei davon sind seit Jahren verheiratet und haben schon Kinder. Die dritte hat mit 35 noch keine Kinder und lebt als Single, weil sie sich auf ihre Karriere konzentriert. Da heißt es bei Familienfeiern schon mal: »Sie findet wohl keinen Mann?« oder »Sie will wohl keine Kinder?« oder konfrontativ: »Nimm dir mal ein Beispiel an deinen Geschwistern!« Ähnlich kann es ihr ergehen, wenn ihre Schwestern »beruflich erfolgreicher« sind, im Klartext: mehr Geld verdienen. Dass sie in beiden Fällen vielleicht als Einzige ihrer Leidenschaft gefolgt ist und ein erfülltes Leben führt, wird dabei ausgeblendet. Kein Stück sinnvoller als solche Geschwisterkonkurrenzen sind Generationenvergleiche – was viele Eltern und Großeltern jedoch nicht davon abhält, ihre Kinder an ihren eigenen Prioritäten im Leben zu messen.

Vergleiche mit anderen können ein echter Killer für Ihre persönliche Entwicklung sein. Dabei spielt es letztlich keine

Rolle, ob diese Vergleiche Ihnen von anderen aufgedrängt werden, oder ob Sie sich aus Unsicherheit selbst negativ vergleichen. Wenn Sie Ihre Lebensmotive an den Maßstäben anderer Menschen mit anderen Wertesystemen messen, werden Sie immer hinter Ihren Möglichkeiten bleiben.

5. Harmoniebedürfnis: Gehen Sie kein schlechtes Tauschgeschäft ein!

Manche Menschen verfügen über ein großes Harmoniebedürfnis. Manchen wurde es sogar bewusst oder unbewusst anerzogen. Dann ist es besonders schwer, sich äußeren Erwartungen zu widersetzen. Wenn Sie zu diesen Menschen gehören, laufen Sie große Gefahr, aus falsch verstandener Liebe ein schlechtes Tauschgeschäft einzugehen: Für die Zuneigung oder Bestätigung nahestehender Menschen bezahlen Sie mit Ihrer Leidenschaft. Denn oft hält das Umfeld mit seinen Urteilen und Ansprüchen nicht hinterm Berg: von »Wie stellst du dir das vor?« über »Träum weiter« bis zu »Tu mir das nicht an!«.

Wenn wir einem unwahrscheinlichen Traum folgen, werden wir unweigerlich zum Ziel von Urteilen und Anfechtungen anderer. Manchmal ist das schwer auszuhalten. Doch lassen Sie sich davon auf keinen Fall entmutigen! Sie können niemandem treu sein, solange Sie sich selbst nicht treu bleiben.

Wann immer Sie sich unterwegs von leidenschaftslosen Normkarrieristen, früh verrenteten Verwandten, besorgten Erziehungsberechtigten und anderen Bedenkenträgern als »Lebenskünstler« betiteln lassen müssen: Tragen Sie das Etikett wie einen Orden. Später werden Sie für diese Zähigkeit, für Ihren unerschütterlichen Glauben an sich selbst und an Ihr Ziel bewundert

Sie können niemandem treu sein, solange Sie sich selbst nicht treu bleiben.

werden. Von allen Rollen, die wir im Leben spielen, ernten wir für die des Überzeugungstäters am meisten Respekt.

Das gilt übrigens auch und insbesondere für jene Mitmenschen, die nichts als Neid für Sie übrig haben und Ihnen unterstellen, Ihr Erfolg sei Ihnen in den Schoß gefallen. Sie beneiden Sie für Ihre Leidenschaft. Denn sie ist das, was den Unzufriedenen wirklich fehlt – egal, was sie auf dem Papier erreicht haben mögen.

> *Von allen Rollen, die wir im Leben spielen, ernten wir für die des Überzeugungstäters am meisten Respekt.*

6. Falsches Pflichtgefühl: Überwinden Sie das schlechte Gewissen!

Ein echter Killer können auch moralische Bedenken sein, die wir selbst gegen uns richten. Je nach Erziehung, Umfeld und Lebensumstände können solche Moralvorstellungen erstaunliche Macht über uns ausüben.

Das kann zum Beispiel der Fall sein, wenn die Großmutter oder der Vater zum Pflegefall werden. Plötzlich stellt sich die Frage nach der Betreuung. Angenommen, Sie stehen in diesem Moment gerade vor der Beförderung zu einer zeitintensiven Position, auf die Sie seit Jahren hinarbeiten. Vielleicht sind Sie auch gerade im Begriff, in eine andere Stadt umzuziehen. Gestehen Sie sich trotzdem zu, Ihre Ziele zu verwirklichen? Oder hält das schlechte Gewissen Sie davon ab, obwohl niemand es von Ihnen verlangt?

Ich weiß, wie schwer das Gewissen wiegen kann. Meine große Chance beim Cirque du Soleil kollidierte damals mit meinem Pflichtgefühl als junger Vater. Wenn das schlechte Gewissen zupackt, wechseln Sie die Perspektive und betrachten Sie die langfristigen Folgen Ihrer Entscheidung: Welches Vorbild wäre meiner kleinen Tochter wohl ein Vater gewesen, der seine große Chance zurückweist, sich unter Wert durchschlägt und seine Lebensentscheidungen bereut? Wie würde sie sich wohl fühlen, wenn sie je davon erführe, warum es so gekommen ist?

Die richtigen Entscheidungen sind nicht immer einfach. Aber die Leidenschaft ist mir dabei stets ein guter Berater gewesen.

Out of Münster

Als Künstler kenne ich alle sechs Killer der Leidenschaft persönlich – wir sind sozusagen per Du. Ich bin sicher, Ihnen geht es nicht viel anders. Das ist gerade das Tückische: Diese Killer kennen uns viel zu gut. Mit schlafwandlerischer Sicherheit finden sie den wunden Punkt und stürzen uns in Zweifel, wo gerade noch Zuversicht war.

Auf dem Weg zu Ihren Bühnen des Lebens kann Ihnen jeder dieser Killer an der nächsten Weggabelung in die Quere kommen. Wenn Sie Pech haben, auch alle auf einmal. Doch nun, da Sie sie kennen, sind Sie gewappnet. Der Killer-Vergleich beim Abi-Treffen zieht Ihnen nicht den Boden unter den Füßen weg, wenn Sie ihn kommen sehen. Sogar, wenn Sie sich selbst bei einem dieser destruktiven Denkmuster ertappen, sind Sie jetzt darauf vorbereitet und können sich vor sich selbst schützen.

Eines kann ich Ihnen versichern: Leidenschaft kann jedes einzelne dieser Muster besiegen, wenn Sie sie zulassen. Wenn es nach meiner Herkunft oder Teilen meines Umfelds mit seinen Maßstäben, Vergleichen und Urteilen gegangen wäre, hätte ich es nie zum König der Taschendiebe im Cirque du Soleil gebracht. Ich stamme weder aus einer Künstlerfamilie noch aus einer kunstaffinen Umgebung. In Münster, wo ich geboren und aufgewachsen bin, kommen statistisch vier Künstler auf tausend Einwohner. Damit liegt meine Heimat in der Künstlerdichte auf Rang zwölf der deutschen Städte – weit hinter Spitzenreiter Berlin mit elf Künstlern pro tausend Einwohner.

Leidenschaft kennt keine Statistiken. Leidenschaft scheut keinen Vergleich. Leidenschaft ist der Ursprung der Souveränität.

Leidenschaft kennt keine Statistiken. Leidenschaft scheut keinen Vergleich. Leidenschaft ist der Ursprung der Souveränität.

Kapitel 2
Verkaufen kann man nur sich selbst
Wie Sie Ihre Persönlichkeit einsetzen

> »Nimm an, was nützlich ist. Lass weg, was unnütz ist.
> Und füge das hinzu, was dein Eigenes ist.«
> Bruce Lee

Die Grenzen sprengende Macht der Persönlichkeit

Woran denken Sie zuerst, wenn Sie das Wort »Künstlerpersönlichkeit« hören? Etwa an Ihr größtes Idol oder an das Klischee von der egozentrischen Diva? Ich denke bei diesem Begriff nicht an einen bestimmten Typ, sondern an all meine Freunde und Künstlerkollegen, die auf ihre ganz eigene Art erfolgreich sind. Denn bei jedem einzelnen von ihnen kann ich den Erfolg aus der Persönlichkeit ableiten. Kunst ist immer persönlich. Darum können die erfolgreichsten von uns bei so vielen Menschen mit ihrer Arbeit andocken.

Wie groß der Anteil der Persönlichkeit am Erfolg jedes Menschen und jeder Unternehmung ist, zeigt ein prominentes Beispiel aus dem kommerziellen Kunstbetrieb. Es stammt aus einem der härtesten Wettbewerbsfelder überhaupt. 2015 war, vorsichtig formuliert, ein bescheidenes Jahr für die Musikindustrie. Als eines der ersten Segmente des Kunstmarkts und als einer der ersten Wirtschaftszweige überhaupt drohten große Teile der Branche dem Internet zum Opfer zu fallen. Zu diesem Zeitpunkt steckten das Streaming und andere neue Verwertungsformen noch in den Kinderschuhen, die einzelnen Beteiligten rangen noch um für alle befriedigende Vereinbarungen. Raubkopien und der anfangs noch schwer einschätzbare Streaming-Markt stellten selbst die größten Label vor gigantische Probleme. Noch sah niemand einen klaren Ausweg.

Sowohl die Musiker als auch die Plattenindustrie, also alle an der kommerziellen Produktion von Musik Beteiligten, drohten ihre Existenzgrundlage zu verlieren. Die traditionellen Verkäufe – also physische Tonträger wie CDs und offizielle Datei-Downloads, die auch damals schon einen großen Teil des Markts ausmachten – lagen am Boden. Selbst Topstars wurden ihre Alben nicht mehr annähernd im gleichen Umfang los wie noch wenige Jahre zuvor. Nur das Album von US-Rapper Drake hatte es bis November 2015 auf eine Million Kopien gebracht und dazu ganze sechs Monate gebraucht.[8]

Und dann kam Adele. Mitten in die Untergangsstimmung hinein erschien am 20. November 2015 das dritte Studio-Album der Britin – und stieg in 32 Ländern direkt auf Platz eins in die Charts ein. Das Album 25 wurde nicht nur das weltweit bestverkaufte Album 2015. Mit etwa 3,4 Millionen verkauften Kopien allein in den USA wurde es auch das bis dahin am schnellsten verkaufte Album in der Geschichte und brach den bestehenden Rekord von gut 2,4 Millionen verkauften Alben in der ersten Woche.[9] Der stammte wohlgemerkt aus dem Jahr 2000, als die Musikwelt noch in Ordnung war.[10] Noch in den wenigen verbleibenden Wochen des laufenden Jahres wurden 17,4 Millionen Exemplare verkauft, insgesamt bis heute über 22 Millionen weltweit. Damit wurde 25 eines der erfolgreichsten Musikalben aller Zeiten und das viertbestverkaufte des 21. Jahrhunderts.[11]

Im Nachhinein schrieben Experten dem Werk einen belebenden Effekt auf die gesamte darbende Musikindustrie zu.

Die Umsätze, die Adele generierte, wurden für die Branche und die Händler zu einem Rettungsanker in einer kritischen Zeit.[12]

Bemerkenswert sind allerdings nicht allein die Verkaufszahlen, sondern auch deren zeitliche Verteilung. Das Album war bei iTunes und Amazon nämlich bereits über eine halbe Million Mal bestellt worden, bevor es überhaupt erschienen war.[13] Die Menschen stürzten sich also auf ein Werk, von dem sie noch keine einzige Note gehört hatten – allein aufgrund der Anziehungskraft eines Namens und der Erwartungen, die sie mit ihm verbanden.

Das alles gelang nicht etwa den Urgesteinen der Popszene, also einer Madonna, einem Elton John oder den Rolling Stones. Es gelang einer jungen Londonerin, die zu diesem Zeitpunkt – der Albumtitel verrät es – gerade einmal 25 Jahre alt war. Man kann den unglaublichen Erfolg von Adele gewiss auf verschiedenste Faktoren zurückführen, von denen einer natürlich ihre Qualität als Musikerin ist. Doch künstlerischer Erfolg, gerade am Massenmarkt, ist fast nie dem Werk allein zuzuschreiben. Eine unschätzbar bedeutsame Rolle spielt auch die Persönlichkeit der Künstlerin – und im Idealfall ist beides untrennbar miteinander verwoben.

Adele war und ist alles andere als ein typischer Superstar. In die sich im Umbruch befindende Musiklandschaft passte die scheue, junge Sängerin mit ihrem zartfühlenden Wesen und ihren offenen Karrierezweifeln eigentlich so gar nicht hinein. Selbstvermarktung war das Gebot der Stunde: Wer sich nicht mit allen Mitteln auf Gedeih und Verderb in den Schlagzeilen hielt und mit dem Megafon in den sozialen Medien unterwegs war, hätte am Markt keine Chance mehr, hieß es. Die Musikwelt war auf der Suche nach dem digitalen Erfolgsrezept, der richtigen Mischung aus Entertainment und PR-Experimenten. Die wenigen Erfolge, die denen der vordigitalen Ära annähernd das Wasser reichen konnten, waren alle durch massive Marketingkampagnen zustande gekommen.

Adele wirkte mit ihrer geradezu anachronistischen Attitüde inmitten des digitalen Aktionismus wie eine Exotin. Sie verweigerte sich all den pompösen Marketingstrategien. Um ihre Stimme zu schonen, trat sie nur in begrenztem Umfang live auf. Im Gegensatz zu fast allen anderen Stars der Zeit ließ sie sich auch nicht auf einen regen Austausch mit ihren Fans in Social Media ein. Bevor sie 25 aufnahm, hatte sie sogar mit dem Gedanken gespielt, die Musik aufzugeben, bis ihr Sohn geboren wurde und sie neu inspirierte.[14]

Und doch stellte sie alle in den Schatten – nicht trotz, sondern gerade wegen ihrer außergewöhnlichen Persönlichkeit. Offenbar können sich viele Menschen mit ihrer bodenständigen, zurückhaltenden Art in einer ansonsten lauten, Hype-gesteuerten Szene gut identifizieren. Und sie bezahlten für *25* eben nicht allein mit Likes und Aufmerksamkeit, sondern mit barer Münze – als viele schon glaubten, Musik wäre endgültig zur brotlosen Kunst verkommen.

Adele ist das Paradebeispiel für eine Künstlerin, deren Erfolg aus ihrem Umgang mit der eigenen Persönlichkeit erwächst: Sie lebt die Ich-Marke Adele konsequent und ist gerade deshalb ein Star.

Das heißt natürlich nicht, dass man Erfolg nur auf diese Weise haben könnte. Aber es zeigt, dass man auch und gerade im digitalen Zeitalter mit Persönlichkeit erfolgreich sein kann. Und das ist eine Lehre aus dem Kunstbetrieb, die sich auch auf alle anderen Branchen und Betätigungsfelder übertragen lässt: *It's not the song, it's the singer!*

It's not the song, it's the singer!

Persönlichkeit macht den Unterschied

Bestimmt ist Ihnen schon aufgefallen, dass immer mehr große Marken im Zuge der Digitalisierung plötzlich ein Gesicht bekommen haben. Seit die Steve Jobs', Mark Zuckerbergs und Elon Musks dieser Welt die alte Managergarde das Fürchten gelehrt haben, hat sich viel verändert: Selbst die früher abgeschotteten Großkonzerne, die für uns Verbraucher riesige Black Boxes waren, haben auf einmal eine Meinung und nehmen an gesellschaftlichen Debatten teil. In der Regel sind es die CEOs, die ihre Unternehmen in der Öffentlichkeit verkörpern, und nicht mehr nur bei der jährlichen Aktionärsversammlung. Von der Automobilindustrie bis zum mittelständischen Maschinenbauer haben die meisten Marktführer erkannt, wie wichtig der Faktor Persönlichkeit gerade in digitalen Zeiten für den Wettbewerbsvorsprung auf jedem Spielfeld ist.

Auch Sie werden Ihre größten Ziele kaum erreichen, ohne Ihre Persönlichkeit einzusetzen. Wo wir auch hinschauen, überall ist das neue USP präsent. Sogar reine Online-Geschäftsmodelle nutzen Kanäle wie YouTube, TikTok und Instagram für Content Marketing, um eine persönliche Verbindung zu ihren Kunden aufzubauen. Jede Kaufentscheidung ist letztlich eine Vertrauensentscheidung – und Vertrauen entsteht von Mensch zu Mensch.

Warum die Bedeutung der Persönlichkeit so groß geworden ist, erschließt sich beim Blick in jeden beliebigen Onlineshop: Die Produkte selbst unterscheiden sich nur noch marginal voneinander. Heute macht es nicht mehr den großen Unterschied, was wir kaufen, sondern wo wir kaufen. Warum soll ich meine Brötchen beim Bäckermeister gegenüber kaufen und nicht in der nächsten Niederlassung der immer gleichen Handelsfilialen? Wegen der Bäckersfrau, die zugleich Nachbarschaftsschaltzentrale ist! Nur sie weiß, dass meine Frau vor zehn Minuten schon zwei Rosinenbrötchen gekauft hat. Warum soll ich mein nächstes Auto wieder beim selben Autohaus kaufen wie schon das letzte und das davor? Wegen des Händlers, den ich seit zehn Jahren kenne und dem ich vertraue, dass er mich nicht über den Tisch zieht. Warum kündigen Menschen einen sicheren Arbeitsplatz? 70 Prozent tun es aus Gründen, die direkt mit ihrem Vorgesetzten zusammenhängen.[15] Oft können sie den Typ einfach nicht mehr sehen.

Menschen vertrauen Menschen, Menschen kaufen bei Menschen, und Menschen kündigen Menschen. Persönlichkeit macht den Unterschied, so oder so. Wir können uns nicht hinter einer Marke verstecken – wir sind unsere eigene Marke.

Wir können uns nicht hinter einer Marke verstecken – wir sind unsere eigene Marke.

»Es gibt keine fertigen Künstler« – dieses Motto leitet das Recruiting beim Cirque du Soleil. Als die Casting-Abteilung dieses Milliarden-Unternehmens durch meinen YouTube-Trailer auf mich aufmerksam wurde, lag das nicht an der überragenden Qualität meines Marketingmaterials. Schließlich hatte ich das Video an einem bunten Abend im Becken eines stillgelegten Schwimmbads selbst aufgenommen – wie professionell konnte das schon sein? Tatsächlich konnte ich es kaum fassen, als ich den Brief mit der Einladung erhielt.

Auch beim Casting vor Ort waren andere rein technisch um Längen besser als ich. Vorher hatte ich keine Ahnung gehabt, mit wem ich es da zu tun bekommen würde: Die besten Kleinkünstler Deutschlands gaben sich an diesem Tag in Berlin die Klinke in die Hand. Bei den verrücktesten Challenges musste ich gegen ausgebildete Bühnendarsteller und Routiniers antreten: »Jetzt bitte einmal so tun, als ob du ein Elefant in einem

Horrorfilm wärst, dem die Gedärme aus dem Bauch quellen!« Da ist man ohne Schauspielausbildung auf den puren persönlichen Ausdruck zurückgeworfen. Handwerklich jedenfalls hatte ich keine Ahnung, was ich da tat. »Warum kommt dieser ahnungslose Typ von Runde zu Runde weiter?«, fragten sich die Profis hinter vorgehaltener Hand.

Am Ende war es meine Persönlichkeit, die den Ausschlag gab, dass ich den Vertrag bekam. Das verriet mir der Artistic Director Monate später bei meiner ersten Führung durch die Zentrale in Montreal. »Wir haben gespürt, wie du brennst. Runde um Runde hast du dich im Dreck gewälzt und warst dir für nichts zu schade. Diese Haltung, dieser unbedingte Wille, das passt in unsere Familie hinein. Wir haben genau diesen Christian Lindemann gesucht, der aus voller Leidenschaft König der Taschendiebe sein will. Alles andere können wir dir beibringen.« Meine handwerkliche Expertise als Taschendieb, jahrelang unter Bühnenqualen und größten Entbehrungen erarbeitet und ausgereift: Nebensache. Sie spielte gewiss eine Rolle bei der Entscheidung, aber ausschlaggebend war sie nicht.

Und genau aus diesem Grund ist es so wichtig, dass wir den Wert unserer Persönlichkeit erkennen. Was auch immer Sie bisher getan haben und Sie als Nächstes tun: Ihre Persönlichkeit bringen Sie immer mit. Manchmal eilt sie Ihnen sogar voraus ...

Smiling for Cape Town

Vor einigen Jahren erhielt ich eine Einladung ganz anderer Art, mit der ich genauso wenig gerechnet hätte wie damals mit dem Ticket zum Casting beim Cirque du Soleil. Sie kam von

Eddy Cassar, dem führenden Eventmanager Südafrikas. Er lud mich ein, als einer von acht internationalen Showkünstlern gemeinsam mit lokalen südafrikanischen Comedians beim Cape Town Funny Festival aufzutreten, das er seit 1997 produziert. Das Festival läuft in jedem südafrikanischen Winter – unserem Sommer – fast einen Monat lang im spektakulären Baxter Theatre, der besten Eventbühne des Landes.

Auch über den eigentlichen Auftritt hinaus ist das Festival völlig um das Prinzip Persönlichkeit herum aufgebaut. Damit ist nicht nur die Bühnenpräsenz jedes Künstlers gemeint. Wenn es nach dem Veranstalter geht, reicht unsere Rolle über diejenige hinaus, die wir auf der Bühne spielen. Während der Dauer des Festivals werden wir als Gäste des Landes bei einer Reihe von Exkursionen und Events in die Schönheiten und Traditionen der südafrikanischen Kultur eingeweiht. Das Ziel ist, dass wir als Gastkünstler ankommen und als Freunde und Botschafter abreisen, auf dass wir den Spirit dieser unvergleichlichen Kultur in die Welt tragen – kraft unserer persönlichen Ausstrahlung als künstlerische Multiplikatoren. Dasselbe Prinzip kommt zum Tragen, wenn Marken mit bekannten Persönlichkeiten als Testimonials oder Influencer kooperieren: Menschen glauben Menschen.

Das Prinzip verstand ich auf Anhieb – aber warum Eddy ausgerechnet mich ausgesucht hatte, das verstand ich nicht unmittelbar. Warum sollte ein Taschendieb die Südafrikaner begeistern, und andere für Südafrika?

Wie sich herausstellte, hatte Eddy mich nicht nur wegen meiner Darbietung auserwählt, sondern wegen mir persönlich. Er hatte ein Video von einem Auftritt in der Schweiz gesehen und nicht gezögert: »Ich habe das Lachen in deinem Gesicht gesehen und sofort mit dir gelacht. In diesem Augenblick wusste ich: Den will ich in Kapstadt dabeihaben. Deine Aura strahlt, bevor du überhaupt etwas auf der Bühne tust. Genau danach suche ich.«

It's not the song, it's the singer!

In dieser Hinsicht kann die Künstlerbranche meiner Meinung nach ein Vorbild für andere Felder sein. Während die Macht des menschlichen Faktors in unseren Kreisen als Erfolgsfaktor gesetzt ist, wird sie in manchen Branchen trotz aller vorhandenen Beweise bis heute »unterbelichtet«. Persönlichkeit vor Qualifikation: Dieses Prinzip sollte meines Erachtens in den meisten Berufen und Betätigungsfeldern gelten. Denn Wissen, Qualifikation und sogar Berufserfahrung sind letztlich relativ austauschbar – das Handwerk kann man Menschen in den meisten Fällen beibringen. Ihre Persönlichkeit dagegen bringen sie mit, oder sie bringen sie woanders hin – spätestens, wenn sie in ihrer Rolle im Unternehmen auf Dauer nicht »gesehen« und wertgeschätzt werden.

»Hire attitude, not skills« – diese alte Weisheit ist in der Welt des Entertainments eine Selbstverständlichkeit. In der Wirtschaft wird sie zwar oft als Recruiting-Prinzip plakatiert, in der Realität aber routinemäßig übergangen. Sogar Führungskräfte, deren wichtigste Kompetenz der Umgang mit Menschen ist, werden in den meisten Unternehmen starr nach Qualifikation ausgewählt. Und diese schlechte Angewohnheit setzt sich mit jeder neuen Generation qualifikationsgetriebener Führung immer weiter fort.

In den Industrien, die wir heute als konservativ bis rückständig betrachten und um deren Zukunft wir besorgt sind, fehlt es möglicherweise oft nur an Persönlichkeiten, die Impulse setzen könnten, indem sie für ihre Überzeugungen eintreten. Wie steht es um die Zukunft Ihres Arbeitsplatzes? Langfristig betrachtet ist Persönlichkeit das

Wie steht es um die Zukunft Ihres Arbeitsplatzes?

Einzige, das sich mit Sicherheit nicht digitalisieren oder durch einen Roboter ersetzen lässt. Sie ist nicht nur ein Erfolgsrezept – sie ist auch eine Überlebensstrategie an den Märkten und Arbeitsmärkten der Zukunft.

Eine Rolle ist eine Rolle ist eine Rolle

Bevor wir im Detail betrachten, was eine Persönlichkeit wirklich souverän macht und wie Sie diese Prinzipien von der Bühne in Ihren Alltag übernehmen können, möchte ich ein Missverständnis ausräumen. Manche Menschen glauben, dass wir Bühnenkünstler den Menschen »etwas vorspielen«. Wahr ist: Es gibt Copycats, die erfolgreiche Showkonzepte oder Fertigkeiten einfach stehlen und nachahmen. Leider gibt es sogar sehr viele davon, die den echten Künstlern das Leben schwer machen. So gab es ein Duo, das bis ins Detail das Konzept von Siegfried und Roy kopierte – es brach sogar bei den Vorbildern in Las Vegas ein, um alle Requisiten und Tricks detailliert kopieren zu können. Doch man muss zwischen diesen Plagiatoren und originellen Bühnen-Acts unterscheiden: Mit diesen Copycats will kein echter Künstler gleichgesetzt werden.

In dieser Gegenüberstellung steckt bereits die Differenzierung, auf die ich hinauswill: Es gibt einen Unterschied zwischen »eine Rolle spielen« und »etwas vorspielen«. Echte Künstler verstellen sich nicht, wenn sie in ihre Bühnenrolle schlüpfen. Ganz im Gegenteil: Sie sind in einem langen Prozess der Selbstfindung, des persönlichen Wachstums und des knallharten Trainings in diese Rollen hineingewachsen. Sie entwickeln sich organisch mit uns. Was ein Copycat nur technisch übernimmt und seelenlos abspult, ist bei uns die Essenz unserer Künstlerpersönlichkeit: Unsere Rollen sind uns auf den Leib geschneidert. Sie drücken aus, wer wir sind, wenn wir auf der Bühne stehen – was wir können, was wir ausdrücken wollen und was uns von anderen unterscheidet.

Das Missverständnis, wir würden dem Publikum auf der Bühne etwas vorspielen, das wir nicht sind, hat mit dem Imperativ der Authentizität zu tun, mit dem viele Ratgeber unreflektiert um sich werfen. »Authentisch sein« und »eine Rolle spielen« – diese beiden Optionen werden oft als Gegensätze gehandelt. Das sind sie keineswegs. Wir alle spielen im Leben eine Rolle, genauer gesagt sogar mehrere Rollen. Auch wenn wir immer derselbe Mensch mit demselben Charakter sind, so passen wir unser Verhalten ganz selbstverständlich an die Situation an.

Denken Sie nur an Ihre letzte Familienfeier im größeren Kreis oder an das letzte Abi-Treffen: Wenn Sie da alles ungefiltert herausposaunen würden, was Ihnen durch den Kopf geht, hätten Sie sehr schnell Ärger mit sehr vielen Menschen. Stellen Sie sich vor, alle würden sich in solchen Situationen hundertprozentig authentisch verhalten: Das Klassentreffen würde in einer Massenschlägerei enden, nach der Familienfeier hätte der Anwalt Hochkonjunktur, und nach der glühweinseligen Weihnachtsfeier in der Firma könnte die Hälfte Ihrer Kollegen sich nicht mehr in die Augen schauen.

Es gibt keine absolute Authentizität, und es kann sie nicht geben.

Könnten wir nur »authentisch« erfüllt leben, wären einige meiner genialsten Künstlerkollegen nicht lebensfähig. Besonders deutlich wird das bei den weltbesten Clowns: Auf der Bühne sprühen diese begnadeten Komödianten nur so vor extrovertierter Energie. Allein mit ihrer Mimik können sie Tausende Menschen auf einmal berühren. Doch ich kann Ihnen aus nächster Nähe sagen: Hinter der Bühne sind zwei Drittel dieser Kollegen alles andere als Scherzkekse. Die meisten von ihnen sind sogar vergleichsweise introvertierte, feinsinnige Menschen. Als »lustig« würde ich die wenigsten von ihnen bezeichnen, jedenfalls nicht als Erstes.

Trotzdem, und vielleicht sogar genau deswegen, haben sie eine tiefe innere Verbindung zu ihrer Rolle als Clown. Der Drang, andere zu berühren und zum Lachen zu bringen, ist tief in ihnen verwurzelt. Könnten sie diesen Persönlichkeitsanteil nicht ausleben, würde in ihrem Leben etwas fehlen. Mir geht es nicht anders: Ich kann privat sehr gut darauf verzichten, meinen Freunden und Bekannten bei jeder Gelegenheit die Taschen leer zu räumen. Sonst hätte ich irgendwann wohl auch nicht mehr viele Freunde. Doch könnte ich meine Liebe zur Show nicht auf der Bühne ausleben, würde ich auf Dauer todunglücklich sein. Sie ist ein untrennbarer Teil von mir.

Meine Rolle als König der Taschendiebe ist das Ventil meiner Leidenschaft. Worin entlädt sich die Ihrige?

Ihre selbst gewählte Paraderolle ist kein aufgesetztes Schauspiel, mit dem Sie andere Menschen täuschen. Sie ist keine Maske, hinter der Sie Ihre Persönlichkeit verstecken. Ganz im Gegenteil! Die Rolle Ihres Lebens ist das Konzentrat Ihrer persönlichen Stärken. Sie vereinigt und betont die Eigenschaften, Fähigkeiten und Erfahrungswerte, die Sie zu etwas Besonderem machen. Sie bringt das Beste in Ihnen zum Vorschein. In dieser Rolle sind Sie zu hundert Prozent handlungsfähig. Sie zu finden ist der goldene Schlüssel zur Souveränität.

Die Rolle Ihres Lebens ist das Konzentrat Ihrer persönlichen Stärken.

Hiermit überreiche ich Ihnen Ihre Bühnenlizenz: Sie *müssen* eine Rolle spielen, um Ihre Bühnen des Lebens wahrzunehmen. Nicht irgendeine Rolle, sondern Ihre! Sonst können Sie gar nicht erfolgreich sein. Wichtig ist nur, dass Sie stets zwischen Ihrer Persönlichkeit und Ihrer Rolle differenzieren können und sich jederzeit bewusst für Ihr Verhalten entscheiden. Dasselbe gilt natürlich auch für andere Rollen, die Sie je nach Lebenssituation ganz selbstverständlich übernehmen: als Vorgesetzter, als Freund, als Experte, als Erziehungsberechtigter und als Lebensgefährte.

Bleibt die Frage nach dem Wie. Jeder kann eine Rolle spielen – die eigene Persönlichkeit zum Ausdruck bringen aber will gelernt sein.

Die 10 Lebensprinzipien souveräner Bühnenpersönlichkeiten

Nun, da Sie Ihre Bühnenlizenz erworben haben, möchte ich Sie in einige Geheimnisse der Bühnenkunst einweihen, die Ihnen nutzen können: die Lebensprinzipien souveräner Bühnenpersönlichkeiten. Ich nenne sie deshalb so, weil sie hinter der Bühne genauso Gültigkeit haben wie auf der Bühne. Sie ziehen sich durch die gesamte Lebensgestaltung, denn die Persönlichkeit macht nicht vor einem Vorhang halt. Was auf der Bühne zur Wirkung kommt, reift hinter der Bühne heran. Was in der Rolle funktioniert, stärkt unser Selbstbewusstsein als Persönlichkeiten – und umgekehrt. Die folgenden Prinzipien verhelfen Ihnen nicht nur zu einer besseren Performance, sondern auch zu einem erfüllteren Leben.

1. Sich auf eine einzige Sache konzentrieren
Wenn ich von Künstlerkollegen nach meinem Erfolgsgeheimnis gefragt werde, ist die Konzentration auf eine einzige Sache

stets meine erste Antwort. Wenn Sie in Ihrem Metier an die Spitze wollen, gibt es nur einen Weg: Sie wollen sich für ein maximal konkretes Ziel entscheiden, das Ihrer Leidenschaft und Ihren Stärken Rechnung trägt, und alles auf diese Karte setzen. Wenn sich diese Vorstellung gruselig und nicht elektrisierend anhört, dann haben Sie dieses eine Ziel noch nicht gefunden.

Viele Künstler verwässern ihre Positionierung, indem sie sich in der Breite verlieren: Sie treten auch als Profis mit internationalem Ruf noch bei Kindergeburtstagen und goldenen Hochzeiten auf. Wenn es gewünscht wird, verändern sie ihre Darbietung bis zur Unkenntlichkeit. Solange es Nachfrage gibt, machen sie alles von Jonglage bis Luftballontieren. Auf diese Weise ist es unmöglich, der Beste in einer stark zugespitzten Disziplin zu werden, mit der man überall assoziiert wird. Selbst wenn es sehr gut läuft, ist nicht mehr als Platz zwei oder drei drin – der »Verlierer unter den Gewinnern«, wie man in der Showmetropole Las Vegas sagt.

2. Don't be a copycat
Kopieren erschafft Kopien. Auch wenn Sie sich ein Betätigungsfeld mit starken Vorbildern ausgesucht haben, tappen Sie auf keinen Fall in die Copycat-Falle. Lassen Sie sich von Ihrem Idol inspirieren, bewundern Sie seine Haltung, lernen Sie aus dem Weg und dem Wachstum dieser Person. Aber achten Sie peinlich genau darauf, dass Sie auf diesem Fundament Ihr eigenes Haus bauen. Wie gut Sie technisch auch sind: Sie werden nie das Original übertreffen, denn dessen Persönlichkeit lässt sich nicht kopieren. Ich erinnere mich noch gut an eine regelrechte Welle von Copperfield-Kopien, die in den 90ern die Showbühnen überschwemmte – mit den gleichen Illusionstechniken, den gleichen Kostümen, der glei-

chen Musik. Keiner dieser Namen hat heute noch eine größere Bedeutung – David dagegen ist eine lebende Legende.

So verlockend es auch sein mag, ein bestehendes Erfolgsrezept nachzukochen: Werden Sie lieber die beste Version von sich selbst. Ich habe mir mangels Lehrmeister anfangs viel von den existierenden Meistertaschendieben abschauen müssen, soweit das aus der Distanz überhaupt möglich war. Doch irgendwann musste ich mich emanzipieren. Erst dann konnte ich meinen eigenen künstlerischen Ausdruck finden und meine eigenen Techniken entwickeln, für die ich – und nur ich – heute bekannt bin.

3. Grenzen respektieren

Sich auf die eigenen Stärken zu fokussieren bedeutet im Umkehrschluss auch: weglassen, was man nicht gut kann. Manchmal ist es gar nicht so leicht, die eigenen Schwächen zu erkennen und zu akzeptieren. Doch auch dieser Teil der Selbstklärung ist ein wichtiger Schritt auf dem Weg zum Erfolg. Sie werden ewig kämpfen und nie an die Spitze gelangen, wenn Sie sich an Ihren Schwächen abarbeiten. (Aber Achtung: Manche Schwäche müsste gar keine sein, und mancher negative Gedanke ist nur Einbildung – siehe die Prinzipien 10 und 11 in dieser Aufzählung.)

Zum Beispiel habe ich in der Phase meiner Professionalisierung gemerkt, dass ich gut im anspruchsvollen Klauen des Gürtels war, und mit dieser Stärke praktisch allein auf weiter Flur. So fokussierte ich mich auf diese Besonderheit, die mich bis heute von den meisten Kollegen auf der Welt abgrenzt. Diesen Fokus entwickelte ich aus der Erkenntnis heraus, dass ich bestimmte andere Techniken aus dem Diebesrepertoire nicht besser oder sogar schlechter draufhatte als andere. Damit konnte ich also nicht positiv auffallen. Indem ich mir das eingestand, war der Weg frei, Neues auszuprobieren und meine eigenen Akzente zu setzen.

Auch aus operativen Schwierigkeiten kann man oft erst lernen, wenn man sie als solche akzeptiert. Zum Beispiel sind die sogenannten *Rolex type*-Uhren für uns Taschendiebe eine Herausforderung: Sie verfügen nicht über einen klassischen Pin-Verschluss, sondern über einen Schnappverschluss. Sie müssen im Ganzen über die Hand geführt werden, um sie dem Opfer abzunehmen. Dabei ist aber grundsätzlich der Daumen im Weg. Dieser Limitierung meiner Shownummer wurde ich mir schmerzlich bewusst, als immer mehr Zuschauer diese Art Uhr zu tragen begannen. Ich hätte sie in Zukunft einfach als Kandidaten ausschließen können – oder mich stur weiter mit der Standardmethode daran versuchen können. Zweifellos wäre ich immer weiter gescheitert. Stattdessen entwickelte ich eine eigene Methode, die das Problem mit dem Daumen löst. Sie wird in der Szene auf mich zurückgeführt wie ein Markenzeichen.

Um neue Wege zu gehen, müssen wir zunächst bestehende Grenzen erkennen und akzeptieren. Also: Respektieren Sie Ihre persönlichen Grenzen – aber betrachten Sie nie die Limitierungen anderer als gesetzt.

4. Vor der Show ist nach der Show
Nach meinen ersten Shows im Cirque du Soleil war ich jedes Mal vollkommen euphorisiert. Wenn ich nach dem Auftritt zurück ins Artistenzelt kam, brauchte ich immer eine Weile, um meine Eindrücke zu verarbeiten: Was für eine Show, was für ein Publikum, was für eine Atmosphäre! Wenige Stunden später schon wieder die Konzentration für die zweite Show des Tages aufbringen und mit demselben Fokus und derselben Energie liefern: Das war anfangs ein Kraftakt. Es war, als würde

die Souveränität unter dem Erfolg leiden. Dabei sollte es doch umgekehrt sein.

Schnell merkte ich, dass es im Entertainment-Olymp keinen Ruhm auf Vorrat gibt. Ich musste lernen, meinen Anspruch nach getaner Arbeit nicht einfach abzuschalten. Als Showkünstler bin ich immer nur so gut wie mein letzter Auftritt. Jedes Mal muss ich aufs Neue eine persönliche Bestleistung liefern. Die Souveränität für diese Konstanz aufzubringen, ist beinahe noch anspruchsvoller als die eigentliche Performance: Auch beim tausendsten Auftritt darf man nicht nachlassen. Doch wenn man sich diese Haltung erst einmal angeeignet hat, geht einem der Anspruch in Fleisch und Blut über.

Wenn Sie Ihrer Leidenschaft folgen, hält der Drang nach Perfektion ein Leben lang an. Deshalb können viele Künstler auch im fortgeschrittenen Alter nicht von ihrer Karriere lassen, selbst wenn es tatsächlich an der Zeit wäre. Niemand ruht bequem auf vertrockneten Lorbeeren. Auch wenn man schon die Krone der Zunft trägt, muss man sie jeden Tag aufs Neue richten, damit sie nicht vom Kopf rutscht und einem anderen in die Hände fällt.

Souveränität wird nie fertig – sie will immer wieder neu erobert werden.

Selbst wenn Sie sich Ihre Krone schon vor Jahren geholt haben oder in fünf Jahren in Rente gehen, ist es nicht zu spät, Ihrem Lebenswerk eine weitere Trophäe hinzuzufügen. Persönliche Entwicklung ist ein fortlaufender Prozess. Souveränität wird nie fertig – sie will immer wieder neu erobert werden.

5. Leise Kontinuität pflegen
Eine weitere Parallele zwischen der Kunst und Ihrem Leben ist gleichzeitig ein weiteres großes Missverständnis über das

Dasein der Künstler. Viele glauben, Stars würden über Nacht erfolgreich und kassierten dann ein Leben lang dafür ab: Hier und da mal eine Fernsehshow besuchen, alle paar Jahre mal ein Album aufnehmen, ein paar Wochen im Jahr auf Tournee gehen und mit diesem entspannten Lebensstil im Schlaf reich werden, weil der Name trägt.

Mal davon abgesehen, dass man sich ein solches Standing in der Regel jahre- oder jahrzehntelang erarbeitet hat: Dieses Fantasiebild vom Traumberuf Weltstar hat mit der Realität nicht das Geringste zu tun. Ganz im Gegenteil: Die größten Stars sind die diszipliniertesten Persönlichkeiten. Sie können sich nur deshalb über längere Zeit an der Spitze halten, weil sie dauerhaft knallhart an sich arbeiten und kontinuierlich Leistung erbringen. Dieser unspektakuläre, anstrengende und absolut überwiegende Teil der Arbeit findet hinter dem Vorhang statt, wo man ihn nicht sehen kann. Und dort kommt es genauso auf die Persönlichkeit an wie auf der Bühne. Je leichter eine Höchstleistung wirkt – das Klavierspiel eines Lang Lang, der Sprint eines Usain Bolt, das Schachmatt in drei Zügen eines Magnus Carlsen –, desto mehr leise Kontinuität steckt dahinter.

Auch für mich ist die leise Kontinuität das tägliche Brot. Als Showkünstler schuften wir vor allem backstage. In den paar Minuten im Rampenlicht holen wir uns die Anerkennung für die endlosen Stunden und Jahre, in denen wir an uns und unseren Fähigkeiten gearbeitet haben. Als ich zum ersten Mal auf der Bühne des Cirque du Soleil stand und nach meiner Nummer der Applaus aufbrandete, war das nicht der Lohn für die zehn Minuten davor, sondern für 13 Jahre harter Arbeit. Es war ein unbeschreibliches Gefühl.

In Ihrem Wirkungsfeld ist es höchstwahrscheinlich genauso. Auch wenn es manchmal so aussieht, als ob Schein wichtiger wäre als Sein – lassen Sie sich nicht hinters Licht führen. Ist die persönliche Leistung vorgetäuscht, dann ist es der Erfolg auch. Jeder kann mal Glück haben, aber keiner kann es dauerhaft pachten. Hinter jedem großen Erfolg steckt wirklich harte Arbeit, denn für den Weg an die Spitze gibt es keine Abkürzung – in meiner Welt nicht und auch nirgendwo sonst.

Persönlichkeit haben heißt, nicht nur toll aussehen, wenn die Scheinwerfer auf dich gerichtet sind. Es heißt vor allem, hinter dem Vorhang hart arbeiten, wo niemand einen dafür beklatscht. Es bedeutet, die Stille auf dem Weg zum Gipfel auszuhalten – sogar in dunklen Zeiten ohne Förderer, ohne Bewunderung und ohne Wertschätzung. Auf der Bühne wie im Streben nach Erfolg braucht es diese Bereitschaft zur stillen Beständigkeit, zum Warten auf den einen Schlussapplaus. Langfristig wird in jeder Branche leise Kontinuität belohnt.

> *Langfristig wird in jeder Branche leise Kontinuität belohnt.*

6. Fakes verglühen im Rampenlicht

Besonders auf den ersten Metern eines langen Weges ist die Versuchung groß, eine Abkürzung zu nehmen, indem man »so tut als ob«. In Low-Performance-Segmenten mag man sich auf diese Weise eine Zeit lang durchmogeln können. Doch überall, wo es wirklich um Kompetenzen geht, können Sie auf diese Weise nichts reißen. Wenn Sie überhaupt zum Zug kommen, dann höchstens im Sinne eines Vertrauensvorschusses auf Pump – und wehe, Sie zahlen Ihre Raten nicht mit Zins und Zinseszins zurück.

Im Showbusiness ist »Fake it until you make it« eine leere Floskel. Löse ich im Rampenlicht nicht sofort mein Claim ein, werde ich vom Publikum gnadenlos geschlachtet. Wenn ich vor die Zuschauer trete und sage »Ich bin Christian Lindemann, der König der Taschendiebe«, dann muss ich diese Behauptung einen Wimpernschlag später belegen – sonst bricht der Zelthimmel über mir zusammen. In den Sitzreihen ein Publikum aus 3000 Scharfrichtern, denn Unterhaltung nimmt jeder persönlich. Erst scheinen, dann sein? Auf meinen Bühnen läuft das nicht.

7. Das eigene Spiegelbild kennen
Ein großer Teil der persönlichen Wirkung eines Menschen – ob er nun Künstler, Verkäufer oder Manager ist – beruht auf der Spiegelwirkung. Die sogenannten Spiegelneuronen sind ein System vernetzter Nervenzellen im Gehirn, das eine Resonanz mit Gefühlen und Stimmungen anderer Menschen erzeugt. Diese Zellen senden bereits dann Signale, wenn wir die Handlung eines anderen nur beobachten.[16]

Nachvollziehen kann das jeder aus eigener Erfahrung: Wir spiegeln unwillkürlich das Verhalten anderer Menschen. Je mehr uns jemand beeindruckt oder wir uns mit demjenigen identifizieren, desto stärker ist der Effekt. Wenn wir beispielsweise beobachten, wie sich zwei jahrzehntelang getrennte Menschen weinend in die Arme fallen, treten auch bei uns sofort Tränen in die Augen. Stellt sich James Bond auf der Kinoleinwand tapfer seinem Erzfeind, sind auch wir gefühlt schussbereit. Dasselbe meinte Eddy Cassar, als er mein Lachen auf der Bühne als ansteckend beschrieb. Die Energie, die ich von der Bühne aussende, kommt aus dem Publikum zu mir zurück.

Diesen Effekt können Sie auch auf Ihren Bühnen für sich nutzen. Dafür gibt es allerdings eine Voraussetzung: Wer gespiegelt werden will, muss etwas zum Spiegeln anbieten. Als Künstler muss ich mir sehr genau darüber im Klaren sein und sehr gezielt daran arbeiten, welche Anteile meiner Persönlichkeit auf der Bühne präsent sind. Im Showbusiness heißt das auch: Ich muss mir meiner Bühnenpräsenz bewusst sein. Wie sehe ich aus, wenn ich eine bestimmte Bewegung mache? In welcher Haltung stehe ich an welcher Stelle der Performance? Wo schaue ich hin? Mit welchem Gesichtsausdruck? Mache ich große oder kleine Bewegungen? All das und vieles mehr berücksichtige ich, damit ich aufs Publikum so wirke, wie ich es beabsichtige: »every move a picture« – »jede Bewegung ein Bild«.

So weit wie ein Künstler müssen Sie auf Ihren Bühnen vielleicht nicht gehen. Doch auch Sie profitieren davon, wenn Sie sich über Ihre persönliche Wirkung Gedanken machen. Damit meine ich nicht nur Ihre Gesamtwirkung als Mensch auf andere, sondern auch Ihr konkretes Verhalten in Schlüsselsituationen. Sind Sie angespannt oder ganz locker? Hören Sie dem anderen aufmerksam zu, oder sind Sie mit den Gedanken woanders? Sprechen Sie animiert oder gleichförmig? Suchen Sie die Nähe Ihres Gegenübers, oder halten Sie Abstand? Zeigen Sie emotionale Regungen, oder bleiben Sie zugeknöpft? All das spiegelt Ihr Gegenüber unwillkürlich auch mit seinem Verhalten.

Wenn Ihr Kunde keine Begeisterung zeigt, haben Sie möglicherweise nicht mitreißend präsentiert. Wenn Ihr Vorgesetzter von Ihren Argumenten für eine Gehaltserhöhung nicht überzeugt ist, haben Sie vermutlich selbst nicht überzeugt gewirkt. Und wenn Ihre Freundin im Gespräch plötzlich sauer auf Sie ist, hat sie Ihnen vielleicht angemerkt, dass Sie nicht bei der Sache sind. In all diesen und vielen anderen Situationen erreichen Sie mehr, wenn Sie sich über Ihre Wirkung Gedanken machen und das aussenden, was Sie auch zurückbekommen möchten.

8. Die Persönlichkeit hörbar machen
Eine wichtige Rolle spielt bei einem souveränen Auftreten auch das Sprechen. Nicht nur hat jeder Mensch seine eigene, physisch bedingte Stimmfarbe. Darüber hinaus gibt es eine ganze Reihe weiterer »Färbungen«, die im Gespräch bewusst oder unbewusst zum Einsatz kommen: von der Modulation über Gestik und Mimik bis hin zu Dialekten und Akzenten. Unter uns Showkünstlern heißt dieses Prinzip deshalb auch: »Be your own color!«, frei übersetzt: »Leuchte in deiner eigenen Farbe!«

Sie können Ihre Wirkung deutlich erhöhen, indem Sie diesen eingebauten »Equalizer« nutzen, um Ihren Klang anzupassen. Sonst lassen Sie unschätzbares Potenzial ungenutzt liegen. Ihre Kommunikation ist der wichtigste Übertragungskanal Ihrer Persönlichkeit nach außen.

Bevor Sie sich um das Feintuning Ihrer stimmlichen und sprachlichen Ausdrucksmöglichkeiten kümmern, »hören« Sie erst einmal in sich selbst hinein. Wichtig ist vor allem, dass Ihre Art zu kommunizieren zu Ihnen passt. Werden Sie sich Ihrer »Klangfarbe« bewusst und arbeiten Sie damit.

Wir alle haben eine »hörbare Persönlichkeit«, die unbedingt im Einklang mit unserer allgemeinen Ausstrahlung sein sollte. Ein ruhiger, introvertierter Mensch, der wie ein Maschinengewehr kommuniziert, wirkt aufgesetzt – als wolle er etwas kompensieren. Ein lebenslustiger, humorvoller Mensch, der sich im Bemühen um eine besonders seriöse Ausstrahlung verbiegt, wird einen seltsam distanzierten Eindruck vermitteln. Auch Experten dürfen Charakter zeigen, auch Introvertierte können große Ausstrahlung entwickeln – denken Sie nur an Steve Jobs mit seinem schwarzen Rolli und seinem

Wir neigen dazu, zu viel wegzuschleifen, um anderen zu gefallen.

gesetzten Auftreten. Selbst Dialekte oder Akzente können einprägsam wirken, wie überhaupt viele persönliche Eigenheiten. Wir neigen dazu, zu viel wegzuschleifen, um anderen zu gefallen – und erreichen damit möglicherweise das Gegenteil.

Die Klangfarbe eines Menschen kann sogar zu seinem persönlichen Markenzeichen werden. Denken Sie nur an Prominente wie den Choreografen Jorge González mit seinem schrillen Auftreten und seinem heftigen Akzent. Er muss nur »Chicas!« ausrufen, und jeder weiß auch mit verbundenen Augen, wer da spricht. Der Entertainer-Unternehmer mit den kubanischen Wurzeln und der mitreißenden Ausstrahlung ist studierter Atomphysiker – aber alles andere als ein trockener Akademiker. Auch Rudi Carrell mit seinem holländisch gefärbten Deutsch und Verona Pooth, die ihre hohe Stimme bewusst zum Erkennungsmerkmal gemacht hat, sind nicht zuletzt durch diese »hörbaren Persönlichkeitsmerkmale« bekannt geworden.

9. Signaturstärke
Unser Charakter ist sozusagen unsere Persönlichkeits-DNA. Viele Menschen unterschätzen, wie stark sich diese hochgradig individuelle Mischung von Eigenschaften auch auf unsere Lebensgestaltung auswirkt.

Für uns Künstler gehört es zur professionellen Bühnenarbeit dazu, die eigenen Charakterstärken gezielt einzusetzen. Deshalb bin ich immer wieder verblüfft zu sehen, wie viele Menschen – auch Bühnenprofis – sich ihrer gar nicht bewusst sind. Zum Beispiel gibt es professionelle Redner, die statt ihrer Stärken auf der Bühne ausgerechnet ihre charakterlichen Schwächen zum Ausdruck bringen. Es kann passieren, dass sie dadurch überheblich wirken, ohne es selbst zu merken. Wenn es um den eigenen Charakter geht, ist Selbstreflexion besonders schwierig – aber auch besonders wichtig, weil wirkungsmächtig.

Falls Sie tiefer in das Thema einsteigen möchten: Das Charaktermodell nach Peterson und Seligman[17] bietet einen sehr klaren und zugleich differenzierten Zugang zur Komplexität des menschlichen Charakters. Es unterscheidet zwischen 24 Charakterstärken von Neugierde und Kreativität über Urteilsvermögen und Bindungsfähigkeit bis zu Mut und Humor und hilft, den eigenen Charakter in der Tiefe zu ergründen.

10. Selbstakzeptanz üben
Von der überwiegenden Mehrheit der Menschen unterschätzt wird auch die Power, die in unseren Schwächen stecken kann. Genauer gesagt: in einer Schwäche, die wir in eine Stärke verkehren. Der Schlüssel zu dieser fortgeschrittenen Ich-Kompetenz ist die Selbstakzeptanz.

Ich kann aus dem Stand eine ganze Reihe von Menschen in meinem Umfeld aufzählen, die Schwächen zu Stärken gemacht haben, indem sie ihre vermeintlichen Makel oder Macken für sich nutzen. Bei manchen ist die Fähigkeit zur Selbstakzeptanz sogar zum zentralen Erfolgsrezept geworden. Mein Rednerkollege Stefan Verra etwa ist klein gewachsen – und gerade deshalb einer der bekanntesten Experten für Körpersprache. Seine Überzeugungskraft beruht neben seiner Expertise und seinem Redetalent zu einem erheblichen Teil darauf, dass er seine These buchstäblich verkörpert: Jeder kann kraft seiner Körpersprache riesige Wirkung entfalten.

Unter welchem vermeintlichen persönlichen Makel auch immer Sie leiden: Lässt sich aus der Ausrede »Das kann ich nicht, weil ...« vielleicht auch ein »gerade, weil ...« machen? Selbst wenn daraus kein Erfolgsrezept wird, kann ich Ihnen garantieren: Die eigenen Schwächen und Makel zu akzeptieren und bewusst damit umzugehen, wird Ihre Lebensqualität erheblich verbessern.

Wenn Sie diese zehn Lebensprinzipien konsequent in Ihr Denken und Handeln integrieren, wird sich vieles in Ihrem Leben positiv verändern. Vorher aber lassen Sie uns noch eine wichtige Hürde nehmen, die Ihnen im Weg stehen kann, wenn Sie Ihre Persönlichkeit ausleben wollen. Sie hat ebenfalls mit Ihrem Denken zu tun: Sie müssen sich den Erfolg auch erlauben.

Darf ich mich verkaufen?

Neben der Frage nach den »Erfolgsgeheimnissen« der großen Künstlerpersönlichkeiten treibt noch eine weitere Frage den Kunstbetrieb seit Jahrhunderten um: Wie kommerziell darf Kunst eigentlich sein?

Dabei handelt es sich nicht so sehr um eine moralische, sondern um eine sehr persönliche Abwägung. Jeder Künstler macht sich im Laufe seiner Karriere spätestens dann Gedanken darüber, wenn sich ein gewisses Maß an Erfolg einstellt. Vielen meiner Kollegen fällt diese Überlegung im Vergleich zu anderen Berufsfeldern besonders schwer. Schließlich ist Kunst für die meisten von uns etwas, das wir aus einem inneren Drang heraus betreiben, nicht aus kommerziellen Beweggründen. Wir entscheiden uns für die Härten eines Künstlerlebens, weil uns die Kunst wichtiger ist als Geld, gesellschaftlicher Aufstieg, Ruhm und Ehre.

Diese Frage ist aber keineswegs nur für Künstler relevant. Viele Menschen, die sich Gedanken über ihre Rolle in der Gesellschaft machen, haben Schwierigkeiten mit den kommerziellen Aspekten ihrer Arbeit. Sie hadern mit der Vorstellung, sich selbst als Marktteilnehmer zu betrachten, die ihre persönlichen Stärken und Kompetenzen feilbieten. Wenn auch Sie sich bei Ihrer Arbeit persönlich »ausleben«, ist es sinnvoll, sich darüber wenigstens einmal Gedanken zu machen: Ist es eigentlich okay, sich zu verkaufen?

Wir alle verfolgen unterschiedliche Interessen mit unserem Tun. Sie stehen mal mehr, mal weniger miteinander im Einklang. Je klarer man sich in dieser Frage aufstellt und auch äußern kann, desto besser kann man sich am Markt positionieren, und desto souveräner kann man auch mit Anfechtungen gegenüber der eigenen Ausrichtung umgehen. Die begegnen früher oder später jedem Künstler – und überhaupt jedem Menschen, der sich auf irgendeiner Bühne des Lebens zeigt.

Stellen wir uns einmal den Fragen, denen wir im Alltag gern ausweichen, weil sie den Kern unseres Tuns kontrovers hinterfragen: Darf ich mich als Persönlichkeit an einem Markt verkaufen? Werden die Künstler erfolgreicher, die sich selbst »gut verkaufen«? Was lässt sich daraus für andere höchst persönliche Kompetenzen schließen?

Darf ich mich als Persönlichkeit an einem Markt verkaufen?

Die Antworten auf diese Fragen helfen uns nicht nur, die Mechanik des Erfolgs besser zu verstehen, sondern auch, einen gesunden Selbstwert zu entwickeln – im wörtlichen und im übertragenen Sinne.

Der direkte Vergleich zwischen zwei der berühmtesten Maler der Geschichte demonstriert, welchen Unterschied der gezielte Einsatz der Persönlichkeit machen kann: Pablo Picasso und Vincent van Gogh. Die kunstgeschichtliche Bedeutung beider Maler ist durchaus vergleichbar. Beide haben einen unverwechselbaren, persönlichen Stil als Künstler, beide stehen sinnbildlich für ihre Epochen und ihre Genres, und die Gemälde beider haben am modernen Kunstmarkt hohe zweistellige Millionenbeträge erzielt. Der große Unterschied zwischen beiden ist: Während Vincent van Gogh als armer Mann starb, hinterließ Pablo Picasso ein geschätztes Vermögen von 750 Millionen Dollar.[18]

Für diese frappierende Differenz zwischen dem armen Schlucker einerseits und dem Multimillionär andererseits gibt es gewiss mehrere Gründe. Van Gogh hatte zeitlebens mit psychischer Krankheit zu kämpfen, Picasso verfügte hingegen – trotz seiner exzentrischen Persönlichkeit – über ein sehr gesundes Ego. Genau darin lag wahrscheinlich sein großer Vorteil: Während van Gogh zurückgezogen als Außenseiter lebte und außer zu seinem Bruder kaum Kontakte pflegte, war Picasso ein begnadeter Netzwerker. Er war hervorragend in verschiedenste gesellschaftliche Zirkel des öffentlichen Lebens integriert. Seine Bekanntheit wuchs parallel zu seiner künstlerischen Entwicklung, auch weil er sich als Mensch und mit seinen Werken immer wieder direkt in Debatten der Zeit einmischte. Im Gegensatz zu van Gogh war er also eine sehr öffentliche Persönlichkeit – und das dürfte der Hauptfaktor für den unterschiedlichen kommerziellen Erfolg dieser beiden Persönlichkeiten gewesen sein.

Eines kann man Picasso dagegen auf keinen Fall vorwerfen: dass er sich für irgendjemanden künstlerisch verbogen oder Trends gefolgt hätte, um seinen Verkäufen nachzuhelfen. Im Gegenteil, er gehörte zu den Künstlern seiner Generation, die genreübergreifend Trends setzten. Tatsächlich wagte er sogar sehr riskante Experimente, die bei vielen zunächst auf erheblichen Widerstand stießen. Schon früh verabschiedete er sich von den strengen Regeln der »akademischen Malerei« und stieß damit die Puristen der Kunstszene vor den Kopf. Mit einem seiner berühmtesten Werke, *Les Demoiselles d'Avignon*, schockierte er sogar seine engsten Freunde; einige wandten sich daraufhin sogar von ihm ab. Das Gemälde zeigt fünf teils spärlich bekleidete, teils ganz nackte weibliche Figuren aus verschiedenen, damals reichlich unkonventionellen Blickwinkeln. Später schuf er gemeinsam mit Georges Braque den Kubismus, der den bis dahin dominanten Realisten wie eine Verunglimpfung vorkam. Immer wieder setzte er seinen Erfolg als Künstler bewusst aufs Spiel.

Das alles tat Picasso nicht erst, als er finanziell abgesichert war. Er wagte es schon als junger, aufstrebender Künstler, während er seinen Lebensunterhalt noch mit Auftragsgrafiken verdiente. Später steuerte der Spanier seine Popularität ganz gezielt, indem er mit der Sehnsucht des unersättlichen Marktes nach neuen Werken spielte. Oft ignorierte er das Flehen seines Kunsthändlers und machte sich rar – wodurch er seinen Wert nur noch steigerte, bewusst oder unbewusst.

So kommerziell erfolgreich Picassos persönlicher und künstlerischer Stil am Ende gewesen sein mag – klingt all das nach einem käuflichen Künstler? Van Goghs Werke dagegen erzielten erst ab den 1980er-Jahren, fast ein Jahrhundert nach seinem Tod, Rekordpreise bei Auktionen. Im Gegensatz zu Picasso, der sich selbst auf die Bühne gestellt hatte, musste er erst entdeckt werden – von Kunsthistorikern.

Der Vergleich zwischen den beiden zeigt: 1. Auch das größte Genie kann verarmen, wenn es sich anderen nicht zeigt. 2. Weder ein Künstler noch jeder andere Profi kann nicht von seiner Begabung allein leben. Vielmehr muss er zwingend seine Persönlichkeit einsetzen, um seine Kompetenz zum Tragen zu bringen. 3. Wer immer hinter dem Vorhang bleibt, wird höchstens zufällig erfolgreich werden, wahrscheinlich aber nie.

Wer immer hinter dem Vorhang bleibt, wird höchstens zufällig erfolgreich werden.

Sie haben also die Wahl: Sie können aus Sorge, »sich zu verkaufen«, Ihren Erfolg dem Schicksal überlassen (oder den Historikern). Doch dann dürfen Sie sich nicht wundern, wenn es Ihnen ergeht wie van Gogh. Oder Sie können sich ein Beispiel an Picasso nehmen und sich der Welt zeigen, ohne sich für irgendjemanden zu verbiegen. Wir können unsere Persönlichkeit zu unserem Vorteil einsetzen, ohne dabei gleich unsere Seele zu verticken. Picassos Beispiel zeigt, dass besonders großer kommerzieller Erfolg keineswegs darauf schließen lässt, dass jemand sich besonders aggressiv verkaufen würde. Vielmehr ist Erfolg das Ergebnis, wenn wir unsere Persönlichkeit gezielt einsetzen, um unsere individuellen Fähigkeiten zum Tragen kommen zu lassen.

Das bedeutet im Umkehrschluss: Eine Verkaufsmasche allein macht niemanden nachhaltig erfolgreich. Was gemeinhin oft ungenau als »sich verkaufen« bezeichnet wird, meint in Wahrheit nichts anderes als persönliche Sichtbarkeit – und die ist einfach nur professionell. Wer anderen daraus einen Vorwurf macht, hadert möglicherweise eher mit der eigenen Unsichtbarkeit als mit irgendwelchen moralischen Bedenken. Und das sagt Ihnen einer, der Menschen systematisch die Taschen ausräumt ...

Der Vorwurf, jemand sei zu »kommerziell« oder »verkäuferisch« bedeutet eigentlich, dass derjenige sich verbiegt und seiner eigenen Persönlichkeit untreu wird, um mehr Geld zu verdienen oder mehr Anerkennung zu ernten – also in gewissem Sinne »käuflich« ist.

»Sich verkaufen« und »käuflich sein« sind zwei grundverschiedene Dinge. Letzteres wäre für jeden Künstler, der etwas auf sich hält, in der Tat ein No-Go. Künstler, die sich nicht an ihrer Begabung und ihrer Leidenschaft ausrichten, sondern daran, welche Art von Kunst gerade den größten kommerziellen

Vorteil verspricht, werden von ihrer Community in der Tat schonungslos verurteilt. Dem Vorwurf der Kommerzialisierung sehen sich zum Beispiel Gegenwartskünstler wie Damien Hirst oder Jeff Koons immer wieder ausgesetzt. Sie verkaufen quasi-industriell von Assistenten hergestellte Beinahe-Kopien ihrer eigenen Werke als hochskalierte, nachfrageorientierte Konsumprodukte – wie die Ampelmännchen in Berliner Souvenirläden, nur millionenfach teurer.[19] Sie müssen sich den Verdacht der Käuflichkeit in gewissem Maße gefallen lassen.

In diese Falle zu tappen, ist für einen Künstler in der Tat ein veritables Risiko und erfordert eine ständige Abwägung. Wie jeder Künstler, der etwas auf sich hält, wähle ich meine Engagements außerhalb des Cirque du Soleil sehr bewusst aus. Die Integrität der Rolle, mit der ich als Künstler identifiziert werde, muss stets gewahrt bleiben. Wenn ein Auftrag meinen persönlichen oder künstlerischen Grundsätzen widerspricht, nehme ich ihn nicht an.

Sich verkaufen, und zwar nicht unter Wert, ist dagegen nicht nur erlaubt, sondern *best practice* der Erfolgreichsten in jeder Branche. Beim Cirque du Soleil wird mit zwei Vorstellungen am Tag bis zu einer Million Dollar umgesetzt – mit allen Standorten und mobilen Shows aufs Jahr hochgerechnet ein Milliardenunternehmen. Letztlich haben meine Kollegen und ich es auch dem kommerziellen Ansatz unseres Arbeitgebers zu verdanken, dass wir gut und sicher von unserer Leidenschaft leben können. Das ist ein Luxus, der nur sehr wenigen in unserer Branche zuteilwird. Ich kann meine Kunst auf höchstem Niveau ausüben und nach meinen Vorstellungen leben, weil ich damit Geld verdienen darf. Dafür bin ich unendlich dankbar. Kunst und Kommerz müssen also keineswegs Widersprüche sein – im besten Fall bedingen sie sich gegenseitig.

Präzisieren wir also die Frage, über die es sich für jeden von uns nachzudenken lohnt: Statt »Darf ich mich als Persönlichkeit verkaufen?« sollte sie eher lauten: »Darf ich mich als Persönlichkeit zeigen?« Meine Antwort darauf wird Sie kaum überraschen. Ich stehe beinahe jeden Tag auf einer öffentlichen Bühne, ich lasse mich als Show-Act und als Redner buchen, und als Performance-Coach bringe ich Menschen bei, wie sie sich am besten in Szene setzen können. Wenn Sie mich fragen, ob Sie als Persönlichkeit mit Ihren Stärken und Kompetenzen auf eine passende Bühne gehören, ist die Antwort ein schallendes »Ja, klar!«.

Das Leben ist voller Bühnen, und mindestens eine davon passt auch zu Ihnen. Sie *dürfen* sich nicht nur zeigen, Sie *schulden* es sich selbst. Der Schritt auf Ihre Bühne des Lebens ist eine notwendige Voraussetzung für Ihren Erfolg. Heute, im Vergleich zu Picassos Zeit, ist der Faktor Öffentlichkeit sogar noch um vieles wichtiger geworden. Das Internet und die Mediengesellschaft zwingen uns geradezu, unseren Grad an Öffentlichkeit auf unsere ganz persönlichen Ziele abzustimmen.

Das Leben ist voller Bühnen, und mindestens eine davon passt auch zu Ihnen.

Nie war es leichter, übersehen zu werden. Was auch immer Sie gut können: Erfolgreich werden Sie damit erst werden, wenn Sie Ihre Persönlichkeit zusätzlich in die Waagschale werfen. »Sich gut verkaufen« heißt nicht, sich so zu geben, wie andere Sie haben wollen. Es heißt, offen zu zeigen, wer Sie wirklich sind, was Sie antreibt und was Sie besser können als alle anderen. Erst dann sind Ihr Produkt und Ihre Persönlichkeit im Einklang. Dieses Gesamtpaket ist es, was Ihre Kunden, Partner und Fans tatsächlich »kaufen«. Gegen diese geballte Ladung Individualität ist jede leere Verkaufsmasche der Welt machtlos.

Es gibt nur einen »König der Taschendiebe«, und auch Sie gibt es nur ein einziges Mal. Was meinen Sie: Ist es okay, davon zu leben?

Kapitel 3
Sterne kann man klauen, aber nicht kopieren
Was uns einzigartig macht

»Sei eine erstklassige Ausgabe deiner selbst,
keine zweitklassige von jemand anderem.«
Judy Garland

Falsche Maßstäbe

Es ist einfacher, einen Mercedes zu kopieren als einen Menschen. Und doch wollen die meisten lieber ein Mercedes sein als sie selbst. Wir definieren uns durch alle möglichen »Ausstattungsmerkmale«: unsere Körpermaße, unseren Intelligenzquotienten, unsere Schulnoten, unsere Qualifikation, unseren Hierarchiestatus. Wie einen Mercedes mit seinen Konkurrenzmodellen vergleichen wir uns mit anderen anhand irgendwelcher messbaren Kriterien. Dabei vergessen wir zu fragen: Was hat all das eigentlich mit mir zu tun? Leben wir eigentlich nach den richtigen Maßstäben?

Der Wert eines Menschen – wie übrigens auch der eines Mercedes – steckt nicht in den Kommastellen irgendeiner Vergleichstabelle für Wertstabilität. Sowohl beim Menschen als auch beim Mercedes ist der wahre Wert immaterieller Natur. Er ist in der Einzigartigkeit der Marke begründet. Der Unterschied ist, dass ein Mercedes mindestens theoretisch kopiert oder von der Konkurrenz überholt werden kann. Bei einem Menschen gestaltet sich das weitaus schwieriger. Ein Mercedes mag eine hochkomplexe Konstruktion und ein wundervolles

Auto sein; im Vergleich zu einem Menschen ist er ein simpler Baukasten mit berechenbaren Eigenschaften. Deshalb ist es ein Jammer, wenn Menschen glauben, sie wären messbar, überholbar und austauschbar wie ein Auto. Selbst die scheinbar so selbstbewussten Bühnenstars sind gegen diese Denkweise nicht immun. Die Konkurrenz an der Weltspitze ist hart umkämpft – wie in jeder Disziplin. Da ist es leicht, sich bei der Frage zu verschätzen: »Was bin ich als Künstler eigentlich wert?«

Die Alleinstellung im Außen suchen statt im Innen: In diese Falle ist schon so mancher getappt. Zum Beispiel mein langjähriger Kollege beim Cirque du Soleil und einer der weltbesten Jongleure, Anthony Gatto. Er hat eine Bilderbuchkarriere gemacht: Im Vorschulalter gestartet, hat er sich in seiner hochgradig umkämpften Disziplin über viele Jahre hinweg an die Weltspitze emporgekämpft und alle Preise abgeräumt, die es zu gewinnen gibt. In der Jonglage ist das bezogen auf die technische Kunstfertigkeit ein besonders großes Verdienst. Im Gegensatz zu den Sprach-Acts ist die Konkurrenz bei den Körper-Acts zahlenmäßig noch um einiges größer. Es gibt mindestens Tausende hervorragende Jongleure auf der Welt, und Anthony war über viele Jahre in der absoluten Spitzengruppe.

Mit seiner Frau, die ihm in der Show assistierte, hatte er sich in Orlando niedergelassen. Dort ist – nicht zuletzt aufgrund des permanent hohen Besucheraufkommens in der Stadt dank Disneyland – eine der stationären Shows des Cirque du Soleil angesiedelt. Das Paar hatte bei unserem gemeinsamen Arbeitgeber einen langfristigen Vertrag unterschrieben, sich ein Haus in der Stadt gekauft und schien für die Zukunft gerüstet.

Doch dann, gefühlt von einem Tag auf den anderen, warf Anthony sein Handtuch in den Ring. Gewiss wird seine Entscheidung nicht so spontan gewesen sein, wie sie nach außen wirkte – der Konkurrenzdruck unter Künstlern kann immens sein. Doch für uns Kollegen war die Nachricht schwer nachzuvollziehen: Der beste Jongleur der Welt hört einfach auf. Ohne Verletzung, ohne Schicksalsschläge, ohne Not. Warum bloß?

Für mich sah es so aus, als ob es an Anthonys knallharter Selbsteinschätzung lag, in gewisser Weise nicht mehr der Beste zu sein. Ein Kollege hatte ihn mit seinen Leistungen in der technischen Konkurrenz unter Druck gesetzt. Anthony konnte vermutlich in diesem direkten Vergleich nicht mithalten – und gab dem unerbittlichen Druck nach. Für seine Verbindlichkeit verdient er fraglos Respekt: Sein Leben lang hatte er für sich in Anspruch genommen, der beste Jongleur der Welt zu sein. In seinen Augen wurde er diesem Maßstab nun nicht mehr gerecht – und zog seine Konsequenzen.

Ich bedauere seine Entscheidung bis heute, denn ich habe einen anderen Blick auf Anthonys Markenkern. Die Konkurrenz mag in bestimmten Teilen der Darbietung mehr Bälle in der Luft haben. Doch für die Wirkung auf die Zuschauer macht das nur einen Unterschied, wenn man sie darauf hinweist. Anthonys Künstler-DNA, seine mitreißende Bühnenausstrahlung und die einzigartige Energie im Zusammenspiel mit seiner Frau machen ihn für mich zum Besten seiner Zunft. Sein Weggang hat eine große Lücke hinterlassen.

Anthony Gattos Beispiel kann uns eine Mahnung sein: Wenn Sie blind für den eigenen Markenkern sind, messen Sie sich an den falschen Maßstäben. Auf diese Weise können Sie der oder die Beste Ihres Fachs sein und doch an der falschen Version Ihrer selbst scheitern.

Wenn Sie blind für den eigenen Markenkern sind, messen Sie sich an den falschen Maßstäben.

Das meine ich, wenn ich von Einzigartigkeit spreche: Sie sind als Marke uneinholbar, wenn Sie als die beste Version Ihrer selbst leben.

Die Mischung macht's

Auf der Suche nach meiner Alleinstellung habe ich zum Glück frühzeitig erkannt, dass meine Kompetenz als Taschendieb theoretisch austauschbar ist. Sogar die technischen Details meiner Nummer können kopiert werden. Doch auch wenn andere hin und wieder ebenfalls erfolgreich einen Gürtel klauen oder meine Rolex-Methode kopieren: Es gibt nur einen König der Taschendiebe, und seine künstlerische DNA reicht über das technische Handwerk hinaus. Meine Rhetorik als Sprach-Act und mein Umgang mit den Zuschauern sind ebenfalls Teile davon – und nur schwer kopierbar. All die verschiedenen persönlichen Kompetenzen fügen sich wie Puzzleteile zu der Rolle zusammen, die mir auf den Leib geschneidert ist. Ich bin das Original, und wer es auch zu kopieren versucht – es wird ihm nicht gelingen. Selbst wenn jemand eine Technik beherrscht, die mir fehlt, und den Menschen unbemerkt ihre Socken vom Fuß klaut, gefährdet das nicht meine Alleinstellung.

Das Einzige, das definitiv nicht austauschbar ist, bin ich: der Mensch Christian Lindemann mit seinem unkopierbaren, einzigartigen, genetisch-charakterlich-sozial-fachlich-spontanen Erfolgscode. Im Vergleich zu allem, was sich messen lässt, ist er die stabilere Währung. Menschliche Werte unterliegen keiner Inflation! Ganz im Gegenteil: Während die Welt und die Kunst sich verändern, reifen wir auch

Werte unterliegen keiner Inflation!

als Menschen. Dieser Prozess ist so individuell, dass er nicht nachvollzogen und schon gar nicht kopiert werden kann. Die am besten positionierten Künstler, von den Rolling Stones über Robert De Niro bis zu David Copperfield, werden wie ein guter Wein mit den Jahren immer besser, während andere aus der Zeit und aus unserem Bewusstsein fallen.

Damit Ihr Lebensentwurf gut reift, muss die Basis stimmen: jene unverwechselbare Kombination von Alleinstellungsmerkmalen, die Ihre Einzigartigkeit definiert. Bei Mick Jagger ist es die Kombination aus musikalischem Genie, Stimme, Bühnenenergie, Extrovertiertheit, Charakterstärke, Aussehen und Leistungsfähigkeit – und selbst diese Aufzählung erhebt noch keinen Anspruch auf Vollständigkeit. David Copperfields Erfolgsrezept enthält Zutaten wie Charme, Mystik, Erfindungsreichtum, logistische Genialität, Schauspieltalent, Aussehen, Bühnenpräsenz und vieles mehr.

Zwischen diesen beiden gibt es nur bedingt Überschneidungen, obwohl beide Weltstars sind. Je mehr Beispiele wir in diese Aufzählungen aufnehmen würden, desto mehr Eigenschaften würden wir finden, für die Stars vermeintlich berühmt sind. Es gibt nicht das eine Rezept, die drei Zutaten oder die eine Eigenschaft, die Menschen erfolgreich macht – in der Showszene genauso wenig wie in Ihrer Disziplin. Zwar mag es in jeder Disziplin und jeder Branche Qualitäten geben, die gesetzt sind, doch über die verfügen viele. Als einzigartig und einzigartig erfolgreich nehmen wir Menschen wahr, die genau wissen, was sie von anderen unterscheidet – und sich in allem, was sie tun, konsequent darauf berufen.

Die Erfolgsrezepte der Künstler, DAX-CEOs oder Sportler kann man also nicht über einen Kamm scheren. Einige Kriterien erfüllen das Alleinstellungsmerkmal der Überflieger in all ihrer Vielfalt, aber doch alle gleichermaßen:

- Sie beschränken sich nie nur auf ein einzelnes Alleinstellungsmerkmal; vielmehr handelt es sich immer um einen unschlagbaren Mix. Habe mehr als ein USP!
- Sie sind belastbar – beruhen also nicht auf reinen Behauptungen, sondern halten einer Prüfung stand. Setze auf Sein, nicht Schein!
- Sie legen den Schwerpunkt nicht auf Faktoren, die sich leicht kopieren lassen und oft auch ein Verfallsdatum haben, sondern auf persönliche Besonderheiten. Sei du selbst!

Unser eingebauter Kopierschutz

Eigentlich ist es verblüffend: Selbst die ungeheure Vielfalt der Gen-Marker, die ein Mensch in sich trägt, ist begrenzt. Und doch gibt es, soweit wir wissen, unter 7,8 Milliarden Menschen keine einzige exakte Kopie. Warum sind wir so einzigartig? Wichtiger noch: Warum sollten wir alles auf diese Einzigartigkeit setzen?

Ein Gegenstand mit all seinen Eigenschaften lässt sich identisch reproduzieren, ein Mensch nicht. Wenn es selbst Gott kein einziges Mal hingekriegt hat, wie sollte es dann ausgerechnet Ihrem Mitbewerber gelingen? Auch reifen wir permanent weiter: Wer Sie kopieren wollte, müsste jede kleine Veränderung Ihrer Rhetorik und Gestik, ja sogar Ihre Denkweise im Laufe der Zeit in Echtzeit mitkopieren. Jeder Versuch, Sie nachzuahmen, bezieht sich nur auf Ihr Gestern. Ihr Heute und Ihr Morgen sind davor geschützt. Wer sollte Sie auf diese Weise jemals einholen, geschweige denn überholen können? Es sei denn, Sie selbst bleiben stehen und verweigern sich der Entwicklung. Und schließlich kann niemand in Sie hineinschauen wie in einen Mercedes. Selbst die neueste Hightech-Limousine gibt dem geschulten Auge all ihre Geheimnisse preis, wenn man genau genug hinschaut. Für einen Menschen dagegen gibt es kein Handbuch, sondern immer nur Momentaufnahmen, und selbst die zu interpretieren ist eine Lebensaufgabe.

Sie sehen: Ihre Einzigartigkeit und die Tatsache, dass Sie sich permanent auf ebenso individuelle Weise weiterentwickeln, sind wie ein doppelter, eingebauter Kopierschutz – und der ist um Längen verlässlicher als jeder Werbe-Claim. Im Gegensatz zu den Alleinstellungsmerkmalen, mit denen Unternehmen für sich und ihre Produkte werben, sind die USP eines Menschen viel stärker. Das ist der Faktor, den viele unterschätzen, wenn sie ihre persönliche Markenidentität erschaffen. Stattdessen beißen sie sich an allen möglichen Richtwerten fest: der Zielgruppe, den Kundenwünschen oder den Branchentrends.

Denken Sie an Anthony: Hören Sie auf, sich an externen »Erfolgsfaktoren« abzuarbeiten, die Ihr Profil am Ende mehr abschleifen als schärfen. Die Idee der Alleinstellung ist richtig. Der Fehler liegt darin, das Prinzip auf Äußerlichkeiten anzuwenden statt auf sich selbst, und sich negativ zu vergleichen. Nicht der Wettbewerb ist unmenschlich, wie wir an unseren schlechteren Tagen schon mal gern schimpfen. Vielmehr entmenschlichen wir uns selbst, indem wir uns an falschen Maßstäben messen und messen lassen.

Hören Sie auf, sich an externen »Erfolgsfaktoren« abzuarbeiten.

Die zweite Identität

Souveränität beruht auf dem Einklang zwischen dem, was wir sein wollen, und dem, was wir tatsächlich erreichen. Wenn Menschen unzufrieden sind, dann oft, weil sie sich machtlos fühlen: So ist mein Leben, was soll ich schon tun!

Ganz ehrlich? Was immer Sie wollen.

Ich bin jeden Tag von Künstlern umgeben – Menschen, die Konventionen besiegen. Und ich bin mit Haut und Haaren einer von ihnen. Künstler geben in mancherlei Hinsicht in ihrer Lebensgestaltung die Kontrolle ab, wo andere sie als unverzichtbar betrachten. Aber wenn es um unsere Identität geht, lassen wir uns kein X für ein U vormachen: Unser ganzes Leben ist ein einziger Eroberungsfeldzug unter der Flagge der Selbstbestimmtheit. Je nachdem, welcher philosophischen Schule Sie anhängen, wahlweise auch unter der Flagge der selbst gewählten Zugehörigkeit. Ohne den Kampf um Identität kann es keine Kunst geben. Kreativer Output ist das, was passiert, wenn Menschen auf die Suche nach sich selbst gehen: jeder Marsch eine Performance, jede Schlacht ein Kunstwerk.

Ich selbst bin zwanzig Jahre lang marschiert und habe eine Schlacht nach der anderen geschlagen. Freiwillig. Sie dürfen mir glauben, wenn ich Ihnen sage, dass die Marschverpflegung und die Feldlatrinen hinter den Bühnen dieser Welt selten die Reise wert sind. Dafür bin ich nicht vor langer Zeit in Münster losgelaufen und seither durchmarschiert, ohne zu rasten.

Deshalb dürfen Sie mir auch glauben, wenn ich Ihnen zurufe: Wir genießen größere Freiheit, als wir uns zugestehen. Jeder von uns, davon bin ich zutiefst überzeugt, hat das Recht auf eine zweite Identität.

Bei unserer ersten Identität haben wir kein Mitspracherecht. Wo und in welche Verhältnisse wir geboren werden, wer unsere Eltern sind, wie wir heißen, in welcher Kultur wir aufwachsen und welche Erwartungen unser Umfeld an uns richtet, können wir uns nicht aussuchen. Diese erste Identität ist uns gegeben. Sie ist eine Herausforderung, die uns ein Leben lang bleibt und alles beeinflusst, was wir tun.

Unsere zweite Identität wählen wir selbst. Sie und ich, wir können frei entscheiden, welche Ziele wir uns im Leben setzen. Genauso entscheiden wir, welche Wege wir gehen, um sie zu erreichen. Natürlich schließt das die Wahl ein, freiwillig in der ersten Identität zu verharren. Sie dürfen es nur nicht auf die Umstände schieben, wenn Sie sich in dieser nicht hinterfragten Identität irgendwann gefangen fühlen. »Ich hätte mir so ein Leben nicht leisten können« oder »Ich komme nicht aus einer Künstlerfamilie« – wie oft habe ich diese Ausflüchte gehört! Und genauso oft habe ich Menschen mit meiner Antwort irritiert: »Ich auch nicht.«

Und doch starten wir im Vergleich zu anderen, die es ebenfalls geschafft haben, auf hohem Niveau. Es gibt Menschen, die sich aus den drogenverseuchten Slums von Rio de Janeiro oder über Minenfelder aus Nordkorea herauskämpfen mussten, um ihr Recht auf ein selbstbestimmtes Leben wahrnehmen zu können. Niemand hat sie dazu gezwungen. Und doch haben sie es getan.

Natürlich weiß auch ich, wie einfach es ist, sich von der Unsicherheit und den Selbstzweifeln einfangen zu lassen. Wäre der Weg zur Souveränität nicht lang und steinig, hätte ich keine Notwendigkeit gesehen, ein Buch darüber zu schreiben. Auch ich hatte lange Zeit Angst davor, in einer Identität stecken zu bleiben, die ich mir nicht ausgesucht hatte: in einer relativ überschaubaren Stadt mit geringer Künstlerdichte, in einem nicht gerade kunstaffinen Umfeld. Ein paarmal anders abgebogen, ein paar sogenannten schicksalhaften Fügungen auf den Leim gegangen, ein paar Winke mit dem Zaunpfahl für bare Münze genommen, und ich hätte genauso gut als unzufriedener Spießer enden können.

Ich weiß, wie schwer es sein kann, sich aufzuraffen, wenn das Leben auch ohne existenzielle Zweifel schon kompliziert genug ist. Das Umfeld zu knacken ist kein Kinderspiel. Immer wieder bin ich verblüfft, welche aufrüttelnde Wirkung es auf Menschen hat, wenn sie zum ersten Mal wirklich ihr Leben hinterfragen. Es ist, als stünden die offensichtlichsten Fragen auf irgendeinem Index: Allein sie zu stellen wirkt auf viele so elektrisierend wie eine verbotene Verführung. Schon die grundlegendsten Überlegungen zur Identität können ganze Gebirgsketten in den Köpfen der Menschen ins Rutschen bringen, wenn sie es sich nur einmal zugestehen:

- Wo will ich leben? (Auch Umzüge in andere Städte und Bundesländer sind laut deutscher Gesetzgebung zulässig, ebenso Verlagerungen des Lebensortes außerhalb des Geltungsraums deutscher Gesetzgebung.)
- Was will ich tun, wann immer ich nicht gerade schlafe oder esse? (Glaubt man Somnologen und Gastroenterologen, im Zweifelsfall auch währenddessen ...)
- Womit will ich Geld verdienen? (Nein, das ist nicht dieselbe Frage noch einmal.)
- Wie viel Geld? (»Think big.« Warten Sie nur mit dem Immobilienkauf, bis das Geld tatsächlich auf Ihrem Konto ist.)
- Ist mein Umfeld gut für mich? (Keine Sorge: Sie dürfen Ihre Angehörigen und Freunde lieben und deren Lebensentwurf dennoch grundlegend ablehnen. Wird diese bedingungslose Liebe nicht erwidert, ist Ihr Umfeld möglicherweise tatsächlich nicht gut für Sie.)
- An wen will ich mich binden? (Auch das ist nicht dieselbe Frage noch einmal.)

- Wenn ich von vorn anfangen könnte, was würde ich anders machen? (Achtung: Was können Sie anders machen – keine indirekten Schuldzuweisungen!)
- Was genau hält mich davon ab, es ab jetzt anders zu machen? (Fangen die Fragen langsam an zu nerven? Gut, dann funktioniert es.)
- Was war Ihr ursprünglicher Lebenstraum, bevor jemand Sie mit gesundem Menschenverstand angesteckt hat? (Ich will ja nicht angeben, aber ich habe mich schon mit elf als Darsteller auf einer Showbühne gemalt, komplett mit rotem Vorhang.)
- Wo wären Sie heute, wenn Ihnen nicht »das Leben« dazwischengekommen wäre? (Bei dieser Frage sind Heulen, Fluchen und Toben erlaubt, so viel Sie wollen – je mehr dabei zu Bruch geht, desto besser.)

Wo wären Sie heute, wenn Ihnen nicht »das Leben« dazwischengekommen wäre?

Wenn Sie sich all diese Fragen einmal wirklich ehrlich beantwortet haben, gibt es drei Möglichkeiten:

1. Sie stellen fest, dass in Ihrem Leben im Großen und Ganzen alles gut gelaufen ist. Glückwunsch! Verraten Sie mir nur eins: Warum genau haben Sie nach diesem Buch gegriffen?
2. Sie entdecken gewisse Diskrepanzen bis hin zu kompletten Lebenslügen und machen trotzdem so weiter wie bisher. In diesem Fall verfluchen Sie mich womöglich, weil Sie sich all dessen nun bewusst geworden sind; keine Sorge, das halte ich aus.
3. Sie fangen an, Ihre neu entdeckte zweite Identität zu Ihrer Lebensrealität zu machen. Der Moment, in dem Sie Ihre

zweite Identität auf Ihr Leben anwenden, ist Ihr erster Schritt in Richtung Selbstbestimmung und eigenverantwortliches Leben.
4. Wie lange auch immer Sie mit Ihrer ersten Identität gelebt haben, Ihr Leben ist kein Schicksal. Sie haben ein unbegrenztes Umtauschrecht. Wann immer Sie bereit sind, Ihre zweite Identität zur Berufung zu machen, zögern Sie nicht: Die Welt wartet schon auf Sie.

Schicksal oder Berufung?

Viele Faktoren wirken sich darauf aus, für welchen Weg wir uns im Leben entscheiden. Unterwegs gelangen wir immer wieder an Gabelungen, an denen es lebensverändernde Entscheidungen zu treffen gilt. In diesen Schlüsselmomenten können wir vorgehen wie bei alltäglichen Problemstellungen. Wir können alle möglichen äußeren Faktoren abwägen, Pro- und Kontra-Listen anfertigen und am Ende eine Entscheidung treffen, die sich rational erklären lässt.

Oder wir können uns fragen: Was würde *ich* tun? Klingt irgendwie schizophren? Lassen Sie mich Ihnen zeigen, was ich meine.

Menschen, die es in ihrem Bereich zu etwas gebracht haben, bewundern wir nicht nur für ihre Leistungen. Wir schreiben ihnen auch eine besondere Konsequenz in ihrer Arbeits- und Lebensweise zu: »Die hat's durchgezogen!« oder »Der ist sich treu geblieben!«. Tatsächlich gibt es ein Muster, das sich über die berühmtesten Vertreter fast aller gesellschaftlichen Bereiche erstreckt: Menschen, die besonders viel erreicht haben, haben im Einklang mit ihren konkreten Voraussetzungen und Fähigkeiten gehandelt. Sie waren sich Ihres Erfolgsrezepts, also der Zutaten für ihre Einzigartigkeit, in höchstem Maße bewusst. Das lässt sich an einer ganzen Reihe von Beispielen festmachen, und zwar schon lange vor dem Zeitalter der Selbstoptimierung.

Eine der berühmtesten Persönlichkeiten der Welt ist Albert Einstein. Der Jahrtausendwissenschaftler ist nicht nur berühmt in dem Sinne, wie es Promis wie Paris Hilton sind: Jeder kennt zwar ihren Namen. Bei der Frage nach ihrem Beruf wird es allerdings schon eng. Und wenn die konkrete Botschaft, Expertise oder Lebensleistung benannt werden soll, schrumpft die vermeintliche Bedeutsamkeit zusammen wie ein undichter Luftballon. Diese Gefahr besteht bei Albert Einstein nicht: Er hat eines der einflussreichsten Lebenswerke unserer Zivilisation hervorgebracht. Jeder weiß es, obwohl es kaum einer versteht! Wie kann das sein? Weil er eine außergewöhnliche Leistung erbracht hat, gewiss. Aber auch, weil Einstein sich stets als Einstein zeigte. Seine Person und sein wissenschaftliches Vermächtnis hängen untrennbar miteinander zusammen. Mensch und Werk bilden in der gesellschaftlichen Wahrnehmung eine Einheit. Diese Stimmigkeit zeichnet viele der erfolgreichsten Menschen aus, ganz gleich auf welchem Gebiet: Sie sind als Menschen so einzigartig wie ihre Leistungen.

Albert Einstein zum Beispiel ist – einmal abgesehen von seinen Eigenheiten und Schrullen – ein lupenreiner Vertreter des Typus »Ingenieur« oder »Logiker«. So heißen in der sogenannten Myers-Briggs-Klassifizierung von 16 Persönlichkeitstypen, einem der international bekanntesten Persönlichkeitstests, Menschen mit dem Eigenschaftscode INTP. Die Buchstaben stehen für Introversion, Intuition, Denken und Wahrnehmung (Introversion, Intuition, Thinking, Perception).[20]

Menschen dieses Typus leben in einer Welt voller theoretischer Möglichkeiten. Sie betrachten alles im Hinblick auf sein Verbesserungspotenzial: Immer finden sie ein Schräubchen, an dem man noch drehen, und eine Wahrscheinlichkeit, die man noch erhöhen könnte. In jedem etablierten System entdecken sie weitere Anwendungsmöglichkeiten, in jedem vermeintlich fixen Zustand das Veränderungspotenzial. Sie leben vor allem in ihrem Kopf. Doch in diesem Gedankenraum können sie epische Debatten mit sich selbst führen, ohne dass ihnen jemals dabei langweilig wird. Zu ihren großen Stärken gehört es, auch schwierigste Problemstellungen analysieren und Lösungsansätze finden zu können, wo andere längst nichts mehr verstehen.

INTP-Persönlichkeiten werden typischerweise Wissenschaftler, Ingenieure, Analytiker. Sie folgen schon bei der Wahl ihrer Lebensaufgabe konsequent ihrem inneren Kompass. Je besser sie ihre erworbenen Kompetenzen und ihre Persönlichkeit zueinander in Beziehung setzen, desto wirkungsvoller können sie ihre Rolle auf der selbst gewählten Bühne spielen.

Stephen Hawking, ebenfalls ein Jahrhundertgenie vom Typ INTP, hat eine wunderbare Anekdote über den großen Kollegen kolportiert. Sie zeigt, wie Einsteins unerbittlich rationaler, analytischer Geist selbst in Situationen noch dominierte, in denen andere emotional oder unsicher geworden wären. In Erwiderung seiner umstrittenen Relativitätstheorie wurde 1931 ein Buch veröffentlicht, das den Titel *Hundert Autoren gegen Einstein* trug.[21] Ein anderer, weniger überlegener Intellektueller hätte darauf vielleicht beleidigt reagiert – und somit Schwäche gezeigt. Doch damit hätte er ausgerechnet im Moment der Herausforderung durch eine ganze Heerschar von Konkurrenten den großen persönlichen Vorteil seines analytischen Scharfsinns brachliegen lassen.

Nicht so Einstein. Er blieb seiner Logiker-Persönlichkeit in dieser Situation nicht nur treu. Vielmehr sah er sich durch den kollektiven Widerspruch noch in seinen Thesen bestätigt. Und diese Steilvorlage wusste er zu nutzen. So erwiderte er angesichts der Neuigkeit über das Buch der hundert Autoren gelassen: »Wenn ich mich geirrt hätte, hätte einer gereicht.«[22]

Auch das machte Einstein einzigartig und trägt zu seiner anhaltenden Popularität bei: Er war, besonders für einen Naturwissenschaftler, auch noch ein äußerst unterhaltsamer Mensch – ein absolut einzigartiges Original.

Was aber können wir von den Einsteins dieser und aller anderen Welten lernen, die wir laut Relativitätstheorie rein theoretisch irgendwann einmal besuchen und persönlich fragen könnten?

Je stimmiger die selbst gewählte Lebensbühne mit unserer Persönlichkeit zusammenpasst, desto größer ist die Chance, dass wir sie rocken werden. Je passender die Rolle, die wir einnehmen, uns auf den Leib geschneidert ist, desto größer ist die Wahrscheinlichkeit, dass wir darin glänzen können. Dafür müssen wir weder Einstein sein noch berühmt, sondern einfach nur einzigartig. Und diese Lektion ist ganz und gar nicht relativ, sondern absolut zu verstehen.

> *Je passender die Rolle, desto größer ist die Wahrscheinlichkeit, dass wir darin glänzen können.*

Dabei kommt es nicht auf den konkreten Persönlichkeitstypus und nicht auf die Klassifizierung an, an der man sich orientiert. Allein das Grundprinzip zählt: Bei wichtigen Entscheidungen sollten wir uns nicht an äußeren Faktoren orientieren und wichtige Aufgaben nicht nach neutralen Vorgaben lösen. Besser fahren wir, wenn wir so oft wie möglich das tun, was unserer individuellen Persönlichkeitsstruktur entspricht.

Ein nüchterner Rationalist wird sich zum Beispiel wahrscheinlich mit der empathischen Komponente von Beratungsgesprächen schwertun. Dafür kann er an anderer Stelle im System Lösungen anbieten, wo der Blick anderer durch Emotionen getrübt ist. Ein Menschenfreund ist möglicherweise keine Idealbesetzung als Finanzbeamter, bringt aber die wichtigste Qualifikation als Barkeeper mit. Ein besonders schüchterner Mensch gehört vielleicht nicht auf eine Showbühne, kann aber gegebenenfalls Wunder auf der unsichtbaren Bühne hinter dem Vorhang wirken.

Wenn Menschen sich dagegen unreflektiert und widerstandslos in eine vorgefertigte Rolle fügen, die ihnen von irgendjemandem vorgegeben wird oder die sie aus Bequemlichkeit wählen, sind dem Erfolg und dem Lebensglück von vornherein Grenzen gesetzt. Hohe Gehaltsaussichten allein sind kein guter Grund für eine Berufswahl, ebenso wenig wie die Hoffnung auf einen »sicheren Job«. In den wenigsten Fällen wird von einer solchen Verlegenheitsbesetzung mehr zu erwarten sein als durchschnittliche Leistungen, mittelmäßige Motivation und beliebige Ergebnisse.

Wir alle wissen aus leidvoller Erfahrung, was dabei herauskommt, wenn jemand einfach nur Sachbearbeiter oder einfach nur Experte ist. Aber wir alle kennen auch den Barkeeper, dem man die ganze Bar leer saufen könnte, nur um noch ein Stündchen mit ihm zu plaudern. Ihn interessieren an seinem Job nicht nur die Trinkgelder, sondern auch die Menschen. Wir alle haben schon einmal ein Gespräch mit einer nicht nur fachlich, sondern auch empathisch begnadeten Spezialistin geführt, durch die uns statt einem Licht gleich eine ganze Flutlichtanlage aufgegangen ist. Ihr ist der Nutzen für die Menschen genauso wichtig wie die Expertise. Wir alle haben schon Shows, Filme oder Konzerte genossen, die uns im Innersten berührt und unseren Blick auf die Welt verändert haben. Der Grund ist, dass der Künstler nicht nur im Mittelpunkt stehen, sondern die Menschen bewegen will.

Diese besondere Wirkung, die auf andere abstrahlt, geht immer auf das gleiche Muster zurück: Wir brillieren, wenn unser Tun mit unseren Stärken im Einklang ist. Das ist der Unterschied zwischen einem Beruf und einer Berufung. Und es ist auch Ihr USP gegenüber all Ihren Konkurrenten:

> *Wer seine Einzigartigkeit als Alleinstellungsmerkmal einzusetzen weiß, muss keinen Vergleich mehr scheuen.*

Wer seine Einzigartigkeit als Alleinstellungsmerkmal einzusetzen weiß, muss keinen Vergleich mehr scheuen.

Auch ohne Persönlichkeitstest kann jeder von uns bestimmte Eigenschaften erkennen, die ihn auszeichnen – und die es zu nutzen lohnt. Wenn Sie sich unsicher sind, fragen Sie einmal andere, welche persönlichen Bewältigungsstrategien sie bei Ihnen beobachten und vielleicht auch schätzen gelernt haben. Alternativ können Sie sich natürlich auch einem Persönlichkeitstest unterziehen – es gibt eine ganze Reihe interessanter Modelle. Das Ziel ist letztlich bei allen dasselbe: Wer sich näher kennenlernt, kann sein Verhalten besser steuern und seine Stärken gezielter nutzen.

Besonders deutlich zeigen sich unsere Verhaltensmuster und charakterlichen Tendenzen im Umgang mit besonderen Herausforderungen oder Krisen. Mit der COVID-19-Pandemie haben wir alle eine weltumspannende Krise vor Augen. Wie sind Sie mit dieser Bedrohung umgegangen? Wie haben Sie auf die Veränderungen, aber auch auf die allumfassende Unsicherheit reagiert? Konnten Sie vor lauter Sorgen nicht mehr schlafen? Haben Sie eine sachliche Perspektive eingenommen und sich allein an den Fakten orientiert? Haben Sie womöglich eine Tugend aus den Veränderungen gemacht, über die Ihre Kollegen meckerten? Oder haben Sie vielleicht sogar neue Chancen entdeckt, wo andere nur Probleme sahen?

Jeder von uns hat in dieser Zeit viel über sich selbst gelernt. Wir alle waren ein Stück weit auf die Selbstreflexion zurückgeworfen, der wir uns im hektischen Alltag sonst so gern entziehen. Welche einzigartigen Eigenschaften haben Sie in diesem Ausnahmezustand bei sich beobachtet? Inwiefern zahlt Ihre Lebensgestaltung auf diese Eigenschaften ein? Wie können Sie diese Charakteristika besser für sich nutzen?

Wenn Sie sich über diese Fragen noch nie Gedanken gemacht haben, warten Sie damit nicht bis zur nächsten Megakrise. Gestalten Sie Ihre Lebensumstände lieber aus freien Stücken initiativ, bevor die Unwägbarkeiten des Lebens Sie dazu zwingen. Es ist nie zu früh, sich für alles zu wappnen, indem Sie Ihre Einzigartigkeit entdecken. Und zum Glück auch nie zu spät.

Die vier Schritte der Alleinstellung

Sich der eigenen Alleinstellung bewusst zu sein und sie anwendbar zu formulieren, sind zwei verschiedene Dinge. Leider gibt es auch keine Garantie dafür, dass das Ergebnis beim ersten Mal hundertprozentig ist. Und zu allem Überfluss darf man sich auch nicht für ewig und alle Zeiten darauf verlassen: Auch die beste Alleinstellung braucht hin und wieder ein Update.

In der Kunst, besonders der Showkunst, gehört der folgende kreative Basisprozess in vier Schritten deshalb zum Standardrepertoire. Er begleitet meine Entwicklung als Künstler wie eine permanente Life-Coaching-Session. Bei den meisten Menschen führt er sehr schnell und gleichzeitig dauerhaft zu belastbaren Ergebnissen, die sie im Laufe der Zeit nur noch optimieren und aktualisieren müssen.

Vorab noch ein Rat aus Erfahrung: Machen Sie sich nicht verrückt mit der Frage, woher Sie wissen, ob Sie den Nagel auf den Kopf getroffen haben. Sie werden spüren, wenn es so weit ist. Der Maßstab ist nicht, ob Ihre Alleinstellung sofort auch am Markt funktioniert und Sie binnen Wochen zum ausgebuchten Star Ihrer Branche macht. Bei mir hat es viele Jahre gedauert. Der Maßstab ist, ob sie sich richtig anfühlt. Denn nur dann werden Sie weitermachen, und nur wenn Sie dranbleiben, wird der Erfolg Sie belohnen.

1. Ideen sammeln
In meinen Coachings glauben viele Teilnehmer, ihre Alleinstellung müsste mit Fanfarenklängen vom Himmel ihnen direkt in den Kopf fallen. Das ist ein großes Missverständnis. Wenn Gott uns mit Eingebungen überschütten wollte, warum hätte er uns ein so großes Gehirn geben sollen? Nein, wir müssen selbst darauf kommen, denn wirklich glücklich machen uns nur die Erfolge, die wir uns aus eigener Kraft erarbeitet haben.

Beim Brainstorming gibt es keine festen Regeln: Alles ist erlaubt. Je länger Sie sammeln, desto mehr Redundanzen werden sich ergeben. Je mehr Redundanzen sich ergeben, desto spezifischer werden die Begriffe und Formulierungen werden. Je öfter Sie eine Idee verwerfen, desto klarer wird Ihnen, worauf es ankommt. Am Ende kommt die Qualität aus der Masse: Je mehr Sie sammeln, desto deutlicher werden sich die wichtigen Gedanken am Ende abheben.

Beziehen Sie alles in Ihr Brainstorming ein, was Sie zum Loslaufen brauchen – also nicht nur die Wünsche ans Leben, sondern von Anfang an auch die Umsetzungskomponente. Bewegen Sie sich dabei vom Spezifischen zum Allgemeinen, also von innen nach außen. Starten Sie mit dem, was unmittelbar nur Sie betrifft: Was ist meine Leidenschaft? Was ist mein größtes Lebensziel? Worin liegt meine größte Stärke? Was kann ich sehr gut, was fällt mir leicht, und auf welche Kompetenzen trifft beides zu? Welche Eigenschaften zeichnen mich als Mensch aus? Welche Aktivitäten passen zu meiner Leidenschaft, meiner Persönlichkeit und meinen Lebenszielen?

Vergessen Sie nicht, Ihre Antworten von Anfang an kritisch zu hinterfragen: Woher kommen diese Ideen und Überzeugungen – sind sie wirklich meine eigenen, oder habe ich sie von außen übernommen?

Von dort arbeiten Sie sich nach außen: Was kann ich tun, um dieses Ziel zu verwirklichen? Wo und in welchem Umfang kann ich das tun? Wen betrifft das Ziel noch? Wer ist die Zielgruppe? Was erwarten diese Menschen von mir? Wie kann ich die Idee skalieren und der Beschäftigung Beständigkeit verleihen (egal, ob es sich dabei um eine kommerzielle Tätigkeit handelt oder ein Hobby)? Welche Möglichkeiten habe ich, meine Alleinstellung auszuleben? Kann ich das für den Rest meines Lebens tun, oder hat die Alleinstellung ein Verfallsdatum? Ist sie belastbar und gleichzeitig flexibel genug, um immer wieder an meine Möglichkeiten und den Zeitgeist anpassbar zu sein, oder wird sie irgendwann aus der Mode kommen?

Bei diesem ersten Schritt der Ideensammlung gilt es, alles in die Waagschale zu werfen, gnadenlos ehrlich mit sich selbst zu sein – und zugleich maximal offen und urteilsfrei. Es geht darum, wer Sie sind. Gehen Sie achtsam mit Ihren Gedanken um!

2. Informationen recherchieren

Dieser Schritt mag sich langweilig anhören, doch er wird viele offene Fragen beantworten. Denn ab hier werden Sie nicht mehr allein sein mit Ihrem Traum, falls Sie es bisher noch waren.

Der wichtigste Zweck der Recherche ist, dass Sie bis über beide Ohren in die Szene zu Ihrem Thema eintauchen. Sobald Sie damit beginnen, werden sich viele Puzzleteile von selbst zusammenfügen. Gleichzeitig werden aber auch neue Fragen auftauchen, die Sie in Ihre Überlegungen einbeziehen können.

Neben den zweifellos wichtigen technischen und organisatorischen Details Ihrer Alleinstellung (Welche Voraussetzungen muss ich erfüllen? Welche Qualifikationen werden vorausgesetzt? Welche Ressourcen brauche ich? Welche Schritte muss ich operativ gehen?) geht es hier vor allem um szene- oder branchenrelevante Fragen: Wen außer mir gibt es noch in diesem Feld? Welche Rolle füllen diese Personen in der Community aus? Welche Alleinstellungsmerkmale sind schon besetzt?

An dieser Stelle erleben Sie vielleicht ein paar unangenehme Überraschungen, doch denken Sie an meinen Rat weiter oben: Die Mischung macht's. Wenn Sie sich konsequent mit Ihren persönlichen Stärken und Kompetenzen beschäftigen, können Sie auch innerhalb der dichtesten Konkurrenz eine scharf zugespitzte Alleinstellung formulieren, die Ihnen niemand streitig machen kann. Ich habe in diesem Stadium zum Beispiel festgestellt, dass es zwar gefühlte Millionen von Magiern gibt, aber nur drei wirklich professionelle Taschendiebe unter den Showkünstlern – eine Nische.

Bei der Personen- und Kontaktsuche geht es allerdings nicht nur um die Abgrenzung und Konkurrenzbeobachtung, sondern auch darum, wo Sie sich Unterstützung holen können.

Welche Kontakte brauche ich, und über welche verfüge ich bereits? Wer bildet aus? Wer bietet sich als Mentor an? Wer kann ein potenzieller Partner sein? Wer hätte ein persönliches Interesse an dem, was ich tue? Welche Synergien könnten sich ergeben?

Während der Recherche werden Sie zudem unweigerlich an virtuelle und physische Orte gelangen, an denen sich auch Ihre Zielgruppe und Ihre Kollegen tummeln. Stürzen Sie sich ins Vergnügen: Alleinstellung heißt nicht, dass Sie allein dastehen.

3. Konzept entwickeln

An diesem Punkt geht es darum, unter Berücksichtigung aller gesammelten Informationen Ihr USP präzise auszuformulieren. War bis zu diesem Punkt Masse hilfreich, geht es nun um maximale Konkretion und Zuspitzung.

Den Möglichkeiten sind dabei keine Grenzen gesetzt, ganz im Gegenteil: Je ungewöhnlicher, überraschender, spezifischer und vielleicht sogar exotischer Ihr USP gefasst ist, desto besser. Folgende Kriterien sollte Ihre finale Alleinstellung erfüllen:
– *Setzen Sie auf eine Kombination aus Stärken, Kompetenzen und Eigenschaften.* Dabei sollten Sie sich nie nur auf einen einzelnen Faktor verlassen. Genauso abträglich wäre es Ihrer Wirkung aber auch, wenn Sie einen unspezifischen Bauchladen mit zehn angeblichen Topkompetenzen vor sich hertragen – das nimmt Ihnen niemand ab. Meine Alleinstellung beruht beispielsweise nicht allein auf dem anerkannten Titel »König der Taschendiebe«. Ich bin außerdem auch noch einer der wenigen international erfolgreichen Show-Acts aus Deutschland (eine zusätzliche Kompetenzstufe) und der erste und einzige deutschstämmige Sprach-Hauptact im Cirque du Soleil (eine persönliche Referenz). Diese Alleinstellung ist so einzigartig und

zugleich so breit anwendbar, dass sie auch meine Positionierung als Redner, als Performance-Coach, als Dozent und als Autor trägt.
- *Formulieren Sie Ihre Alleinstellung klar, eindeutig und leicht verständlich.* Die tollste Alleinstellung nützt Ihnen nichts, wenn Ihr USP erklärungsbedürftig ist und nicht sofort einschlägt. Denken Sie auch daran, dass eine Alleinstellung sich an sehr verschiedene Adressaten richtet: Sie wollen potenzielle Kunden damit genauso abholen wie Ihre Branchenkollegen, Medienvertreter und möglicherweise sogar eine breite Öffentlichkeit. Mit einem zu eng gefassten oder zu fachlich orientierten USP können Sie sich unbeabsichtigt einer größeren Bekanntheit berauben.
- *Achten Sie auf Zeitlosigkeit und lassen Sie Raum für Entwicklung.* Eine Alleinstellung soll langfristig funktionieren und gleichzeitig immer die Möglichkeit für ein Update bieten. Sie wollen bleibende Stärken und Kompetenzen kommunizieren, die auch auf die Welt von morgen anwendbar sind. Das funktioniert nicht, wenn Sie sich nur über Zeitwerte, Trends oder Momentaufnahmen definieren. Eine Auszeichnung als »Experte des Jahres 2009« hat Ihnen 2009 genützt. 2010 hat sie schon ein bisschen weniger gezogen, und spätestens seit 2014 riecht sie zunehmend nach Mottenpulver. Lassen Sie Raum für Entwicklung: Sie müssen Ihre Alleinstellung nicht für die nächsten 30 Jahre konservieren. Sie soll eine langfristige, stabile Basis bieten, aber auch organisch mit Ihnen wachsen.

4. Alleinstehen

Der vierte und letzte Schritt ist sozusagen Ihre Unabhängigkeitserklärung: Nachdem Sie Ihre individuelle Alleinstellung festgezurrt haben, präsentieren Sie sich nun endlich nach außen. Sie setzen Ihr Konzept in die Tat um und wenden es in der täglichen Praxis an. Damit wird Ihr USP sozusagen offiziell.

Es gibt viele Menschen, die an dieser Stelle kalte Füße bekommen und zögern, bevor sie den Schalter zum »go live« umlegen. Immerhin wagen Sie sich hinter dem Vorhang hervor und betreten Ihre Bühne des Lebens. Plötzlich soll Ihre Alleinstellung alleinstehen! Doch alles, was Sie bis hierher getan haben, hat Sie auf diesen Schritt vorbereitet. Sie wissen längst, was Sie tun. Wenn Sie damit nicht nach draußen gehen, können Sie nicht wachsen. An diesem Punkt brauchen Sie die Öffentlichkeit, das Feedback, die Konfrontation mit der Realität, um Ihr USP zu hinterfragen, zu verfeinern und weiterzuentwickeln. Und ja, auch das Risiko des Scheiterns.

Den Zyklus dieser vier Schritte durchlaufen Sie nicht einmal, sondern immer wieder aufs Neue. Gewiss nicht jeden Tag oder jeden Monat, wahrscheinlich noch nicht einmal jedes Jahr. Aber wenigstens alle paar Jahre und in Phasen großen Wandels sollte jeder von uns sich fragen: Wird das, was ich verspreche, noch gebraucht? Passt mein Angebot noch in die Welt da draußen? Ist meine Alleinstellung noch zeitgemäß formuliert? Bin ich noch relevant für meine Branche, Zielgruppe, Öffentlichkeit? Reflektiert mein USP die jüngsten Entwicklungen, oder braucht es ein Update?

Souverän wäre nicht, sich dem permanenten Wandel entziehen zu wollen. Souverän ist, wer sich ihm stellt.

Eine starke Alleinstellung hat immer zwei Bezugsgrößen: Sie muss Ihnen gerecht werden und zugleich den realen Bedarf spiegeln. Beides verändert sich ständig, denn die Welt steht nicht still. Souverän wäre nicht, sich dem permanenten Wandel entziehen zu wollen. Souverän ist, wer sich ihm stellt.

Keine Sorge: Sie werden morgen und auch übermorgen noch genauso einzigartig sein wie heute. Sie müssen nur immer wieder aufs Neue dafür sorgen, dass die Welt sich daran erinnert.

Kapitel 4
Warum du?
Welchen Unterschied Expertise macht

»Das wahre Geheimnis der Magie liegt in der Darbietung.«
David Copperfield

Vom »Pickpocket« zum »Putpocket«

Miami, 30 Grad, die Frisur sitzt. Meine Contenance dagegen hat sich gerade in tropische Luft aufgelöst. Es sind noch zehn Minuten bis zum *Show Call*, der den Beginn der Vorstellung signalisiert – und ich bin kurz vorm Durchdrehen.

Während ich hektisch im Künstlerzelt hin und her laufe, sind meine Kollegen blendend aufgelegt. Der Cirque du Soleil gastiert in Miami, und alle sind in Sommerlaune: Zwei Shows noch, dann ist eine große Beach Party angesagt. Nur ich bin überhaupt nicht in Partystimmung. Gerade bin ich von meinem üblichen Spionageeinsatz am Einlass zurückgekehrt, wo ich mir gewöhnlich mein Opfer und einen bis zwei Back-ups aussuche. Dass die Auswahl manchmal nicht üppig ist, bin ich gewohnt: Ideale Kandidaten gibt es nicht immer und nicht überall. Lokale Unterschiede je nach landestypischer Kleiderordnung erwarte ich inzwischen auch: Manchmal muss ich auf den einen oder anderen Teil meiner Darbietung verzichten und mit anderen Akzenten kompensieren. All das bereitet mir an diesem Punkt kein großes Kopfzerbrechen mehr.

Doch heute ist alles anders. Wie gesagt: Miami, 30 Grad, die Sonne brennt. Im Publikum sitzen 3000 Zuschauer, wie üblich etwa die Hälfte davon Männer. Aber kein Einziger trägt etwas anderes als Shirt und Shorts. Keine Jacketts, praktisch keine Gürtel und natürlich keine einzige Krawatte – von Kombinationen all dieser Dinge ganz zu schweigen. Sie können sich vorstellen: Wenn es hier Felle gäbe, würde ich sie davonschwimmen sehen ... Pelzmäntel haben wenigstens Taschen.

Beinahe panisch stürme ich auf unseren Artistic Director Adam zu – den Fels in der Brandung für uns Künstler im Cirque du Soleil. »Adam«, bringe ich aufgeregt hervor, »was soll ich nur tun? Ich glaube, meine Nummer platzt heute! Da draußen gibt es ausschließlich kurze Hosen und T-Shirts. Keine Gürtel, keine Krawatten, keine Jackentaschen. Wenigstens Taschen brauche ich, Adam! Woraus soll ich denn sonst klauen?«

Adam grinst, legt mir die Hand auf die Schulter und sagt: »Christian, relaaaaax! This is the reason why *you* are here.« – »Entspann dich, Christian! Das ist der Grund, warum *du* hier bist.«

Verwirrt blicke ich ihn an: Merkt der Mann nicht, dass ich in Panik bin? Was dieser Satz wirklich bedeutet, verstehe ich erst viel später. Doch mit dem nächsten Satz schafft er es immerhin, mich für den bevorstehenden Auftritt wieder in die Spur zu setzen: »Du bist Christian Lindemann, King of Pickpockets. Wenn du keine Lösung hast, wer denn dann? Stell dir vor, dein Zuschauer wäre nackt. Du würdest eine Möglichkeit finden, deine Kunst zu zeigen, richtig?«

Natürlich hat er recht. Natürlich finde ich eine Lösung. Auf Gürtel und Krawatte muss ich verzichten, ebenso wie auf geräumige Jacketttaschen und die witzigen Überraschungen, die sie oft bereithalten. Doch auch Floridianer tragen Uhren – oft sogar ziemlich nette. Auch manche Shorts haben immerhin Hosentaschen, in die ich greifen kann. Auch amerikanische Häuser haben Schlüssel. In Ermangelung reicher Beute klaue ich das, was vorhanden ist, eben mehrfach: »Jimmy, dein Portemonnaie!« – »Jimmy, schon wieder dein Portemonnaie!« – »Und noch einmal!« Die Zuschauer lieben es, wenn ich das tue.

Und noch etwas lieben sie, wie sich herausstellt: Beach Boys, die Viagra bei sich tragen. Auch wenn es gar nicht ihr eigenes ist, und auch keine echten blauen Pillen – sondern Fake-Viagra in Form von blauen Bonbons, die ich ihnen unterschiebe. Denn dieser Auftritt, meine schwerste Stunde nach vielen Jahren Berufserfahrung als Pickpocket, wird zur Geburtsstunde des Putpockets: Wenn bei einem Kandidaten nichts zu holen ist, muss ich ihm eben erst mal etwas bringen. Wer Taschen ausräumen kann, der kann sie auch einräumen! Seitdem habe ich für den textilen Notfall immer ein paar Requisiten parat – und das Fake-Viaga erfreut sich bis heute besonders großer Beliebtheit.

Später, als die Auftritte des Tages gelaufen sind, habe ich endlich Zeit, in mich zu gehen. Erst jetzt wird mir klar, worauf Adam mit seiner Aussage hinauswollte: »Das ist der Grund, warum *du* hier bist.« Er hat eben auf die vielen Jahre der Erfahrung angespielt. Je länger ich über das Problem der Sommerkleidung nachdenke, desto klarer wird mir: Mir hat vor dem Auftritt nicht das Know-how gefehlt, sondern nur das Vertrauen in meine Expertise. Adam hat dieses Vakuum mit seiner denkwürdigen Aussage auf einen Schlag gefüllt: Niemand hat mehr Fachwissen für eine solche Situation als ich. Ich war perfekt auf diesen Moment vorbereitet. Ich war nur zum ersten Mal in der Situation, tatsächlich so tief in die Trickkiste meiner Kunst greifen zu müssen. Als der Knoten erst einmal geplatzt war, war alles nur noch eine Frage der Umsetzung.

Ein Newcomer stirbt in einer solchen Situation. Er hat keine Chance. Aber ich war kein Anfänger. Ich war der König der

Taschendiebe. Und spätestens nach dem Auftritt war ich mir dessen endlich wirklich bewusst.

Das Erlebnis wurde zu einem wichtigen Impuls: Es führte mir vor Augen, wie stark mein Können ist. So hatte Adam seinen Satz gemeint: Er hatte nicht irgendjemanden als König der Taschendiebe für seine Show angeheuert, sondern mich. Und ein wesentlicher Grund dafür – neben meiner Leidenschaft – war die Expertise, die ich mir in 15 Jahren Bühnenerfahrung als Kleinkünstler unter schwierigsten Bedingungen angeeignet hatte. Deshalb hatte er dermaßen tiefenentspannt reagiert, als ich schon fast hyperventilierte: Er hatte volles Vertrauen in meine Fähigkeiten. Wie sich herausgestellt hatte, ganz zu Recht.

Meine Expertise ermöglichte mir nicht nur das perfekt umzusetzen, was ich Tausende Male geprobt hatte und in Perfektion abspulen konnte, sondern auch, in einer Qualität zu improvisieren, wie es jemandem ohne meine spezifischen Kenntnisse und Erfahrungen nicht möglich gewesen wäre.

So wurde mir zum Beispiel klar, dass ich nicht zwingend auf das angewiesen bin, was die Menschen in ihren Taschen tragen. Meine Fingerfertigkeit erlaubt mir nämlich nicht nur, Dinge zu entwenden, sondern auch, sie zu platzieren. Wenn ich vor einem Publikum ohne Taschen und potenzielles Diebesgut ohne meine üblichen Asse dastehe, dann schiebe ich mir eben welche in den Ärmel. Der technische Anspruch ist dadurch eher noch höher als sonst. Es muss nicht immer die Krawatte sein: Mit meiner Expertise kann ich jedes Problem lösen, das sich mir auf der Bühne stellt.

Seit diesem Tag in Miami schreckt mich keine regionale oder textile Herausforderung mehr. Damit ich diese Souveränität aufbringen konnte, brauchte es Adams Reminder und sein Vertrauen in meine Expertise. Lassen Sie mich Ihr Reminder sein: Ihre Berufserfahrung, gepaart mit Ihrem gesammelten Fachwissen, können auch Sie zum »King of ...« oder zur »Queen of ...« machen. Sie können viel mehr, als Sie glauben. Die Frage ist, ob Sie mit diesem Pfund auch handeln. Ich bin schließlich nicht der Einzige, der schon einmal den Fehler gemacht hat, sich zu unterschätzen.

Die härteste Währung der Welt

Viele Menschen bringen ihre wahre Expertise nicht zur Geltung. Manche aus falscher Bescheidenheit – was bedauerlich ist. Andere, weil sie sich ihrer nicht bewusst sind – was tragisch ist. Über solche Fälle bin ich schon sehr oft gestolpert, zum Beispiel vor einigen Jahren in London. In Covent Garden, einem der exklusivsten Kultur- und Shoppingviertel der Stadt, suchte ich nach einem Friseur. An denen herrschte kein Mangel, nur: Auch im fünften Salon, den ich betrat, weigerte man sich, mir außer meinen Haaren auch meinen damals recht üppigen Bart zu schneiden. Also erlaubte ich mir einen Spaß und sagte zum erfahrenen Meister des schicken Salons: »Welchen Unterschied macht es denn, ob die Haare oben oder unten am Kopf wachsen? Das ist der Grund, warum *du* hier bist!« Ich traute ihm das ohne Weiteres zu, denn ich hatte Vertrauen in seine Expertise. Er selbst leider nicht: Mein Bart kam ungeschoren davon.

Expertise überträgt sich leider nicht automatisch in Souveränität. Dafür ist zusätzlich Selbstvertrauen nötig: Der unerschütterliche Glaube an die eigenen Fähigkeiten, das stolze Bewusstsein der eigenen Kompetenzhistorie. Expertise macht den Unterschied – aber nur, wenn wir sie auch entfesseln. Wenn ein Kunde mit einem ungewöhnlichen Problem auf Sie zukommt, nehmen Sie sich der Sache an, oder heben Sie abwehrend die Hände? Wenn Ihr Chef Ihnen die Verantwortung für ein anspruchsvolles Projekt überträgt: Stürzen Sie sich auf die Herausforderung, oder versuchen Sie, sich aus der Affäre zu ziehen? Wenn Sie für einen Auftrag Ihre Komfortzone verlassen und sich in ein völlig neues Gebiet einarbeiten müssen: Schlagen Sie begeistert ein, oder zögern Sie?

Es ist bemerkenswert, wie leicht wir uns selbst unterschätzen. Die Expertise anderer anzuerkennen, fällt uns doch auch nicht schwer. Das kleinste Ziehen in der Brust, und kein Quacksalber unterhalb des Chefkardiologen an der Universitätsklinik kommt für die Untersuchung infrage. Wenn meine Harley-Davidson einen Schaden hat, fahre ich damit nicht zu ATU, sondern zur grauen Eminenz in ihrem grauen Kittel in der renommierten Spezialwerkstatt, die Jahrzehnte Erfahrung mit diesem Modell hat.

Wir sind uns sehr wohl bewusst, was eine ganz spezifische Expertise wert ist – wir übertragen diese Erkenntnis nur nicht automatisch auf uns selbst. Damit machen wir uns buchstäblich ärmer, als wir sind. Denn Expertise, richtig zur Geltung gebracht, ist die härteste Währung der Welt. Sie macht uns erfolgreich, sie macht uns wohlhabend, sie macht uns unbesiegbar.

Expertise, richtig zur Geltung gebracht, ist die härteste Währung der Welt.

Wir zerbrechen uns den Kopf über die Erfolgsgeheimnisse anderer. Wir machen uns krumm für irgendwelche Standardqualifikationen, die Tausende andere auch haben. Wir bezahlen Unsummen für irgendwelche Zertifikate, die das Papier nicht wert sind, auf dem sie gedruckt wurden, denn Expertise ist nicht käuflich. Währenddessen tun wir still und leise Hunderte, Tausende, Zigtausende Male etwas, das kein anderer in unserem Umfeld kann – und merken gar nicht, welche Macht wir dank dieser Meisterschaft in Händen halten.

Das ist das Paradoxe an der Expertise: Je besser wir etwas beherrschen, desto unbedeutender sieht es aus. Ich erlebe das bei jeder Darbietung: Das Klauen von Uhr, Krawatte und Gürtel sind die schwierigsten Teile meiner Nummer. Und es sind auch die, für die ich vom Publikum am meisten gefeiert werde. Warum? Weil es mir so leicht von der Hand geht, dass die Zuschauer nicht einmal mitbekommen, was ich da tue. Ich habe Jahrzehnte gebraucht, um diese Techniken so zu perfektionieren, dass sie dermaßen einfach aussehen – fast wie Magie. Diese Souveränität ziehe ich aus dem Bewusstsein meiner Expertise. Nur durch sie kann ich glänzen. Genau das fehlte mir damals auf den offenen Bühnen noch, als ich permanent ertappt wurde.

Der große Pablo Picasso wurde, so die Legende, eines Tages von einer älteren Dame auf dem Markt erkannt. Sie ging auf ihn zu und fragte ihn: »Maestro, können Sie mir nicht geschwind eine Skizze auf meinen Block malen?« – »Gewiss doch«, erwiderte Picasso, und fertigte in 30 Sekunden mit wenigen Strichen ein kleines Meisterwerk an. Die Dame bedankte sich und wollte ihres Weges gehen, als Picasso ihr nachrief: »Moment, gute Frau – Sie schulden mir eine Million!« – »Eine Million?«, gab die Frau schockiert zurück. »Aber Sie haben doch nur 30 Sekunden dafür gebraucht?« – »In der Tat«, antwortete der Künstler. »Aber ich habe 30 Jahre dafür gebraucht, es in 30 Sekunden zu beherrschen.«

In Ihrem Spezialgebiet ist es genau dasselbe: Ihre Berufserfahrung ist Ihre Expertise. Ihre anspruchsvollsten Kompetenzen sind jene, die Ihnen ganz leicht von der Hand gehen. Doch auch Sie haben Jahre, vielleicht sogar Jahrzehnte dafür gebraucht, diese Meisterschaft zu erlangen. Nehmen Sie sich ein

Beispiel an Picasso. Machen Sie von der knallharten Währung Gebrauch, die Sie im Überfluss mit sich herumtragen.

Expertise filtert Schein von Sein

Im Jahr 1919 erhielt der deutsche Physiker Max Planck, nach dem heute eine der renommiertesten Forschungseinrichtungen Europas benannt ist, den Nobelpreis für Physik. Daraufhin wurde ihm die Ehre zuteil, die viele Experten mehr oder weniger freiwillig ereilt: Er erhielt eine wahre Flut von Vortragseinladungen. So kam es, dass er durch ganz Deutschland reiste – immer begleitet von seinem Chauffeur. Jedes Mal, wenn Planck seinen Vortrag hielt, saß der Fahrer mit seiner Chauffeur-Mütze mit im Raum und lauschte aufmerksam.

Nach einiger Zeit konnte der Mann mit der Mütze den Vortrag auswendig. Und so schlug er dem Nobelpreisträger ein Experiment vor: »Wie wäre es, wenn ich beim nächsten Termin Ihren Vortrag halte? Sie setzen meine Chauffeur-Mütze auf, sitzen inkognito in der ersten Reihe und hören zu.« Damals hatte ein solches Unterfangen tatsächlich noch eine Chance auf Erfolg, denn mangels Social Media waren die Gesichter prominenter Menschen noch nicht allgegenwärtig präsent. Planck fand den Vorschlag amüsant – und willigte ein.

Tatsächlich hielt der Chauffeur eine tadellose Rede über Quantenphysik. Kein Wunder, denn sie war die exakte Kopie von Plancks Vortrag. Doch als er fertig war, stand ein Zuhörer auf und stellte eine spezifische Fachfrage. Ein kritischer Moment: Unter der Chauffeur-Mütze in der ersten Sitzreihe hoben sich die Augenbrauen des Nobelpreisträgers. Doch der Chauffeur parierte die Frage geschickt: »Das ist eine sehr kluge Frage, die mich zugleich etwas überrascht«, erwiderte er dem

Zuschauer. »Aber ich bin überzeugt, dass mein Chauffeur sie beantworten kann.«

Am Ende flog der Bluff natürlich auf. Die Antwort, die der Zuschauer bekam, mochte keiner so recht einem Chauffeur zutrauen – nicht einmal dem von Max Planck.[23]

Die Geschichte zeigt den wahren Wert der Expertise: Sie macht den Unterschied zwischen dem Experten mit einem tiefen, vielfach erprobten Verständnis für seine Materie und dem Blender, dessen Kenntnisse nicht über angelerntes Wissen aus zweiter Hand hinausgehen. Expertise ist eben keine Bescheinigung, die wir uns selbst verleihen könnten – auch wenn viele das mit aufgebauschten Websites und Marketingtricks angestrengt versuchen. Deshalb vertrauen wir dem Kardiologen mit Lehrauftrag. Deshalb vertraute Adam, der mich selbst auserwählt hatte, mir: Expertise filtert Schein von Sein.

Expertise filtert Schein von Sein.

Wenn Sie auch nur ein paar Wochen in Ihrem Beruf gearbeitet haben, ist Ihnen aufgefallen: Eine hohe Bildung ist zwar eine wichtige Voraussetzung für viele Berufe, aber noch lange kein Garant für Erfolg. Wissen allein schafft nämlich noch keinen Wert, und schon gar keine Wertschöpfung. Eine wirkliche Expertise wird erst durch die Anwendung des Wissens in der Praxis aufgebaut – unter dem Einfluss all der inneren und äußeren Faktoren, aller Hürden und Besonderheiten, die der Berufsalltag für uns bereithält. Ob es Shirts und Shorts in Miami sind oder die nächste fixe Idee Ihres Vorgesetzten: Mit Wissen allein kommen wir meistens nicht weit.

Analysen des Arbeitsmarkts haben gezeigt, dass eine starke Praxiskomponente in der Ausbildung den Wert junger Menschen am Arbeitsmarkt messbar erhöht. Wer vor dem Studium bereits eine Berufsausbildung absolviert hat, berufsbegleitend studiert oder ein duales Studium abgeschlossen hat, findet schneller und bessere Arbeit als Absolventen eines klassisch aufgebauten Studiengangs. Daraus lässt sich ableiten, dass Arbeitgeber und Vorgesetzte praktische Kenntnisse und Erfahrungen als Ergänzung zur fachlichen Wissensqualifikation schätzen.

Viele Unternehmen machen allerdings den Fehler zu glauben, dass die Expertise ihrer Mitarbeiter ihnen gehört. Nachvollziehbar, denn Mitarbeiter mit ausgewiesenem Know-how machen den größten Wert des Unternehmens aus. Doch dieser Irrtum kann sich rächen, wenn man ihnen keine angemessene Wertschätzung zukommen lässt: Die Expertise, die Kunden schätzen, ist immer individuell. Sie ist nicht an das Unternehmen, sondern an die Menschen gebunden – und sie kann mit ihnen gehen. Das ist nicht zuletzt deshalb ein kritischer Punkt für den Unternehmenserfolg, weil die harte Währung Expertise heute in den meisten Fällen auch international Gültigkeit hat. Deshalb werden Headhunter so gut bezahlt. Expertise ist das, wofür wir alle bezahlt werden!

Aus diesem Grund sollten auch Sie nicht mit austauschbaren Qualifikationen und kopierbarem Wissen werben, sondern mit Ihrer persönlichen Expertise. Ganz gleich, ob Sie angestellt oder selbstständig sind: Lassen Sie Ihre größten Errungenschaften für sich arbeiten, indem Sie Ihre Expertise kommunizieren – zum Beispiel in Form Ihrer Referenzen. Expertise macht Können erst sichtbar. Sie ist Ihr persönliches Kapital und untrennbar mit Ihnen verbunden. Sie erinnern sich: »It's not the song, it's the singer.« Und dieses Kapital wird auch noch garantiert verzinst: Es wächst immer weiter, denn Ihre Expertise wächst unaufhörlich mit Ihnen. Zeigen Sie sich!

Woran man Expertise erkennt

Wir leben in einer Zeit der gefühlten Expertenschwemme. Der Grund dafür ist allerdings nicht eine komplett von Expertise durchdrungene Welt – dann würde nämlich vieles anders laufen. Zum Beispiel könnte man Milch aus dem Tetrapack gießen, ohne dass die Hälfte daneben schwappt. Man könnte voraussetzen, dass schon die Bezeichnung »Mund-Nasen-Schutz« als Bedienungsanleitung ausreicht, damit alle verstehen, dass man ihn über Mund *und* Nase trägt. Und man könnte davon ausgehen, dass Menschen sich nur so viel Expertise auf die Fahne schreiben, wie sie tatsächlich haben – und nicht Marketingtexte mit dem einzigen Ziel verfassen, ihren Mangel an Expertise durch leere Behauptungen auszugleichen.

Leider leben wir nicht in einer idealen Welt. Deshalb ist es hilfreich zu wissen, woran man Expertise erkennt. Davon profitieren Sie gleich doppelt: Zum einen können Sie auf diese Weise die echten Experten von den Fakern unterscheiden, die sich garantiert auch auf Ihrer Bühne tummeln und versuchen, Ihnen Ihr hart erarbeitetes Rampenlicht streitig zu machen. Zum andern können Sie diese Merkmale als Agenda für Ihre Entwicklung und Kommunikation nutzen: Diese Attribute machen auch Ihre Expertise nach außen erkennbar. Sie können und sollten Bestandteil Ihrer souveränen Expertenpositionierung sein.

Expertise ist, wenn ...
- *Erwartungen übertroffen werden.* Wenn ein Mensch nur gerade das leistet, was ein unbedarftes Publikum, ein Hilfe suchender Kunde, ein ahnungsloser Laie als Mindestanforderung voraussetzen, wurde nur das Nötigste geleistet. Das ist, als wäre ich mit einem Auftritt schon zufrieden,

weil mich niemand ausgebuht hat. Mit diesem Anspruch gibt ein echter Experte sich nicht zufrieden: Er oder sie wird Dinge tun, die dem Laien wie Magie erscheinen.
- *die Expertise eine Steigerung kennt.* Ein echter Fachmann oder eine echte Fachfrau verfügen über eine konkrete Spezialisierung innerhalb ihres Fachgebiets: über eine Expertise innerhalb der Expertise. Ein Physiker ist nicht nur Physiker, sondern zum Beispiel Kern- oder Astrophysiker. Ein Mediziner ist nicht nur Arzt, sondern Internist oder Dermatologe. Ein Anwalt hat ein Spezialgebiet wie Versicherungs- oder Familienrecht. Meist geht die Spezialisierung innerhalb dieser Fachgebiete sogar noch einmal tiefer. Expertise ist immer spezifisch.
- *der Marktwert an der Performance gemessen wird,* nicht am Drumherum. Als Künstler bin ich immer nur so gut wie mein letzter Auftritt. Keine schicke Website und keine Marketingkampagne kann etwas an der Enttäuschung des Publikums ändern, wenn ich meinem Ruf bei einem Auftritt nicht gerecht werde. Wenn Sie es mit einem selbst ernannten Experten zu tun bekommen, der sich lieber an Werbeclaims und an Statussymbolen messen lässt als an seiner Leistung »auf der Bühne« (also im Einsatz), ist Skepsis geboten.
- *Höchstleistung spielend leicht wirkt.* Die Anstrengung verrät den Anfänger, den Schweiß des Meisters dagegen sieht man nicht. Erfahrene Profis bringen scheinbar beiläufig Dinge zuwege, die wir uns im Traum nicht zutrauen würden, und geraten dabei scheinbar noch nicht einmal ins Schwitzen. In Wirklichkeit erbringen sie natürlich immer noch Höchstleistung – doch die kommt beim Betrachter als positive Energie an. Experten haben durch jahre- oder jahrzehntelanges Training gelernt, das Schwierige ganz

leicht wirken zu lassen, selbst wenn sie trotz aller Erfahrung mal richtig ans Eingemachte gehen müssen. Nach manchen Auftritten komme ich noch heute klatschnass geschwitzt von der Bühne – doch die Zuschauer merken mir das nicht an.
- *die Sohlen flachgelaufen sind.* Echte Expertise ist immer ein Marathon, nie ein Sprint. Wer in seinem Spezialgebiet wirklich etwas draufhat, kann diese Kompetenz unmöglich im Schnelldurchlauf erworben haben. Das heißt leider auch: Niemand kann sie Ihnen im Vorbeigehen beibringen. Es gibt keine Abkürzung zum wichtigeren Teil jeder Expertise, der Erfahrung. Wenn Ihnen also jemand verspricht, er könnte Sie in einem Wochenendseminar zum Lebenserfolg führen, fahren Sie bitte nur für den Unterhaltungswert hin. Die Erfahrung müssen Sie sich immer noch selbst erarbeiten, und das ist eine Langstreckenleistung.
- *Gegenwind sich in Rückenwind dreht.* Wahre Experten lassen sich von einer Herausforderung nicht ausbremsen, sondern verwandeln sie in eine Vorlage. Erfahrene Profis sind zum Beispiel Kritik oder unerwarteten Hürden in einem Projekt gewachsen. Ihr tief greifendes Wissen ermöglicht ihnen, souverän, also konstruktiv darauf zu reagieren. Momente des Scheiterns können sie wegstecken, ohne sich einen Zacken aus der Krone zu brechen. Sie gehen sogar gestärkt daraus hervor: Der Experte surft die Welle, die jeden anderen wegspült.

> Der Experte surft die Welle, die jeden anderen wegspült.

- *man anderen ihre Expertise zugesteht.* Wenn jemand aus einem anderen Fachgebiet Ihnen Ihren eigenen Job erklären will, ist das ein klares Signal, dass Sie es mit einem Blender in seinem Bereich zu tun haben. Souveräne Menschen ruhen selbstbewusst in ihrer Expertise. Sie müssen anderen nicht ihre Kompetenz absprechen, um sich selbst zu erhöhen. Echte Profis verlassen sich auf andere echte Profis und arbeiten auch gern mit ihnen zusammen. Wenn Sie es also das nächste Mal mit jemandem zu tun haben, der Ihnen lieber in Ihre Arbeit hineinredet, als seine zu machen, kann ich nur für Sie hoffen, dass es sich dabei nicht um Ihren Vorgesetzten handelt.

Beobachten Sie wenigstens die meisten dieser Merkmale bei ein und demselben Menschen, haben Sie es wahrscheinlich mit einem echten Experten zu tun. Denselben Respekt, den Sie diesem Menschen entgegenbringen, werden andere auch Ihnen erweisen, wenn sie Ihnen diese Eigenschaften und Verhaltensweisen zuschreiben.

Ganz nebenbei können wir auch jener »idealen Welt« ein Stück näherkommen, indem wir diese Merkmale ernst nehmen: Wenn wir wieder mehr in unsere Expertise investieren, anstatt immer nur in die Sichtbarkeit, machen wir die Welt zu einem aufrichtigeren Ort. Warten Sie lieber nicht darauf, dass die anderen den Anfang machen.

Wie das Wort »hard« in »Hard Skills« kommt

Woraus besteht Expertise eigentlich? Die kurze Antwort lautet: Expertise = Wissen + Erfahrung. Aber wenn Sie mit der Formel allein zufrieden wären, hätten Sie sicher nicht das Buch eines Künstlers gekauft ...

Die lange Antwort geht weit über das hinaus, was häufig mit Expertise verwechselt wird, nämlich über die reine Qualifikation. Letztere schließt Erfahrung zwar ein, beruht in der beruflichen Realität aber vor allem auf Wissen – und das bildet nur einen Teil unserer Expertise. So wichtig Fachkenntnisse auch sind, sie sind »keine Kunst«. Gerade im Informationszeitalter sind sie immer nur einen Fingertipp entfernt. Im Zweifel können wir sie in der Hosentasche mit uns herumtragen. Was Ihre Expertise einzigartig macht, ist der andere, individuelle Teil: die spezifischen Erfahrungen, Kompetenzen und Eigenschaften, über die nur Sie verfügen.

Viele der Fähigkeiten, die uns helfen, auf den Bühnen des Lebens eine gute Figur zu machen, gehören zu den sogenannten Soft Skills. Das sind Kompetenzen, für die es meist kein Diplom gibt, die man aber sehr wohl methodisch erlernen und verfeinern kann. Der Name ist irreführend: Viele dieser Soft Skills führen zu sehr stabilen Ergebnissen. Sie gehören zum ABC der Souveränität dazu und spielen deshalb auch in diesem Buch eine große Rolle.

Dennoch sind sie nicht die ganze Geschichte, auch wenn mancher Trainer und Berater das gern behauptet. Es gibt nicht den einen Soft Skill, der allein so wirksam ist, dass er alle anderen schlägt und einen ansonsten ahnungslosen Menschen erfolgreich machen kann. Schon gar nicht gibt es den einen Soft Skill, der das ersetzen könnte, was in jeder Tätigkeitsbeschreibung ganz oben steht: die Hard Skills.

Als Künstler werde ich manchmal schief angeschaut, wenn ich die Bedeutung dieser Hard Skills betone. Viele Menschen, die nie persönlich Berührung mit Künstlerkreisen hatten, glauben wahlweise, dass wir unser Leben nach dem Spaßprinzip organisieren, von einem zufälligen Talent profitieren oder einfach keine Lust hatten, etwas Richtiges zu lernen. Oder beides.

Diesen Klischees möchte ich gern entgegentreten, denn sie treffen auf den professionellen Teil der Künstler-Community genauso wenig zu wie auf jedes andere Berufsbild auch. Oft ist es genau umgekehrt: Künstler, die wir als erfolgreich bezeichnen, haben in den meisten Fällen sogar besonders hart dafür gearbeitet.

Diese Faustregel gilt in praktisch jedem Künstlerberuf, besonders aber in den darstellenden Künsten. Ein klassischer Musiker etwa muss sich gegen Hunderte, manchmal Tausende Konkurrenten durchsetzen, um einen Studienplatz an einer renommierten Musikhochschule zu ergattern – vom späteren beruflichen Erfolg, geschweige denn einer Festanstellung in einem Orchester ganz zu schweigen. Dasselbe gilt für Schauspieler, die eine klassische Ausbildung durchlaufen und später in renommierten Produktionen arbeiten. Auch Tänzer gehen einen harten, entbehrungsreichen Weg, bevor sie überhaupt nur als Ensemblemitglied einmal auf einer Showbühne stehen. Unter den Zirkusartisten in den berühmtesten Zelten der Welt herrscht ebenfalls ein knallharter, globaler Wettbewerb – von Akrobaten über Dompteure bis hin zu Clowns. Dasselbe gilt für alle Arten von Entertainern in den großen Shows überall auf der Welt. Und nirgends ist der Wettbewerb härter als in der wohl berühmtesten Liveshow der Welt in der Manege, die mein zweites Zuhause geworden ist: dem Cirque du Soleil.

Unter all den Künstlern auf einer Showbühne gelten die Sprach-Acts als die anspruchsvollsten. Der Grund ist, dass bei keiner anderen Performance-Form das Risiko des Misslingens höher ist. Der kleinste Fehler kann einen ganzen Auftritt ruinieren. Viel schwerer wiegt aber noch, dass der Erfolg eines Auftritts auch mit äußeren Faktoren wie Publikumsreaktionen und der Compliance von Freiwilligen steht und fällt. Als ich mich für diesen besonders anspruchsvollen Zweig der Bühnenkunst entschied, hievte ich mir damit wissentlich ein besonders schweres Pfund auf die Schultern. Doch ich sehe auch einen Vorteil darin: Sprach-Acts gelten unter Showkünstlern als so anspruchsvoll und risikobehaftet, dass sich nur sehr wenige in dieses Segment wagen. Das reduziert die Konkurrenz – und erhöht die Honorare.

Wenn Sie also bisher geglaubt haben, erfolgreiche Künstlerkarrieren seien eine Frage von reinem Talent, zufälliger Begabung und glücklichen Umständen, vergessen Sie's: Die meisten erfolgreichen Künstler haben viele Jahre lang knallhart an ihrer Kunst und an sich gearbeitet, bevor sie überhaupt eine Chance bekamen zu glänzen. Erfolgreiche Künstler sind talentierte Glückspilze? Wer das glaubt, hat noch nie einen Künstler gefragt.

Erfolgreiche Künstler sind talentierte Glückspilze? Wer das glaubt, hat noch nie einen Künstler gefragt.

Um Weltniveau zu erreichen, geschweige denn es über Jahre zu halten, muss man fraglos in hohem Maß an sich und seinen Soft Skills arbeiten. Doch bevor diese zum Tragen kommen, zählt bei erfolgreichen darstellenden Künstlern dasselbe wie in jedem anderen ernsthaften Konkurrenzumfeld: Hard Skills – knallharte Fachkompetenzen. Das bedeutet nicht immer einen Abschluss von einer besonders renommierten Schule. In manchen künstlerischen Disziplinen ist die Qualifikation auf Papier von begrenztem Wert. Doch eine substanzielle, systematische und langfristige Auseinandersetzung mit den Regeln der Kunst, mit den Qualitätskriterien der Branche und mit den Besten des Fachs gehört immer dazu. Und dann: üben, üben, üben.

Unter anderen können auch die besten unter den Schauspielern ein Lied davon singen, woher »hard« in »Hard Skills« in der Kunst kommt. Als einer der Väter der klassischen Schule des Schauspiels gilt der russische Schauspiellehrer und Theaterreformer Konstantin Sergejewitsch Stanislawski

(1863–1938). Als Vertreter des Naturalismus trat er dafür ein, dass Schauspiel-Performances so natürlich wirken und so nahe an die Realität heranreichen sollten wie möglich, um glaubwürdig zu sein. Wurden Schauspieler vor Stanislawskis Zeit in ihrer Ausbildung vor allem auf bestimmte Standardrollen gedrillt, setzte er in seinem »Moskauer Künstlertheater« eine längere Probendauer durch, um Rollen individueller zu gestalten. Diese Vorbereitungsphase einer Inszenierung war und ist nichts für schwache Nerven: Die Darsteller sollen durch »inneres Erleben« ihrer Rollen den äußeren Ausdruck perfektionieren. Sie sollen so tiefgreifend wie möglich in die Haut des Protagonisten schlüpfen, den sie verkörpern, um seine Motive, Emotionen und Verhaltensweisen wie aus eigenem Erleben nachzuvollziehen.

Die von Stanislawski angewendeten Methoden wurden später auch zur Grundlage anderer berühmter Schulen wie dem »Method Acting« von Lee Strasberg. Nach seinem Verständnis sollen Schauspieler eigene Erlebnisse und Erfahrungen anzapfen, um so authentisch zu spielen wie möglich. Diese Prinzipien werden noch heute in mehr oder weniger abgewandelter Form an vielen Hochschulen gelehrt und von vielen berühmten Schauspielern praktiziert.

Entgegen allen Unkenrufen sind auch unter den bekanntesten Hollywood-Schauspielern viele echte Kompetenzbolzen. Auch wenn die glamouröse Filmbranche oft auf ihre glitzernde Fassade reduziert wird: Einen Oscar oder Grammy bekommt man bis heute nicht für perfekte Zähne und die Zahl der Instagram-Follower, sondern für echte Schauspielleistungen – oder jedenfalls nicht ohne sie.

Was manche Stars sich im Namen der Kunst dabei zumuten, grenzt an Selbstzerstörung. Dafür gibt es eine ganze Reihe von prominenten Beispielen. Eines der eindrucksvollsten ist die stark an Stanislawskis Methoden orientierte Vorbereitung, die der skandalträchtige Schauspieler Shia LaBeouf sich für seine Rolle im Weltkriegsdrama *Herz aus Stahl* (2014) zumutete. Nachdem Regisseur David Ayer die Devise ausgegeben hatte, dass seine Darsteller für das geplante Werk alles geben sollten, machte LaBeouf ernst. Er spielte in dem Film einen bibelfesten Panzerschützen der US-Army im Zweiten Weltkrieg. Um seine Rolle glaubwürdig verkörpern zu können, trat der Schauspieler der Nationalgarde bei. Er ließ sich taufen und betrieb intensives Bibelstudium. Seinen militärischen und religiösen Kniefall ließ er sich in Form eines Kreuzes und eines Fadenkreuzes auf die Hand tätowieren, um fortwährend daran erinnert zu werden. Einen Monat lang lebte er auf einer Militärbasis – bevor die Dreharbeiten überhaupt begonnen hatten.

Während der Produktionsphase des Films ging er noch weiter: Er zog sich einen Zahn, um dieses äußere Merkmal seines Charakters besser abzubilden. Als die aufgeschminkten Schnittwunden ihm nicht realistisch genug erschienen, schnitt er sich mit einem Messer das Gesicht mehrfach auf. Um den Tod besser zu verstehen, sah er tagelang Pferden beim Sterben zu. Sehr zum Unmut seiner Schauspielerkollegen passte LaBeouf sich noch in einem anderen Detail der Kriegsrealität an: Während der Arbeit am Film badete er vier Monate lang nicht. Diesen Schritt hielt er für nötig, nachdem er sich mit echten Panzerveteranen aus dem Zweiten Weltkrieg unterhalten hatte. Sie hatten ihm berichtet, dass einige Kameraden im Einsatz drei Jahre lang dasselbe Paar Socken getragen hätten.[24]

Zugegeben: ein extremes Beispiel. Selbst die lebende Hollywood-Legende Brad Pitt zeigte sich anschließend voller Bewunderung für die aufopferungsvolle Professionalität des jüngeren Kollegen. Doch das Muster ist in der Kunst dasselbe wie in jeder anderen Karriere und bei jedem großen Ziel, das wir im Leben erreichen wollen: Der Preis des Erfolgs ist harte Arbeit. Und der Großteil dieser Arbeit besteht darin, sich die nötigen Kompetenzen anzueignen. Zum Glück muss man dazu in den seltensten Fällen Selbstverstümmelung betreiben und die Körperhygiene vernachlässigen. Doch diese Faustregel der Überflieger in jeder Branche trifft auch auf uns Künstler zu: Von nichts kommt nichts.

Das Einmaleins der Diebeskunst

An diesem Punkt wird es Sie nicht mehr verwundern, dass ich erst einmal die Schulbank drücken musste, nachdem ich mich auf meinem Weg als Künstler für die Rolle des Taschendiebs entschieden hatte. Auch die kriminellen Künste lernt man nicht im Vorbeigehen. Nicht einmal die, die im Vorbeigehen ausgeübt werden.

Im Prinzip musste ich zwei Künste auf einmal erlernen: Als Entertainer musste ich souverän genug werden, um das anspruchsvollste Showpublikum der Welt für mich zu gewinnen. Die größere Herausforderung aber war der andere Teil meiner Rolle: das Klauen.

Tatsächlich wird Ihnen jeder Klein- und Großkriminelle bestätigen, dass das Stehlen eine Kunst für sich ist. Davon können nicht nur Investmentbanker und Steuerfahnder ein Lied singen, sondern auch die Bengel im Grundschulalter, die am Dortmunder Hauptbahnhof Sie um Ihr Portemonnaie erleichtern, während Ihnen ihre Mütter oder Schwestern einen Zettel mit einer rührseligen Geschichte unter die Nase halten. Früh übt sich, wer ein Gangster werden will. Auch die Vollprofis, die im Gedränge vor den Sehenswürdigkeiten Venedigs und in der Prager Altstadt die Taschen der ahnungslosen Touristen leeren, haben oft in jungen Jahren begonnen, das Handwerk zu erlernen. Als ich mich anschickte, ihnen technisch Konkurrenz zu machen, hatte ich also einiges aufzuholen. Das wurde mir sehr schnell klar, als ich begann, mich in die Feinheiten der Diebeskunst einzuarbeiten.

Wie bei jeder echten Fachkompetenz gibt es auch unter Dieben verschiedene Leistungsniveaus. Es gibt Diebesjobs, die im Grunde jedes Kind ausführen kann – siehe oben. Einer Touristin, die gerade woanders hinschaut, das Smartphone aus der offen neben ihr stehenden Handtasche zu ziehen und lange Beine zu machen, ist im Grunde keine Kunst. Deshalb darf man dafür unter Dieben auch keine große Anerkennung erwarten – außer vielleicht als niedrigschwelliges Initiationsritual in die kriminelle Karriere.

Andere Methoden verlangen methodisches Geschick, Fingerfertigkeit, eine ausgeprägte Beobachtungsgabe und ein hohes Maß an Menschenkenntnis. Der gezielte Griff in die Westentasche im Gedränge, womöglich noch mit verbaler Interaktion und unter den Augen von Polizeistreifen und Wachdiensten, ist schon eine ganz andere Hausnummer.

Und wenn man den Akt des Stehlens mit vorgewarnten Freiwilligen vor Publikum ausübt, die nichts anderes wollen, als den Dieb ertappen? Dafür muss man diese Kunst auf ein Niveau bringen, bei dem sogar die Routiniers unter den Langfingern anerkennend pfeifen. Womit sie ihren Lebensunterhalt verdienen, verlangt zwar ebenfalls ein gutes Auge, viel Training, disziplinierte Methodik und operative Flexibilität. Für einen professionellen Showdieb wäre es – die nötige moralische Immunität vorausgesetzt – jedoch keine große Herausforderung. Ich könnte mit Leichtigkeit einen bequemen Lebensunterhalt verdienen, indem ich einmal im Monat in der

Elbphilharmonie in der Pause zwischen den Stehtischen hindurchgehe, im Hotel Adlon zwischen den Schönen und Reichen durch die Lobby flaniere oder in Las Vegas mit den Millionären beim Roulette auf Tuchfühlung gehe. Ob ich das schon mal ausprobiert habe, werden Sie leider nie erfahren ...

Auch in einer Großstadt mit durchschnittlichem Touristenaufkommen lässt es sich als Taschendieb übrigens angenehm leben. Mehrere Zehntausend Euro Monatseinkommen schafft ein ausgebuffter Profi, ohne sich krumm zu machen. Wenn Sie also bisher glaubten, professionelle Taschendiebe wären immer abgerissene Typen in prekären materiellen Umständen, die ohne die Scheinchen aus Ihrem Portemonnaie nichts zu essen haben, muss ich Sie enttäuschen: Die echten Profis sitzen im Maßanzug im Straßencafé. Wenn so einer auf Sie zukommt und nach dem Weg fragt, während sein Partner Ihnen die Taschen ausräumt, werden Sie ihm bedingungslos vertrauen, weil er so einen »guten Eindruck« macht.

Und dennoch: Einen abgelenkten Touristen im Gedränge um seine Wertsachen zu erleichtern, ist das eine. Einem skeptischen Freiwilligen vor 3000 aufmerksamen Augenpaaren im Gespräch die Krawatte zu entwenden, ist das andere. Die Souveränität, die dafür nötig ist, hätte ich im Leben nie erwerben können, wenn ich mir nicht zunächst die nötigen Kompetenzen zugelegt hätte. Als Künstler an sich glauben kann man nur, wenn man erst einmal seine Kunst gemeistert hat.

An sich glauben kann man nur, wenn man erst einmal seine Kunst gemeistert hat.

Gilt dasselbe nicht auch für Ihre Kunst, Ihr Metier, Ihren ganz persönlichen Kompetenzcocktail?

Wie Meisterschaft den Wirkungskreis erweitert

Je einzigartiger und ausgereifter Ihre Expertise ist, desto mehr Türen kann sie Ihnen öffnen. Die meisten von uns ahnen nicht, wie gefragt sie sein könnten, wenn sie nur ihre Fühler ausstrecken würden. Wenn Sie sich die nötige Souveränität erst einmal erarbeitet haben, sind Sie von Chancen manchmal nur so umzingelt, die zuvor unsichtbar waren.

Durch meine doppelte Expertise als Showkünstler und als Taschendieb haben sich für mich im Laufe der Zeit eine ganze Reihe von Möglichkeiten ergeben, an die ich zum Anfang meiner Laufbahn nicht einmal gedacht hätte. So bilde ich neben meinen Engagements als Künstler heute als Dozent auch andere für verschiedene Bühnen aus. Diese Qualifikation wiederum nutze ich außerdem als Performance-Trainer für Menschen aus anderen Feldern, in denen ein souveräner Auftritt erfolgsentscheidend oder wünschenswert ist. Und schließlich übersetze ich auch als professioneller Redner bei den verschiedensten Veranstaltungen zwischen der Welt der Showbühnen und der Alltagswelt – ein weiterer Arbeitsbereich, in dem ich meine verschiedenen Kompetenzen ideal einsetzen kann.

Abgesehen von all diesen selbst gewählten Spielfeldern ist meine Expertise aber noch auf einem ganz anderen Feld gefragt. Das ist Fluch und Segen zugleich. Als mich zum ersten Mal eine derartige Anfrage erreichte, war ich gleichermaßen überrumpelt wie amüsiert. Und damit meine ich nicht nur den Inhalt, sondern auch den erfrischend aufrichtigen Ton, den der Absender in seiner E-Mail anschlug:

»Lieber Herr Lindemann, könnten Sie uns nicht bei unserer Arbeit im Kampf gegen das Verbrechen unterstützen, indem Sie

uns in die Tricks der Taschendiebe einweihen? Unsere eigenen Experten sitzen nämlich gerade alle.«

Unterzeichnet hatte die E-Mail ein Kriminaloberkommissar. Ich nahm die Herausforderung an – allein schon, um diesen souverän witzigen Staatsbeamten persönlich kennenzulernen. Er erinnerte mich einmal mehr daran, welchen riesigen Unterschied jeder von uns, gleich in welchem Job, mit seiner Persönlichkeit machen kann. Jeder von uns kann sich seine Bühnen aussuchen und dabei seinen eigenen Stil prägen.

Es ist nicht bei der einen Anfrage geblieben. Jedes Jahr erhalte ich mehrfach die Bitte, meine Expertise für die Verbrechensprävention zur Verfügung zu stellen. Nicht nur von der Polizei: Auch den Medien stehe ich regelmäßig Rede und Antwort, und zwar jedes Jahr pünktlich zur Adventszeit. Ihnen geht es vor allem darum, die Allgemeinheit über die Gefahr des Taschendiebstahls aufzuklären – damit die Bürger sich schützen können, wenn sie auf stark besuchte Weihnachtsmärkte gehen und möglicherweise einen Glühwein zu viel trinken.

Einerseits ehrt mich das. Einige dieser Gelegenheiten, etwas zurückzugeben, nehme ich deshalb aus Überzeugung jedes Jahr wahr. Nicht nur hierzulande, auch in den USA und Südafrika habe ich schon Polizisten trainiert. Die haben immer wieder viele Fragen: Schaffen Sie das auch mit unserer Polizeikrawatte? Ja, schaffe ich! Und ich habe es bewiesen, zugegebenermaßen zu meiner eigenen Belustigung.

Gleichzeitig frage ich mich manchmal: Braucht es tatsächlich einen Showkünstler, um diese Arbeit zu tun? Muss ich wirklich mit versteckter Kamera arglose Bürger auf dem Weihnachtsmarkt bestehlen, um im Frühstücksfernsehen Aufklärungsarbeit mit Unterhaltungsfaktor zu betreiben? Könnte man diesen Job nicht zur verpflichtenden Resozialisierungsmaßnahme für gefasste Taschendiebe machen? Letztlich wären sie als Experten dafür besonders geeignet. Zwar gibt es viele Überschneidungen zwischen meinem Repertoire an Tricks und Kniffen und denen eines kriminellen Taschendiebs. Doch manche Methoden, zu denen die schweren Jungs greifen, haben auf meiner Bühne nichts zu suchen.

Welche Kompetenzen auch immer Sie in sich vereinen: Ich bin bereit, darauf zu wetten, dass Sie noch nicht Ihr volles Potenzial ausschöpfen. Ob es fürs Gemeinwohl ist, zur Vorbereitung einer Beförderung oder zur Erweiterung Ihrer selbstständigen Geschäftstätigkeit: Nehmen Sie sich doch einmal die Zeit, eine Liste Ihrer ganz individuellen Kernkompetenzen zu erstellen. Tun Sie das am besten in Form einer Mindmap, die Sie beliebig in alle Richtungen erweitern können. Schauen Sie sich diesen speziellen Blumenstrauß an Kompetenzen genau an. Und dann überlegen Sie, ob Sie wirklich schon Ihr volles Potenzial nutzen, oder ob da nicht noch mehr geht. Vielleicht durch die Vertiefung dessen, was Sie schon tun – vielleicht aber auch durch den Vorstoß in neue Dimensionen.

Sie haben Ihre Expertise nicht erworben und vielleicht schon über viele Jahre verfeinert, um ein Leben lang in den Grenzen von Schema F zu verharren. Als Profi sind Sie qualifiziert, nein: verpflichtet zu improvisieren! Sie schulden es allen, die Sie unterstützt haben, die auf Sie zählen und die

Als Profi sind Sie qualifiziert, nein: verpflichtet zu improvisieren!

an Sie glauben, das Beste aus sich und Ihrer Expertise herauszuholen. Warten Sie nicht auf einen Wink des Himmels. Mit der Kombination aus Ihrer Leidenschaft, Ihrer Persönlichkeit, Ihrer Alleinstellung und Ihrer Expertise halten Sie ein unschlagbares Gesamtpaket in Händen, mit dem nichts und niemand konkurrieren kann. Was Sie daraus machen, liegt allein bei Ihnen. Glauben Sie niemandem, der Ihnen etwas anderes weismachen will.

Let's go: Ab auf die Bühne mit Ihnen und klauen, was das Zeug hält! Oder was auch immer es sonst ist, das Sie am besten können.

Lesen Sie vorher aber lieber noch das nächste Kapitel. Denn was auch immer Sie vorhaben, Sie brauchen andere Menschen dafür. Die müssen Sie erst für Ihre Mission gewinnen – seien es Partner, Kollegen, Kunden, Investoren oder jede andere Art von Mitstreitern. Und das ist die nächste Kompetenz in unserem Werkzeugkasten der Souveränität.

Kapitel 5
Positive Manipulation
Warum Überlegenheit auf Gegenseitigkeit beruht

> »Man soll die Dinge so nehmen, wie sie kommen.
> Aber man sollte auch dafür sorgen, dass die Dinge so kommen,
> wie man sie nehmen möchte.«
> Curt Goetz

Die Lust an der Manipulation

Ich will keinen Hehl daraus machen: Ich manipuliere Menschen. Und doch bin ich mir keiner Schuld bewusst. Woher ich diese Chuzpe nehme? Ganz einfach: Meine »Opfer« manipuliere ich nicht als Dieb, sondern als Künstler – und damit zu ihrem eigenen Vorteil. Dass ich dabei absichtsfrei handle, kann ich selbstverständlich nicht behaupten. Natürlich habe ich auch selbst etwas davon, wenn ich meine Zuschauer auf der Bühne in meinen Bann ziehe. Doch mindestens in demselben Maße profitieren die Zuschauer, die sich genau aus diesem Grund ein Ticket für die Vorstellung gekauft haben. Denn darin liegt das Wesen der Kunst: freiwillige Manipulation.

Genau genommen sind meine Raubzüge demokratischer als jede Steuer, die Sie zahlen. Immerhin sind Sie aus freien Stücken zum Dieb gekommen: in den Zirkus, in die Höhle des Löwen, in die Welt der Illusionen. Am Einlass haben Sie bewusst die Kontrolle abgegeben, denn Sie wollen in eine andere Welt entführt werden. Meine Überlegenheit beruht auf Gegenseitigkeit – auf einem Deal, den ich mit allen Menschen in meiner Show geschlossen habe.

Eine Narrenfreiheit nur meines Berufs? Ich glaube: nein. Vielmehr bin ich der Überzeugung, dass unser ganzes Leben durch solche gegenseitigen Deals gestaltet wird. Die Frage ist nicht: manipulieren oder nicht manipulieren? Die Frage ist immer: Wozu?

Beeinflussung ist Bestandteil nahezu jeder menschlichen Interaktion. Der Begriff »Manipulation« ist negativ belegt, doch tatsächlich bedienen wir uns alle eines manipulativen Instrumentariums – und führen dabei nur selten ein krummes Ding im Schilde. In beinahe jede alltägliche Situation, und sei es nur der Austausch von Nettigkeiten beim Betreten des Büros am Morgen, gehen wir mit einer bestimmten Absicht. Wir stimmen unser Verhalten auf das gewünschte Ergebnis ab. Ob wir es nun so nennen oder nicht: Damit verhalten wir uns manipulativ.

Jeder will etwas vom anderen. Egal, wie bewusst oder unbewusst wir unserem Willen Ausdruck verleihen, wie egoistisch oder sozial unsere Absichten auch sind: Einfluss nehmen wir so oder so. Den moralischen Unterschied macht der Grad der Bewusstheit: Inwiefern rechnet der andere damit, dass Sie zweckgebunden reden und handeln?

Jeder von uns manipuliert täglich mehrmals andere. Jedes Lächeln, jede Modulation der Stimme, jedes gezielte Timing und erst recht jedes bewusst gewählte Wort ist letztlich nichts anderes als ein manipulativer Vorgang. Mit jeder dieser Verhaltensweisen und Äußerungen lösen Sie bei Ihrem Gegenüber Emotionen aus – in der Regel positive, oft auch eigennützige und meistens eine Mischung von beiden. Wir nutzen unser Repertoire der Beeinflussung intuitiv, um unsere Ziele zu erreichen. Sogar bei der Erziehung von Kindern handelt es sich genau genommen um eine gezielte Einflussnahme und damit der Definition nach um Manipulation.

Trotz ihres schlechten Rufs ist die Manipulation für sich genommen also erst einmal neutral. Wie wir sie aus moralischer Sicht einstufen, hängt einzig und allein von den Zielen ab, die wir mit der manipulativen Handlung verfolgen. Ich selbst bin dafür das beste Beispiel: Ich arbeite seit über 20 Jahren als professioneller Taschendieb – und kein einziges Mal hat mir jemand gesagt, dass ich mich schämen sollte.

Letztlich sind unsere Manipulationsfähigkeit und Manipulationsbereitschaft Voraussetzungen dafür, dass unsere Gesellschaft überhaupt funktioniert. Denn wenn keiner sich mehr vom anderen überzeugen und bewegen ließe, würde Stillstand herrschen.

Auch Sie sind ein geborener und geübter Manipulator!

Manipulation ist kein Teufelszeug, dessen sich nur schlechte Menschen bedienen würden. Auch Sie sind ein geborener und geübter Manipulator!

Den Unterschied macht bei der Manipulation das Motiv. Deshalb unterscheide ich zwischen negativer und positiver Manipulation. Negative Manipulation ist, wenn ich mir mit meinem Verhalten einen Vorteil zum Nachteil des anderen verschaffe. Das wäre zum Beispiel der Fall, wenn ich meinem Opfer sein Portemonnaie am Ende nicht zurückgeben und das Geld einstecken würde. Diese Art von Manipulation – also das, was der Volksmund allgemein als solche bezeichnet – hat zu Recht ein negatives Image. Sie umfasst Lügen, Vorteilsnahmen, Vorteilsbeschaffungen, Gehirnwäsche, Unfairness und das gesamte Spektrum der unlauteren Mittel. Sie macht immer nur einen glücklich und den anderen dabei oft unglücklich.

Wenn die Interaktion dagegen im Ergebnis für beide Beteiligten vorteilhaft ausgeht, also auf eine klassische Win-win-Situation hinausläuft, nenne ich das: positive Manipulation. Ihrer bedienen wir uns jeden Tag. Wenn Sie sich im Bewerbungsgespräch von Ihrer besten Seite zeigen: Manipulation. Wenn der Verkäufer in Ihrer Lieblingsboutique Sie freundlich lächelnd in Empfang nimmt und nach Ihren Wünschen fragt: Manipulation. Wenn meine Partnerin einen Plan fürs Wochenende hat, von dem ich noch nichts weiß, und ihren nächsten Satz mit »Du, Schatzi ...« beginnt: Manipulation. Wenn der Fußballtrainer seiner Mannschaft in der Halbzeitpause einen Motivationsvortrag hält: Manipulation. Wenn der Anwalt vor den Geschworenen mitreißend für seinen unschuldigen Mandanten plädiert: Manipulation.

Diese Art von Beeinflussung ist nicht verwerflich, sondern menschlich. Wir leben damit, wir rechnen damit, wir arbeiten damit.

Und damit nicht genug: Wir lassen Manipulation nicht nur zu, wir wollen sogar manipuliert werden. Unser Alltag ist so durchreguliert, dass wir uns manchmal nichts sehnlicher wünschen als einen »kontrollierten Kontrollverlust«. Ich erlebe das immer wieder: Unsere Zuschauer genießen es regelrecht, wenn sie die Kontrolle am Einlass abgeben können und mal für zwei Stunden nicht für alles zuständig sind. Sie erwarten von uns Unterhaltungskünstlern regelrecht, dass wir ihr Gehirn manipulieren und sie gehörig an der Nase herumführen: Bei uns ist das Leben ausnahmsweise wirklich mal ein Ponyhof.

Daher gehören wir Künstler zu denen, die besonders regen Gebrauch von Beeinflussungsstrategien machen. Wir tun es sogar ganz offen und mit Ansage: »Mein Name ist Christian Lindemann, König der Taschendiebe, und jetzt wird geklaut!« Deutlicher geht es nicht, oder? Wer nach dieser Ankündigung nicht Hals über Kopf aus dem Zirkuszelt flüchtet, der hat es wirklich nicht anders gewollt ...

Wie Künstler unsere Wahrnehmung manipulieren

Meine erste Begegnung mit David Copperfield im Alter von 16 Jahren war eines der Highlights meines noch jungen Lebens. Inzwischen bin ich ihm mehrmals begegnet und in Las Vegas sogar auf derselben Bühne aufgetreten wie er. Abgesehen davon, dass er ein wirklich cooler Typ ist, war ich von David vor allem aus professionellen Gründen fasziniert: Niemand schlug die Menschen schon in den 1990er-Jahren so in den Bann wie er mit seiner Illusionskunst. Bis heute gehört er zu den besten Showkünstlern der Welt. Kaum ein anderer kann die Wahrnehmung der Menschen so gut manipulieren wie er. Deshalb war seine Arbeit für mich schon immer spannend. Letztlich beruht das Pickpocketing auf dem gleichen Grundprinzip wie die Methoden der Illusionisten: die Aufmerksamkeit der Menschen effektiv steuern.

Künstler wie wir beeinflussen Ihre Wahrnehmung der Realität. Wir lenken Ihren Fokus, oder anders formuliert: Wir hauen Sie und Ihr Gehirn in einer Tour übers Ohr. Und Sie finden es großartig!

Showmagier wie David Copperfield machen uns mit ihren Inszenierungen immer wieder für einen Moment lang glauben, sie könnten zaubern – obwohl wir eigentlich wissen, dass sie das nicht können. Dabei bedienen sie sich manchmal verblüffend einfacher, aber wirkungsvoller Taschenspielertricks. Oft kommen

Magie bedeutet letztlich nichts anderes als Kontrolle über die Wahrnehmung.

allerdings auch komplexe, wissenschaftlich fundierte Techniken zum Einsatz. Denn tatsächlich findet die Magie nicht wirklich auf der Bühne statt. Magie bedeutet letztlich nichts anderes als Kontrolle über die Wahrnehmung. »Die Zauberei passiert im Kopf des Zuschauers«, hat der amerikanische Kartenkünstler Jamy Ian Swiss einmal gesagt.

David Copperfields Inszenierungen gehören zu den aufwendigsten und kompliziertesten Illusionen, die je aufgeführt worden sind. In ihrer Komplexität sind sie eine Wissenschaft für sich. Deshalb sind sie oft mit sehr aufwendiger Technologie verbunden. Sie zu erklären würde an dieser Stelle zu weit führen (und Ihnen mutmaßlich den Spaß verderben). Abgesehen davon, dass David sicher nicht begeistert wäre, wenn ich aus dem Nähkästchen plaudere.

Ich verrate Ihnen dafür etwas anderes. Ein besonders simples und gerade deshalb sehr eindrucksvolles Beispiel dafür, wie Illusionskünstler mit unserer Wahrnehmung spielen, trug sich ebenfalls in Las Vegas zu. Dort trat der in den USA sehr bekannte Magier Raymond Teller vor einiger Zeit bei einer recht speziellen Veranstaltung auf. Im Gegensatz zum üblichen Showpublikum hatte er es dieses Mal mit einem besonders schwierigen Auditorium zu tun: Ausgerechnet eine Gesellschaft renommierter Wahrnehmungswissenschaftler hatte ihn zu ihrer Jahrestagung eingeladen. Auf der Konferenz stand die geistige Verwandtschaft zwischen ihrem Forschungsgebiet und der Zauberei im Mittelpunkt. Raymond Teller trat also vor einem Saal voller Kognitionspsychologen, Neurowissenschaftler und anderen Illusionisten auf, als er seine Nummer abzog – Menschen, von denen man annehmen darf, dass sie schwer zu überlisten sind.

Der Bühnenveteran hatte sich offensichtlich eingehend Gedanken darüber gemacht, wie er in einem solchen Kontext punkten konnte. Mit Nebelschwaden, Hologrammen und Spiegeltricks hätte er vor diesem Publikum wohl keinen Blumentopf gewonnen. Jeder der Anwesenden wusste sehr gut, wie man die menschliche Wahrnehmung mit technischen Hilfsmitteln austricksen kann. Hier galt nicht das copperfieldsche Showprinzip »je größer und spektakulärer, desto besser« – hier war Minimalismus gefragt, um Eindruck zu schinden.

So war es gerade die verblüffende Schlichtheit seines Kunststücks, mit der Teller die Anwesenden frappierte. Das Schauspiel, das die Experten zu sehen bekamen, war so simpel, dass es tatsächlich aussah wie echte Magie. Lässig stand Teller auf der leeren Bühne und tat etwas, das jedes Kind vermag: Mit einer Hand warf er einen kleinen, weißen Ball in die Luft und fing ihn auf. Warf ihn hoch, fing ihn auf. Warf ihn hoch, fing ihn auf. Warf ihn hoch – und plötzlich war der Ball verschwunden. Er hatte sich scheinbar in Luft aufgelöst.

Scheinbar. Die Zuschauer raunten. Ein Saal voller Experten, doch augenscheinlich keiner, der verstand, wie das möglich war. Jungfrauen zersägen? Amateurkram. Elefanten im Erdboden versinken lassen? Kleinigkeit. In einer Kiste auf dem Meeresboden in Ketten gelegt werden und kurz danach am Strand wieder auftauchen? Kriegen wir hin. Aber ein Ball, der eben noch da war und plötzlich nicht mehr – ohne ohrenbetäubende Explosionen, blendende Projektionen und komplizierte Konstruktionen auf der Bühne? Mit solchem Teufelszeug sind auch Forschergehirne überfordert.

Und genau darin liegt das Geheimnis: in der Überforderung des Gehirns. Teller hatte sich einer simplen, in der Ausführung jedoch sehr anspruchsvollen Methode bedient, die Wahrnehmung seiner Zuschauer zu manipulieren. Der Trick bestand darin, dass Teller den Ball beim letzten Mal gar nicht geworfen, sondern den Wurf nur angetäuscht hatte. Tatsächlich verbarg er den Ball geschickt in der Hand, statt ihn loszulassen.[25]

Zu einfach? In der Tat: Damit allein hätte er wahrscheinlich niemanden getäuscht. Die eigentliche Manipulationsleistung bestand darin, dass Teller die vermeintliche Flugbahn des Balls dennoch mit seiner Kopf- und Augenbewegung verfolgte – so, wie er es auch bei den realen Würfen zuvor getan hatte. Wie psychologische Experimente zu diesem Effekt gezeigt haben, glauben die meisten Menschen, dass sie den Ball wahrnehmen, obwohl er nicht geworfen wurde. Der Grund dafür ist, dass sie unbewusst nicht nur auf den Gegenstand, sondern auch auf das Gesicht des Ausführenden achten.[26]

Der Rest ist ein simpler Nachahmungseffekt: Weil der Künstler etwas zu beobachten scheint, meint auch der Zuschauer, etwas zu sehen, und glaubt weiterhin daran, auch wenn das reale Objekt plötzlich nicht mehr im Spiel ist. Unser Gehirn gewöhnt sich wahnsinnig schnell an Wahrnehmungen und Gedanken, reagiert aber mit einer gewissen Trägheit auf Veränderungen. Deshalb lässt es sich leicht überlisten. Forscher vermuten zudem, dass Neuronen im hinteren Scheitellappen der Hirnrinde angedeutete Bewegungen bereits als reale wahrnehmen. Es gibt immer eine geringe Verzögerung, bis die optischen Signale vom Auge ins Gehirn gelangen, wo das Bewusstsein gebildet wird. Diese Lücke kompensiert das Gehirn, indem es vorausdenkt.[27]

Gegen Raymond Tellers Trick waren auch Psychologen und Neurologen machtlos. Das menschliche Wahrnehmungsvermögen hat nun einmal tote Winkel – auch wenn es im Kopf eines Wahrnehmungsforschers steckt. Wenn ich diese Schwachpunkte kenne und die nötigen Fähigkeiten trainiere, kann ich jeden mit ihrer Hilfe überlisten – egal, wie viel derjenige weiß und wie gut er aufpasst. Wenn Sie einen Trick lernen, der meine kognitiven Fähigkeiten überfordert, dann können Sie auch mich drankriegen. Vielleicht ...

Bleibt die Frage: Warum genießen Sie es eigentlich so sehr, wenn Menschen wie David Copperfield, Ihr Anlageberater oder ich Sie hinters Licht führen? Die Antwort ist, genau wie die Illusion selbst, neurologischer Art. Wenn unsere Wahrnehmung ins Leere läuft, hat das einen ähnlichen Effekt wie der Sprung von einer Brücke mit dem Bungeeseil oder die Fahrt mit der Achterbahn: Sobald unsere Sinne dem Gehirn einen Kontrollverlust melden, wird Adrenalin ausgeschüttet. Der Puls geht hoch, die Pupillen weiten sich, die Atmung beschleunigt sich. Der Körper dreht richtig auf, und wir nehmen alles intensiver wahr als sonst, denn wir sind im Hormonrausch. Wir stecken mit allen Sinnen voll fokussiert in einem Wahrnehmungstunnel, weil Gehirn und Körper sich im Ausnahmezustand befinden.

Positiv manipuliert werden macht also richtig Laune. Deshalb lassen wir uns so gern verzaubern. Deshalb haben meine Zuschauer einen Megaspaß, wenn ich einem von ihnen nicht einmal, sondern fünfmal hintereinander das Portemonnaie abnehme und hochhalte. Gut fühlt sich das allerdings nur an, solange der Nervenkitzel nicht in Panik umschlägt – solange die Achterbahn auf den Schienen bleibt und ich Ihnen Ihre Uhr am Ende auch wieder zurückgebe. Sonst könnte der Adrenalinrausch ein unangenehmes Ende nehmen. Potenziell auch für mich – je nachdem, wie schnell Sie laufen können ...

Warum Sie Menschen (positiv) manipulieren sollten

Eltern, Verhaltenstherapeuten und Motivationstrainer können ein Lied davon singen: Wenn Menschen erst einmal daran glauben, dass etwas möglich ist, ist es sehr oft tatsächlich möglich. Sogar, wenn es zuvor eine *mission impossible* zu sein schien. Die positive Manipulation kann uns auch bei Herausforderungen und Veränderungen helfen, mit denen wir uns überfordert fühlen.

Wenn Menschen erst einmal daran glauben, dass etwas möglich ist, ist es sehr oft tatsächlich möglich.

Das beste Argument für positive Manipulation in der Persönlichkeitsentwicklung ist also dasselbe wie im Showbusiness: Sie funktioniert. Ich selbst setze sie ein, weil ich die Wahrscheinlichkeit für einen erfolgreichen Auftritt damit deutlich erhöhe. Auch Sie können die positive Manipulation gezielt für Ihre Zwecke nutzen – solange es die richtigen Zwecke sind, versteht sich. Klauen gehört eigentlich nicht dazu. Aber ich darf das, ich bin Künstler.

Tatsächlich gibt es eine ganze Reihe guter Gründe, warum Sie positive Manipulation einsetzen sollten, um Ihre Ziele zu erreichen:

- *Keine* Drop-outs *mehr:* Wie oft haben Sie schon potenzielle Kunden verloren, weil sie Ihnen buchstäblich »weggelaufen« sind, bevor Sie sie überzeugen konnten? Das geschieht dann, wenn wir nicht fokussiert genug auf den Kunden eingehen, ihn also nicht konsequent durch die Situation führen. Dieses Risiko ist besonders im Onlinehandel und bei anderen digitalen Geschäftsmodellen groß: Dort fehlt der persönliche Kontakt, und der Kunde kann durch einen einzigen Klick jederzeit die Interaktion abbrechen. Genau daher, nämlich aus dem E-Commerce, stammt auch der Begriff des *Drop-out*, frei übersetzt: »Abbruch« oder »Ausstieg«. Das Phänomen aber kennt jeder, der auf die Kooperation von Kunden, Partnern oder Kollegen angewiesen ist: Menschen steigen aus, wenn wir sie nicht konsequent mitnehmen. Die Techniken der positiven Manipulation, die ich Ihnen gleich vorstelle, helfen Ihnen sicherzustellen, dass Ihr Gegenüber sich nicht entzieht.

- *Mehr Kontrolle über das Geschehen:* Im Alltag scheitern wir oft nicht aus eigenem Verschulden, sondern aufgrund von Faktoren, die scheinbar nicht unter unserer Kontrolle sind. Das kann zum Beispiel passieren, weil Menschen auf ein Anliegen anders reagieren, als wir es uns erhofft hatten. Mithilfe der positiven Manipulation können wir den Ablauf bestimmter Situationen besser steuern und sind weniger von äußeren Faktoren und Zufällen abhängig.
- *Gelenkte Willensbildung:* Menschen reagieren auf ungewöhnliche Vorschläge oder neue Ideen oft mit Widerständen. Sie tun das nicht, weil sie einen Nachteil dadurch hätten, sondern weil Menschen aus evolutionären Gründen Veränderungen fast immer erst einmal reflexhaft ablehnen. Auch wenn sie am Ende davon profitieren werden, müssen sie erst von ihrem Glück überzeugt werden. Dabei kann die positive Manipulation sehr hilfreich sein.
- *Emotionen im Griff behalten:* Auf manche Ihrer Ziele mögen die Menschen in Ihrem Umfeld emotional reagieren, weil sie davon überrascht werden oder negative Konsequenzen für sich selbst befürchten. So könnte ein Kollege oder Mitarbeiter zum Beispiel barsch auf eine Umstrukturierungsmaßnahme reagieren, weil er um seinen Aufgaben-

bereich fürchtet. Positive Manipulation überwindet negative Emotionen, weil sie auf den beiderseitigen Vorteil fokussiert.

- *Risiken durch bewusste Führung minimieren:* Um viel zu erreichen, müssen wir oft mit hohem Einsatz spielen. Ich selbst muss bei jedem Auftritt auf 100 Prozent Risiko setzen, um 100 Prozent Erfolg zu haben. Wenn Sie sich zum Beispiel beruflich verändern oder ein Unternehmen gründen, sind Sie in einer vergleichbaren Situation: Sie müssen das Risiko zu scheitern in Kauf nehmen, um sich Ihren Traum zu erfüllen. Positive Manipulation kann das Risiko nicht unterbinden, aber deutlich reduzieren, indem sie Ihnen größeren Einfluss auf die konkreten Risikofaktoren verschafft.

    Um viel zu erreichen, müssen wir oft mit hohem Einsatz spielen.

- *Zielerreichung garantiert:* Wenn Kunden mich für einen Auftritt außerhalb des Cirque du Soleil buchen, erwarten sie von mir als Künstler eine Art »Unterhaltungsgarantie«: Trotz der sehr individuellen Natur meiner Arbeit setzen sie maximale Professionalität voraus. Aufgrund meiner Bühnenerfahrung und meiner jahrzehntelang erprobten Techniken kann ich Ihnen sozusagen Standing Ovations garantieren. Weil ich den von mir ausgewählten Menschen auf der Bühne und die Zuschauer zuverlässig zu führen vermag, bekomme ich die Krawatte und den Gürtel nicht manchmal, sondern immer. Mit den Mitteln der positiven Manipulation können auch Sie sich unbesorgt an Ihrer Erfolgsquote messen lassen.

- *Souveräner agieren:* Zu wissen, dass man die meisten Situationen auf das gewünschte Ergebnis hinsteuern kann, verleiht Ihnen auch in den schwierigeren Momenten ein hohes Maß an Souveränität. Die Methoden der positiven Manipulation zu beherrschen, wirkt sich also nicht nur auf das Verhalten anderer konstruktiv aus, sondern auch auf Ihre eigene Überzeugung.

Von all diesen Vorteilen können Sie nur profitieren, wenn Sie anfangen, positive Manipulation bewusst und kontrolliert einzusetzen. Damit werden Sie bessere Ergebnisse erzielen, als wenn Sie sich allein auf Ihre Intuition verlassen. Auf der Bühne wende ich eine Reihe von Techniken an, die Sie auch auf den Bühnen Ihres Lebens einsetzen können, um Win-win-Situationen herzustellen.

Sechs Techniken der positiven Manipulation

Wie bei jeder Interaktion zwischen zwei Menschen verläuft auch die Begegnung zwischen mir und meinem auserwählten Zuschauer als verbaler und körperlicher Austausch. In jedem Gespräch spielen nicht nur die Worte eine Rolle, sondern auch Stimme, Mimik und Gestik. Wir hören unserem Gegenüber nie nur akustisch zu, sondern beobachten mehr oder weniger bewusst auch sein Verhalten und bilden uns so einen Gesamteindruck.

Aus diesem Grund unterscheide ich bei der positiven Manipulation zwischen physischen und psychischen Techniken, also zwischen körperlichen und mentalen/rhetorischen Steuerungsmethoden.

Körperliche Steuerung: Physische Techniken der positiven Manipulation

1. Technik: Der starke Druck kaschiert den schwachen
Wenn Sie im Urlaub, auf einem Stadtfest oder in einer vollen U-Bahn schon mal Opfer eines richtigen Diebstahls geworden sind, wird Ihnen das folgende Muster bekannt vorkommen. Denn diese erste Technik wenden nicht nur Show-Taschendiebe, sondern auch kriminelle Diebe auf der Straße an: Irgendjemand rempelt Sie im Vorbeigehen stark an. Sie sind genervt oder sogar erschrocken und richten Ihre ganze Aufmerksamkeit auf diese Person. Und genau das ist die Idee. Denn der eigentliche Diebstahl wird gleichzeitig von einer anderen Person begangen, die sich Ihnen von der anderen Seite oder von hinten nähert und Ihnen im Moment des Anrempelns das Portemonnaie aus der Hosentasche zieht. Weil der physische Druck durch das Anrempeln so stark ist, bemerken Sie den viel schwächeren Druck nicht, den der Komplize beim Griff in Ihre Hosentasche ausübt – der Diebstahl bleibt unbemerkt.

Dasselbe Prinzip mache ich mir zum Beispiel zunutze, wenn ich einem Zuschauer die Uhr klaue. Ich entwende sie in dem Moment, in dem ich meinem nichts ahnenden Kandidaten zur Begrüßung kräftig die Hand schüttele. Dieser starke Druck lenkt ihn vom schwachen Druck ab, den ich ausübe, wenn ich mit meiner anderen Hand im selben Moment den Verschluss seiner Uhr öffne. Auch in anderen Teilen meiner Nummer wende ich dieselbe Technik in abgewandelter Form an, zum Beispiel beim Stehlen der Krawatte. Sie ist eine der zentralen Methoden des Diebeshandwerks.

In Ihrem Alltag, so hoffe ich, werden Sie eher selten Menschen Wertsachen entwenden. Wohl aber kommt es auch in Ihrem Beruf vor, dass Sie Menschen auch physisch durch eine

Situation führen. Wenn Sie etwa eine Präsentation moderieren, leiten Sie Menschen auf der Bühne. Wenn Sie in einer Arztpraxis arbeiten, bringen Sie Patienten von A nach B oder wollen von bestimmten, möglicherweise unangenehmen Aspekten einer Behandlung ablenken. Wenn Sie einen wichtigen Kunden im Haus haben, wollen Sie seine Aufmerksamkeit vielleicht auf sich lenken, während Ihre Kollegen im Hintergrund die Kulisse für den nächsten Schritt vorbereiten. Es gibt viele Situationen, in denen es hilfreich ist, die Aufmerksamkeit von Menschen mit behutsamen körperlichen Mitteln zu steuern. Dabei kann das Prinzip »starker vs. schwacher Druck« Ihnen wertvolle Dienste leisten.

2. Technik: Die Inner-Circle-Strategie
Jeder Mensch hat einen persönlichen »Inner Circle« – eine Zone enger physischer Nähe, in die wir andere nicht ohne Weiteres hineinlassen. Die Theorie der »Distanzzonen« des US-amerikanischen Anthropologen Edward T. Hall unterscheidet zwischen vier Zonen: intimer Distanz (ca. 60 Zentimeter Umkreis um den eigenen Körper herum – das entspricht dem »Inner Circle«), persönlicher Distanz (ca. 60 bis 150 Zentimeter), gesellschaftlicher Distanz (1,50 bis 4 Meter) und öffentlicher Distanz (ab 4 Meter).[28] Diese Grenzen sind allerdings als Richtwerte zu betrachten, denn sie variieren von Mensch zu Mensch. Der eine hat kein Problem damit, einigermaßen vertrauenswürdige Menschen bis auf 30 Zentimeter an sich heranzulassen, andere fühlen sich schon bei einem Meter Abstand bedrängt.

In Bezug auf meine Arbeit müsste eigentlich noch eine weitere Zone hinzugefügt werden, sozusagen eine »Nullzone«. Schließlich muss ich mindestens mit meinen Händen sogar direkten Körperkontakt ausüben. Anders funktioniert meine

Darbietung nicht – was auch der Grund ist, warum ich ausschließlich Männer beklaue. Doch auch mit ihnen ist so viel Nähe eine heikle Angelegenheit: Menschen schützen ihren »Inner Circle« instinktiv. Auf unerwünschte Grenzübertretungen in diesen Bereich hinein reagieren sie in der Regel durchaus empfindlich. Doch ich habe keine Wahl; ich muss da rein, um den Krawattenknoten oder die Gürtelschnalle zu öffnen und in die Taschen zu greifen. Wie gelingt mir das?

Im weitesten Sinne lässt sich meine Inner-Circle-Strategie als Tänzchen zwischen Nähe und Distanz beschreiben. Die Methode besteht darin, dass ich mich immer wieder unter einem Vorwand für sehr kurze Zeit in den »Inner Circle« meines Gegenübers hineinbewege – und dann auch sofort wieder heraus. Ich realisiere das mit einer Art Wiegeschritt. Dadurch fühlen die Menschen sich deutlich weniger bedrängt. Mit jedem kurzen Vorstoß in die Zone gewöhnen sie sich mehr an meine Nähe und nehmen meine Annäherungen immer weniger als Grenzüberschreitung wahr – natürlich nur, solange es bei diesem Muster bleibt. Würde ich ihnen penetrant auf die Pelle rücken und dort auch noch verharren, wäre mit Gegenwehr zu rechnen; ich käme wahrscheinlich nicht nahe genug an denjenigen heran, um seine Besitztümer an mich zu nehmen.

Mit einem Kompliment wie: »Sie haben da aber eine tolle Krawatte um!«, hole ich mir sozusagen die Erlaubnis, mich für eine Sekunde anzunähern und die Krawatte zu berühren. Und dann muss ich das Tänzchen mit dem Wiegeschritt wiederholen, bis ich alles habe, was ich brauche. Im Idealfall gelingt mir das so gut, dass der Zuschauer anschließend sagt: »Wie hat der mir bloß meine Sachen geklaut? Der war doch gar nicht an mir dran!« Genau deshalb sieht es aus »wie Zauberei«, wenn ich plötzlich alle Wertsachen meines Opfers in meiner Tasche habe.

Die professionellen Langfinger machen es ähnlich, wenn Sie Ihnen immer nur ganz kurz den Stadtplan unter die Nase halten und Ihnen dann erst einmal kurz Raum geben, bevor sie sich ein weiteres Mal annähern: »Können Sie mir das noch einmal genau zeigen?« Hinterher werden Sie zur Polizei sagen: »Ich verstehe das nicht, ich habe gar nichts gemerkt!«

Um diesen Effekt des wachsenden Vertrauens auf der Bühne zu erzielen, muss ich permanent auf das richtige Maß von Nähe und Distanz achten. Und genau das sollten auch Sie tun, wenn Sie sich dieser Technik bedienen. Wenn Sie zum Beispiel auf einer Messe einen Interessenten einladen wollen, der unsicher seine Kreise um Ihren Stand zieht, können Sie das ganz behutsam und respektvoll auf diese Weise tun: Nur für eine Sekunde weisen Sie ihm mit einer leichten Berührung die Richtung, damit er Sie begleitet – nehmen dann aber auch sofort wieder Abstand, damit er sich nicht gezwungen fühlt. So hat er immer noch die Wahl, Ihnen zu folgen oder nicht. Doch Sie haben auf diese Weise die Nähe aufgebaut, die er in seiner Unsicherheit braucht, um mit Ihnen in Kontakt zu treten. Heften Sie sich dagegen an seine Fersen und zerren ihn physisch am Arm auf Ihren Stand, wird er garantiert das Weite suchen, denn er fühlt sich zu Recht bedrängt. Das Geheimnis der Nähe liegt im Gefühl für Distanz!

Das Geheimnis der Nähe liegt im Gefühl für Distanz!

3. Technik: Räumliche Ablenkung

Die räumlichen Distanzen spielen auch bei der dritten Technik der körperlichen Steuerung eine zentrale Rolle. Immer wieder bekomme ich von Freunden, die mich zum ersten Mal auf der Bühne des Cirque du Soleil sehen, diese Rückmeldung: »Ich hatte ja keine Ahnung, dass man als Taschendieb so viel laufen muss!« In der Tat ist meine Laufleistung auf dieser riesigen Showbühne beachtlich. Die Regie will von uns Künstlern – übrigens bei jeder Art von Show –, dass wir »die Bühne füllen«, bei unseren Auftritten also möglichst viel Bühnenfläche nutzen. Zum einen wirkt eine dynamische Darbietung spektakulärer als eine relativ statische Performance. Zum anderen wird die Action so fairer auf die Zuschauer verteilt, die auf verschiedenen Seiten der Bühne sitzen.

Die Räumlichkeit der Bühne mache ich mir aber auch strategisch zunutze, um mein Opfer besser von meinen einzelnen »Zugriffen« abzulenken. Die 20 Meter breite Bühne des Cirque du Soleil bietet mir dafür ideale Voraussetzungen. Dabei nutze ich auch die enorme Wirkung der vier Scheinwerferkegel aus, die entweder mir oder dem Zuschauer folgen. Sie erzeugen durch das Spiel von Licht und Schatten zusätzliche räumliche Effekte, mit denen ich arbeiten kann.

Sogar bevor ich mit dem von mir ausgewählten Zuschauer überhaupt auf der Bühne ankomme, nutze ich die Räumlichkeit: Während wir uns den Weg durch seine Sitzreihe bahnen und andere Zuschauer für uns aufstehen müssen, bietet sich mir bereits reichlich Gelegenheit, mein Opfer abzuchecken und wertvolle Informationen zu sammeln.

Auch auf engstem Raum kann ich räumliche Bewegungen nutzen, um die Aufmerksamkeit meines Opfers zu lenken. So kann ich zum Beispiel seinen Arm nach oben reißen wie den eines Box-Champions, um den Damen im Publikum seinen Ehering zu zeigen: »Schauen Sie, dieser tolle Typ ist leider vergeben!« Während mein Opfer durch diese Aufwärtsbewegung automatisch mit nach oben schaut, kann ich ihm außerhalb seines Blickfelds die Krawatte abnehmen, ohne dass er es bemerkt. Würde er geradeaus schauen, wäre das unmöglich.

Vor einigen Jahren ging ein berührendes Bild um die Welt, bei dem sich ein Polizist nach einem schweren Verkehrsunfall derselben Methode bediente.[29] Ein kleines Mädchen hatte auf dem Rücksitz des Autos überlebt, während sein Vater am Steuer gestorben war. Der Polizist nahm das Kind auf den Arm und trug es ein Stück von der Unfallstelle weg. Auf dem Bild ist zu sehen, wie er dem Mädchen etwas auf der grünen Wiese neben der Straße zeigt, um es auf andere Gedanken zu bringen – in der entgegengesetzten Richtung des Autowracks. In dieser Extremsituation war die Macht der positiven Manipulation unfassbar groß und unschätzbar wertvoll: Die Ablenkung war nicht weniger als eine Gnade.

Mithilfe der räumlichen Ablenkung können auch Sie sich neue Möglichkeitsräume erschließen. So können Sie den Weg zum Meetingraum gemeinsam mit dem Chef nutzen, um eine wichtige Botschaft zu platzieren, für die in der Besprechung keine Gelegenheit ist. Bei Präsentationen können Sie eine viel größere Wirkung erzielen, wenn Sie die räumlichen Gegebenheiten zu Ihrem Vorteil einsetzen, anstatt steif auf der Stelle zu stehen. Wenn Sie von einer Unsicherheit bei einem Vortrag, von einem wenig eleganten Zwischenschritt bei einer Produktdemonstration oder von einem unvorteilhaften Anblick im Kundenmeeting ablenken wollen, können Sie die Aufmerksamkeit durch räumliche Bewegungen gezielt steuern.

Mentale Steuerung: Psychische Techniken der positiven Manipulation

1. Technik: Verbindlichkeit durch Augenkontakt
Der Sprachanteil meiner künstlerischen Darbietung ist in der Wahrnehmung der Zuschauer vor allem auf Unterhaltung angelegt. In Wahrheit erfüllt er für mich allerdings noch einen

anderen Zweck: Der Rhythmus der Worte und Sätze mit Augenkontakt gibt mir die Oberhand in der Situation. Jede Äußerung, die ich auf der Bühne fallen lasse, ist genau durchdacht und genau getimt: was ich sage, wann ich es sage, wie schnell oder langsam ich es sage, mit welchem Ausdruck und welcher Betonung.

Das wichtigste Werkzeug, um meinen Showpartner aus dem Publikum in der direkten Interaktion zu steuern, ist jedoch ein nonverbales: der Augenkontakt. Was einfach klingt, stellt eine Herausforderung dar, die ich mir selbst nicht hätte ausmalen können: Es ist ungeheuer schwierig, einem Menschen zehn Minuten lang kontinuierlich in die Augen zu schauen. Mit dieser Fähigkeit sind wir nicht geboren, und je nach Kulturkreis ist es auch nicht immer erwünscht. Beobachten Sie sich einmal selbst, besonders in anspruchsvolleren Gesprächssituationen: Wir brechen permanent unwillkürlich den Kontakt, lassen den Blick wandern, schauen zu Boden. Anfangs musste ich das regelrecht trainieren. Doch es ist nötig: Ich brauche diesen permanenten Kontakt, damit ich meinen Zuschauer auf der Bühne effektiv führen kann.

Von dieser mentalen Brücke zwischen Absender und Empfänger können Sie bei jeder Begegnung Gebrauch machen. Ob es im Verkaufsgespräch, in einer Verhandlung, bei einer Beziehungsdiskussion mit Ihrer Lebensgefährtin oder bei einem kritischen Feedback ist: Der Augenkontakt sorgt einerseits dafür, dass Sie die Reaktionen Ihres Gegenübers besser erkennen, abfangen und beeinflussen können. Zum anderen vermittelt er Ihrem Gesprächspartner, dass Sie ihm Ihre ganze Aufmerksamkeit schenken. Er erkennt daran, dass Sie die Verantwortung für Ihre Worte übernehmen und ihm den nötigen Respekt entgegenbringen. Das erhöht die Wahrscheinlichkeit, dass das Gespräch erfolgreich sein wird, ganz enorm.

2. Technik: Please without a question
Was passiert in Deutschland, wenn Sie aus einer Gruppe von Menschen einen Freiwilligen suchen? Alle müssen plötzlich dringend Ihre E-Mails auf dem Smartphone checken oder ihre Schnürsenkel neu binden. Alles, nur nicht mitmachen! Man könnte sich ja vor versammelter Mannschaft blamieren. Und das gilt nicht nur, wenn man in den Saal hinein fragt. Auch wenn ich eine konkrete Person anspreche: »Möchtest du mit mir auf die Bühne kommen?«, ernte ich mit ziemlich hoher Wahrscheinlichkeit ein vehementes Nein.

Für mich ist dieses kulturelle Phänomen doppelt problematisch. Denn ich brauche nicht irgendeinen Freiwilligen, sondern genau meinen Freiwilligen. Um meinen Job optimal machen zu können, bin ich auf die Einwilligung des einen Zuschauers angewiesen, den ich schon vor der Show ausgewählt habe. Wenn es unter 3000 Menschen im Cirque du Soleil nur einen Krawattenträger gibt, dann muss ich unbedingt diese eine Person zur Teilnahme bewegen. Würde ich mich darauf verlassen, dass ausgerechnet er die Ausnahme von der Regel ist und begeistert Ja sagt, hätte ich wahrscheinlich eine schockierende Drop-out-Rate. In den USA habe ich regelmäßig das umgekehrte Problem: Dort springen viele Leute auf und wollen ausgewählt werden. Angesichts meiner Vorauswahl nützt mir das nur leider nicht ...

Wie bekomme ich also den einen Zuschauer dazu, mir auf die Bühne zu folgen? Wie gewinne ich Menschen für meine Mission? Das ist eine Frage, die garantiert auch für Sie relevant ist. Für fast alles, was wir im Leben anpacken, brauchen wir die Kooperation anderer Menschen – im Job von Kunden und Kollegen, im Familienleben von Partner und Kindern, bei privaten Engagements oft sogar von Wildfremden. Für diese Herausforderung habe ich eine Technik entwickelt, die mich mit nahezu hundertprozentiger Erfolgsquote ans Ziel führt. Ich nenne sie: *please without a question* – eine Bitte, die keine Antwort benötigt.

Die Methode ist eigentlich sehr simpel, macht aber einen riesigen Unterschied. Alles, was es braucht, ist eine minimal anders formulierte Bitte. Statt zu fragen, »Möchtest du aufstehen und mit mir auf die Bühne kommen?«, sage ich zu dem Auserwählten: »Bitte einfach mal eben kurz aufstehen!« Diese Formulierung hat sich nach einer langen Testphase mit vielen Variablen als die effektivste erwiesen. Anfangs war ich selbst verblüfft, wie stark sich die Erfolgsquote zwischen einer Frage mit Antwortmöglichkeit und einer Bitte ohne Antwortoptionen unterscheidet.

In Kombination mit meiner über die Jahre erworbenen Menschenkenntnis bei der Vorauswahl meines Opfers funktioniert diese Methode inzwischen praktisch garantiert. Probieren Sie »please without a question« einmal aus, wenn Sie das nächste Mal auf die Kooperation eines anderen angewiesen sind. Sie werden verblüfft sein! Charme ist die Kunst, ein Ja als Antwort zu bekommen, ohne danach gefragt zu haben.

Charme ist die Kunst, ein Ja als Antwort zu bekommen, ohne danach gefragt zu haben.

3. Technik: Das Statusspiel

Die dritte mentale Steuerungstechnik ist deutlich komplexer und individueller. Doch auch hier können Sie mit Ihrer vorhandenen Menschenkenntnis und Ihrem Gespür fast immer erfolgreich Einfluss auf den Ausgang der Situation nehmen.

Ziel bei dieser Technik ist es, das Gesprächsklima zu steuern – und zwar am besten auf humorvolle Weise. So können Sie mit minimalem Aufwand und sofortiger Wirkung die Beziehungsebene aufwerten. Dadurch steigt das Vertrauen Ihres Gegenübers in Sie, und er wird eher geneigt sein, Ihrer Führung und Initiative zu folgen.

Die Methode ist auf jede Interaktion im Alltag anwendbar, in der Sie eine belastbare Verbindung herstellen wollen. Auch die grundsätzliche Vorgehensweise ist immer dieselbe. Nur in der Ausführung kommt es auf Ihr Gespür für Menschen an. Meines stammt aus über 20 Bühnenjahren, Ihres beruht auf Ihrer Lebens- und Berufserfahrung in Ihrem konkreten Umfeld. Setzen Sie Ihre gewachsene Intuition bewusst ein und vertrauen Sie ihr – mehr braucht es im Alltag oft gar nicht. Eines allerdings mag für den einen oder anderen ungewohnt sein: Sie brauchen für diese Methode die Bereitschaft, bei Bedarf auch mal Ihr Ego zu parken.

Bereits bei der gezielten Auswahl meines Kandidaten mache ich mir ein möglichst genaues Bild davon, wen ich da vor mir habe. Azubi oder CEO? Aufs Äußere bedacht oder eher *casual*? Distanziert im Verhalten oder eher ausgelassen und kumpelhaft? Je nachdem, wie ich mein Gegenüber einschätze, passe ich mein Auftreten seinem Status an. Einem arrivierten älteren Herrn im Anzug werde ich zum Beispiel tendenziell seinen Hochstatus lassen. So habe ich eher eine Chance auf seine Kooperation, als wenn ich ihm meine Führungsrolle auf der Bühne durch Dominanzverhalten aufdränge. Wenn es der Show dient, habe ich kein Problem damit, mich körperlich und rhetorisch ganz klein zu machen. Da bin ich in meiner Haltung komplett ergebnisorientiert: Status ist auf der Bühne nur ein Gestaltungsmittel. Das Vorurteil, wir Künstler würden auf der Bühne nur unser Ego austoben, können Sie also getrost vergessen ...

So ein richtiges Alphatier lasse ich auf dem Weg zur Bühne schon mal vorab mit einem Applaus feiern, um ihm den gebührenden Respekt zu erweisen. Mancher Zuschauer befürchtet auch, dass ich ihn vor versammelter Mannschaft der Lächerlichkeit preisgeben könnte. Das ist natürlich Gift für die Kooperationsbereitschaft, weshalb ich ihm diese Sorge schnellstmöglich nehme. Nur wenn mein Bühnenpartner sich wohlfühlt, werden wir gemeinsam eine gute Show abliefern.

Aus der Perspektive des Publikums spiele ich das Statusspiel offen und mit viel Humor: Bei einem besonders großen, korpulenten Herrn mache ich mich extra klein, tauche spielerisch unter der Achselhöhle durch und schaue eingeschüchtert von unten zu ihm hoch. Das bringt das Publikum zum Lachen: Wie soll er diesen dominanten Kerl beklauen? Meinem Opfer wiederum hebt es die Laune, seinen Status bestätigt zu bekommen – oder vielleicht auch mal ganz unerwartet in den Hochstatus zu rutschen. Andere ordnen sich in der gefühlten Hierarchie eher niedrig ein – etwa ein Lehrling im ersten Jahr bei einer Firmenveranstaltung. In diesem Fall kann es für ihn und die Zuschauer sehr unterhaltsam sein, wenn ich die Statussituation einfach umdrehe und den Jungen zum Star auf der Bühne mache. Ein besonders schüchterner Kandidat wiederum wird mir in der Regel dankbar sein, wenn ich ihn mit klaren Ansagen durch die Situation führe.

Das Statusspiel ist auch in Ihrem Umfeld relevant. Wir alle ordnen uns im Kontakt mit anderen automatisch in eine Hierarchie ein. Ob diese Hierarchie real und die Selbsteinschätzung zutreffend ist oder nicht, spielt dabei eher eine untergeordnete Rolle. Wichtig ist, dass Sie sich bewusst sind: Status bedarf immer mindestens zweier Menschen. Er entsteht erst, wenn Menschen

Sich in andere hineinzuversetzen, kann Berge versetzen!

sich zueinander in Relation setzen. Wenn Sie sich dieser empfundenen Differenz bewusst sind und dem Wohlfühlstatus des anderen mit Ihrem Verhalten entgegenkommen, werden Sie mit größerer Wahrscheinlichkeit Ihre Ziele erreichen – und zwar so, dass beide Seiten mit dem Ergebnis zufrieden sind. Den eigenen Status nicht bierernst zu nehmen, ist ein großer Sympathiefaktor. Sich in andere hineinzuversetzen, kann Berge versetzen!

Ein Schutzschild gegen negative Manipulation

Einen kleinen Vorteil muss ich als Showkünstler natürlich eingestehen: Die Anwendung all dieser Techniken wird mir durch die »Umweltbedingungen« auf der Bühne erleichtert. Der Zuschauer ist von der ungewohnten Situation überwältigt und von allen möglichen äußeren Faktoren abgelenkt. Das Scheinwerferlicht ist heiß und blendet, das Herz klopft, die Perspektive ist ungewohnt, alle Augen sind auf ihn gerichtet. Da bin ich als Bühnenroutinier mit einem genauen Plan natürlich im Vorteil.

Diese Hintergrundinformation ist für Ihre alltägliche Anwendung von positiver Manipulation vielleicht irrelevant. Sie kann Ihnen allerdings dabei helfen, sich selbst vor negativer Manipulation zu schützen. Wir Menschen haben »Schwächezonen«, in denen wir anfälliger für Manipulation sind. Diese können Manipulatoren mit unlauteren Absichten ausnutzen, um sich an Ihrem natürlichen Schutzinstinkt vorbeizustehlen. Doch wenn Sie gewarnt sind, sind Sie gewappnet!

Vorsicht ist immer dann geboten, wenn Sie ...
- schnell denken müssen (hektische Abläufe von Schritten oder Fragen)

- mit der Situation überfordert sind (ungewohnte Ereignisse oder Perspektiven)
- reizüberflutet sind (Scheinwerfer, Hintergrundgeräusche)
- in Abhängigkeiten gefangen sind (hierarchische Verhältnisse im Unternehmen)
- Defizite involviert sind (Wissenslücken oder persönliche Schwächen)
- einem Mangel an Reflexion unterliegen (keine Gelegenheit, über Konsequenzen nachzudenken)
- unter Zeitdruck stehen (Deadline naht, schnelle Entscheidungen erforderlich)
- uns in übersteigerten Emotionszuständen befinden (Angst, Wut, Liebe)
- körperlich und/oder mental beeinträchtigt sind (wegen Müdigkeit, Krankheit oder Rauschzuständen)

Im Alltag ist es natürlich nicht in Ordnung, diese Schwächezonen auszunutzen. Ich darf das als Künstler nur, weil ich meinen »Opfern« mit meiner Vorgehensweise nicht schade. Außerdem stelle ich vorab einen Konsens her, indem ich klar ankündige, dass ich klauen werde.

Setzen Sie die Techniken der positiven Manipulation, die ich Ihnen in diesem Kapitel vermittelt habe, verantwortungsvoll ein, um Ihre Ziele zu erreichen. Schützen Sie sich gleichzeitig vor der negativen Manipulation von Akteuren, die es weniger ehrlich mit ihren Mitmenschen meinen. Mit dem Wissen, das Sie nun haben, können Sie sich zum einen von der allgegenwärtigen Angst vor Manipulation befreien, die unser Leben in diesen komplizierten Zeiten doppelt anstrengend machen kann. Zum anderen können Sie auf diese Weise souveräner Ihren Weg gehen, weil Sie das Geschehen in Ihrem Alltag besser steuern können. Zudem sind Sie in der Lage, andere auf dem Weg zu gemeinsamen Zielen konsequenter zu führen. Der wunderbare Nebeneffekt von positiver Manipulation ist, dass Sie dabei beiderseitiges Vertrauen aufbauen, da Sie immer auf den gegenseitigen Vorteil bedacht sind.

Die Überlegenheit des positiven Manipulators beruht auf Gegenseitigkeit. Nutzen Sie sie weise!

Kapitel 6
Backstage im Kopf
Wo die Quelle der Souveränität liegt

>»Andere beherrschen erfordert Kraft.
> Sich selbst beherrschen fordert Stärke.«
> Laotse

Aus dem Bett auf die Bühne seines Lebens

Jeder Künstler kann einen oder mehrere Momente benennen, die seine Karriere bestimmt haben. Bei manchen braucht es den autobiografischen Blick, um diesen Moment im Nachhinein zu rekonstruieren – manche Karrieren verlaufen erratischer als andere. Doch die meisten erfolgreichen Künstler, insbesondere in den Bühnenkünsten, werden auf die Frage nach ihrem entscheidenden Moment hin keine Sekunde mit der Antwort zögern: Sie wissen ganz genau, wann ihr Stern aufgegangen ist. Denn sie erinnern sich minutiös daran, welche Achterbahn der Gefühle sie an diesem Tag durchlebt haben – zwischen der Euphorie über die unglaubliche Chance und der angespannten Hoffnung, im entscheidenden Moment ihre beste Performance abzuliefern.

Der Komponist, Dirigent und Pianist Leonard Bernstein ist einer der berühmtesten Musiker und eine der prominentesten Künstlerpersönlichkeiten des 20. Jahrhunderts. Sein Name wird weltweit in einem Atemzug mit dem Broadway genannt. Viele seiner Musicals, allen voran *West Side Story*, haben die amerikanische Musikgeschichte geprägt. Bernsteins Werdegang ist umso bemerkenswerter, wenn man bedenkt, wann seine Karriere begann. Er erlebte seinen prägenden Moment in New York City, während in Europa der Zweite Weltkrieg tobte – zu einer Zeit, als die moderne Welt in ihrer tiefsten Krise steckte und inspirierende Erfolgsgeschichten dringend nötig hatte.

Am Abend des 13. November 1943 hatte Bernstein einen Auftritt auf der bekannten Off-Broadway-Bühne The Townhall, unweit des Times Square in Manhattan gelegen. Zur Aufführung kam an diesem Abend eine Handvoll eigener Stücke, darunter das berühmte *I hate music*. Ihm zufolge hatte er es geschrieben, weil seine Nachbarin genau diesen Satz jedes Mal ausrief, wann immer er sich in seinem Apartment ans Klavier setzte, um zu komponieren.[30]

Für den jungen Musiker war schon dieser Auftritt in diesem Veranstaltungsort eine große Sache. Seine Familie war extra aus Boston angereist. Das Publikum feierte ihn mit großem Applaus. Doch Bernsteins Vater, der es als Kosmetikunternehmer zu einem gewissen Erfolg gebracht hatte, zeigte sich wenig beeindruckt. »Ist ja großartig, dass so viele Menschen dir applaudieren. Aber kannst du deine Rechnungen bezahlen?«, soll er seinen Sohn anschließend gefragt haben. Enttäuscht schlug sich Bernstein die Nacht an der Bar um die Ohren. Erst um vier Uhr morgens kehrte er in seine Wohnung zurück, um seinen Rausch auszuschlafen.

Doch dazu bekam er kaum Gelegenheit. Um 9 Uhr klingelte sein »gottverdammtes Telefon«, wie Bernstein später berichtete. Am anderen Ende meldete sich kein Geringerer als Bruno Cirato, seines Zeichens Manager des New York Philharmonic Orchestra. Bei diesem Orchester war der junge Bernstein aufgrund seiner herausragenden Fähigkeiten nämlich als Dirigent angeheuert worden – auf dem Papier, jedenfalls. Eine Chance, sich zu beweisen, hatte er jedoch noch nicht bekommen; er war nur eine Ersatzbesetzung. Kein einziges Mal hatte er bis dahin am Pult gestanden.

»Wach auf, es ist so weit!«, soll der Manager zu ihm gesagt haben. »Unser Gastdirigent Bruno Walter ist krank geworden!« Zudem war der Stammdirigent des Orchesters wie vom Erdboden verschluckt, wie der Manager mit seinem italienischen Akzent aufgeregt berichtete. »Du musst um 15 Uhr dirigieren. Und Bernstein, denk daran: Die Aufführung wird live im ganzen Land übertragen. Allora, raus aus dem Bett mit dir! Ciao!«[31]

Selbst in seinem derangierten Zustand ließ Bernstein sich das nicht zweimal sagen. Er wusste: So etwas war in der Geschichte der New Yorker Philharmoniker noch nie vorgekommen. Eine solche Chance bekam man kein zweites Mal! Er sprang aus dem Bett, beschäftigte sich kurz mit dem musikalischen Programm des Konzerts und raste zum Hotel von Bruno Walter, dessen Aufgaben er nur wenige Stunden später würde übernehmen müssen. Der war zwar jämmerlich krank, doch er empfing den jungen Kollegen. Gemeinsam gingen sie jeden Takt der Aufführung durch – für eine Orchesterprobe unter Bernsteins Leitung war schlicht keine Zeit mehr.

Als er schließlich die Carnegie Hall erreichte, hörte er bereits, wie Bruno Cirato auf der Bühne die Nachricht über den Ausfall des berühmten Gastdirigenten verkündete. 3000 Zuschauer raunten ihre Enttäuschung in den Saal. Spätestens an diesem Punkt muss dem jungen Künstler das Herz in die Hose gerutscht sein. In die Hose eines grauen Businessanzugs, wohlgemerkt – einen formellen Frack, wie er für diesen Anlass üblich gewesen wäre, besaß Bernstein nicht.[32]

Doch dann war es so weit: Der 25-jährige Nachwuchsdirigent, am Vorabend noch von seinem eigenen Vater infrage gestellt, stand auf der wichtigsten Konzertbühne der Welt und dirigierte das berühmteste Orchester des Planeten. Die Aufführung wurde ein durchschlagender Erfolg. Die *New York Times* berichtete auf ihrer Titelseite von der Sensation – ein Lichtblick für die strapazierten Nerven der Bürger in dieser dunklen Zeit.[33] Sogar international schlug die Nachricht Wellen. Das Einwandererkind wurde von einem Tag auf den nächsten ein Superstar, während in Europa die Nazis die Kultur seiner Vorfahren in Schutt und Asche zu legen versuchten.

Führen wir uns vor Augen, was dieser eine Moment bedeutete: Damals gab es kein Internet, keine Social Media und kein Internet-Streaming. Die Stars der Zeit gab es nur auf den großen Bühnen zu sehen und höchstens noch im Radio zu hören. Erfolgsgeschichten wurden auf bedrucktem Papier geschrieben – oder gar nicht. Wer es als Künstler damals nicht auf die ganz große Bühne schaffte, blieb im Verborgenen, im Zweifel für immer. Doch Leonard Bernstein hatte seine Chance genutzt.

Nach Einschätzung vieler Experten war der Auftritt nicht nur der Startschuss für seinen eigenen kometenhaften Aufstieg. Er veränderte auch die Geschichte der amerikanischen Musik. Dieses Verdienst wird Bernstein heute zugeschrieben. Und es brauchte diesen einen Moment, in dem es um alles oder nichts ging, um den Stein ins Rollen zu bringen.

Es gibt kein besseres Beispiel dafür, was »the show must go on« bedeutet. Wir alle, auch Sie, sind Teil einer größeren Show – in Ihrem Unternehmen, in Ihrem Berufszweig, auf Ihrem Fachgebiet oder in Ihrem sozialen Umfeld. Jedem von uns wird irgendwann ein Moment geboten, in dem er die Show verändern kann. Oft sind es sogar mehrere.

Jedem von uns wird irgendwann ein Moment geboten, in dem er die Show verändern kann.

Diese Momente, das ist mir wichtig zu betonen, bekommen wir nicht etwa geschenkt. Wir erreichen diesen Punkt und erhalten diese Chance, weil wir hart dafür gearbeitet und unser gesamtes Tun darauf fokussiert haben. Doch wenn es so weit ist, stehen wir vor einer doppelten Herausforderung. Und die kommt, wie auch bei Leonard Bernstein, immer unerwartet: Zuerst müssen wir den Moment erkennen. Dann müssen wir verstehen, was er bedeutet, und erahnen, was wir damit anstellen können. Und dann müssen wir liefern – ohne Wenn und Aber.

So inspirierend die Geschichte von Bernsteins Auftritt ist, sie macht uns auch demütig. Wie können Sie im entscheidenden Moment, bei hundert Prozent Risiko, den Auftritt Ihres Lebens hinlegen? Wie halten Künstler diesem Druck stand und liefern auf Knopfdruck ihre beste Performance, wenn es zählt wie noch nie? Woher nehmen wir die mentale Stärke für so viel Selbstwirksamkeit? Wie erhalten wir sie im Alltag aufrecht, damit wir immer bereit sind?

Um Ihnen das zu zeigen, erzähle ich Ihnen die Geschichte eines Moments, in dem es für mich selbst um ganz viel ging. Ich nenne ihn meinen Moment der Wahrheit.

Jürgen oder: Wie ich einen der reichsten Männer der Welt abzockte

Als ich zum ersten Mal mit dem Cirque du Soleil auf Nordamerika-Tour war, gehörte Seattle, die größte Stadt des Nordwestens, zu unseren Stationen. In der Nähe stand die Firmenzentrale eines weltbekannten IT-Konzerns. Die Abendshow war VIP-Partnern und dem höheren Management vorbehalten – einschließlich des damaligen CEOs. Er war weit über seine Branche hinaus bekannt, ein berühmter, einfluss- und überhaupt reicher Mann.

Erst beim Showcall 20 Minuten vor Beginn wurde ich von unserem künstlerischen Direktor Adam informiert: »Christian, ich habe eine wichtige Nachricht für dich. *Er* ist im Zelt.« An dieser Stelle legte er eine rhetorische Pause ein, bevor er weitersprach, und sah mir tief in die Augen: »Und er ist heute Abend dein Freiwilliger.« Wie ich erfuhr, waren bereits alle eingeweiht: das Management, die Security des Unternehmens und unser gesamtes Organisationsteam. Nur einer hatte keinen blassen Schimmer, was ihm bevorstand: mein Opfer selbst.

Zu diesem Zeitpunkt hatte ich meine Darbietung bereits Tausende Male aufgeführt. Doch noch nie hatte ich einen derart prominenten Zuschauer auf meiner Bühne gehabt. Mit diesem Mann im Scheinwerferlicht zu stehen, hätte dem erfahrensten Entertainer Respekt abgerungen. Die verbliebenen Minuten bis zur Show kam ich nicht mehr von der Toilette runter. Mit einer Blamage bei diesem Auftritt hätte ich mich nicht nur vor dem berühmten Mann, der halben Businesselite der USA und potenziell anwesenden Medienvertretern blamiert, sondern auch vor meinen Kollegen und Vorgesetzten beim Cirque du Soleil: Ein Haupt-Act, der einen so prominenten Auftritt verbockt, wäre auf dieser Bühne deplatziert.

Auf eine wildfremde Person zuzugehen, braucht bereits Überwindung. Sie zu einer Mitmachnummer auf einer großen Showbühne zu motivieren, ist erst recht schwierig genug. Aber einen der bekanntesten, intelligentesten und mächtigsten Menschen der Welt nicht nur auf die Bühne zu bekommen, sondern erfolgreich auszurauben, ist eine noch größere Herausforderung. Irgendwoher musste ich die nötige Souveränität nehmen. Denn die kann auch ich nicht stehlen ...

Und dann war es auch schon so weit: Statt wie üblich zu einem vorab ausgewählten »Freiwilligen« irgendwo im Saal machte ich mich auf den Weg zum Sitzplatz des CEO in der ersten Reihe. »Ich suche nach jemandem, der wirklich smart ist«, sage ich an dieser Stelle meiner Nummer oft, um meinem nichts ahnenden Opfer von vornherein ein gutes Gefühl zu geben. Ein Satz wie für diese Gelegenheit geschrieben.

»Wie wäre es mit Ihnen, Sir? Bitte einfach mal kurz aufstehen«, richtete ich meine Bitte ohne Antwortoption an den berühmten Zuschauer. Spätestens jetzt konnte ich mich davon überzeugen, dass er wirklich nicht vorgewarnt worden war: Der große Boss reagierte zwar entspannt, doch er war auch sichtlich überrascht.

Der Unternehmer entpuppte sich als dankbares Überfallopfer und äußerst sympathischer, zugänglicher Mensch. Nicht zuletzt dank der phänomenalen Stimmung im Zelt verlief der Auftritt grandios. Zwar war die Ausbeute aus seinen Taschen eher übersichtlich: Eine Uhr, ein kleines Kreditkartenetui und immerhin ein Gürtel waren so ziemlich alles, was es bei ihm zu holen gab – keine Krawatte. Dafür war er für jeden Spaß zu haben – nach dem Auftritt bedankte er sich sogar mit warmen Worten für das Vergnügen.

Die größte Freude bestand für mich allerdings nicht darin, dass dieser außergewöhnliche Mann seine Sache auf der Bühne völlig souverän machte. Die größeren Sorgen hatte ich mir nämlich um mich selbst gemacht. Die nötigen Fähigkeiten zu haben, ist das eine. Sie im entscheidenden Moment ohne Rücksicht auf die Umstände abrufen zu können, ist das andere. Irgendwie hatte ich das innere Status-Monster bezwingen müssen, das mich so nervös gemacht hatte. Das Geheimnis dahinter und hinter jeder anderen besonderen Herausforderung ist Selbstwirksamkeit: Der unerschütterliche Glaube an die eigenen Fähigkeiten und die Überzeugung, jederzeit sein Bestes geben zu können – komme, was da wolle. Seit vielen Jahren hatte ich diese Fähigkeit trainiert. Wie sich an diesem Abend herausstellte: erfolgreich.

Wie war mir das gelungen? Wie versetze ich mich in die Lage, abliefern zu können, wenn es wirklich zählt? Die Antwort lautet: Jürgen.

Als ich zu Beginn meiner Karriere als Showkünstler begann, mir die Grundlagen des Taschendiebstahls beizubringen, tat ich das auf dieselbe Weise wie die echten Taschendiebe. In meinem Zimmer stand eine Schaufensterpuppe mit einer Weste, an deren Taschen Glöckchen hingen. Ich übte so lange, bis ich Handys, Brieftaschen und Streichhölzer aus diesen Taschen ziehen konnte, ohne dass die Glöckchen klingelten. Nach einigen Monaten, auch wenn sie sich wie Jahre anfühlten, beherrschte ich das. Nun war es Zeit für die nächste Herausforderung: Klauen am lebenden Subjekt. Doch ich konnte ja schlecht auf die Straße gehen und probehalber wildfremde Menschen ausrauben.

Hier kam Jürgen ins Spiel: mein Vater. »Übe an mir!«, bot er mir großzügig an. Und das tat ich: In Hunderten von Trainingsstunden trainierte ich an ihm das Klauen von Krawatte, Uhr, Gürtel und Handy. Durch das intensive Training prägte sich mir das mentale Bild meines Vaters ein: Jürgen wurde zu meinem Verbündeten. Hunderte Male mein bereitwilliger, gutmütiger, ermutigender Partner, gibt sein Bild in meinem Kopf mir bis heute Mut und Sicherheit. Wann immer ich mentale Unterstützung vor einer besonderen Herausforderung nötig habe, nimmt es mir die innere Anspannung.

Als ich auf der Bühne von Seattle in die Taschen des Amerikaners griff, sah ich nicht dessen Promi-Gesicht, Status oder Macht – sondern Jürgen.

Seither habe ich vielen Prominenten die Taschen leer geräumt.

Womit auch immer ich auf der Bühne konfrontiert werde: Das mentale Bild von Jürgen ist stärker. Es verleiht mir eine Selbstwirksamkeit, die zu meinen größten mentalen Stärken als Bühnenkünstler zählt.

Jeder Mensch auf der Suche nach mehr Souveränität braucht einen Jürgen. Mentale Bilder ermöglichen uns das »Priming« auf ein bestimmtes Ziel auch in schwierigem Fahrwasser. Sie bieten uns einen emotionalen Anker, der zum Beispiel ein Statusgefälle oder andere mentale Hürden ausgleichen kann. Selbst wenn ich eine Berühmtheit vor mir habe, ermöglicht mir diese Technik, den Menschen auf Augenhöhe zu sehen. Wenn Sie Ihren Vorgesetzten zum ersten Mal zu sich nach Hause zum Essen einladen, oder wenn Sie den CEO Ihrer Firma zweisprachig durch den neuen Gebäudekomplex führen müssen, ersparen Sie sich die schlaflosen Nächte vorab. Sehen Sie nicht Status, Titel, Position in der Hierarchie, gesellschaftlichen Rang oder Berühmtheit. Sehen Sie Ihren Jürgen! Für mich ist Jürgen zu einem Universaljoker für alle möglichen Situationen geworden. Auch wenn mein Opfer nicht prominent, aber aus anderen Gründen schwer zu handeln ist, hilft mir das mentale Bild durch die Situation.

Wer kann Ihr Jürgen sein? Dafür gibt es eine ganze Reihe von Möglichkeiten. Manche Menschen ziehen große Kraft aus der Erinnerung an einen Trainer, Lehrer, Dozenten oder Mentor. Andere finden Ihren emotionalen Beistand in einem langjährigen Freund, Wegbegleiter oder Familienmitglied. Natürlich kann auch ein Kollege oder ein Vorgesetzter bei Ihnen einen bleibenden Eindruck hinterlassen haben. Ihr Jürgen ist jemand, dessen Einfluss Sie als prägend für Ihre Entwicklung betrachten. Die oder der Betreffende hat immer an Sie geglaubt und Sie bestärkt. Allein der Gedanke an diesen Menschen sorgt dafür, dass Sie sich stark, sicher, zuversichtlich, also souverän fühlen. Diese Person ist Ihr Komplize, Ihr Verbündeter, Ihr *partner in crime*, der Sie durch jede Situation und durch dick und dünn begleitet.

Finden Sie heraus, wer Ihr Jürgen ist, und Sie werden nie allein auf den Bühnen Ihres Lebens stehen.

Das Geschenk der Selbstwirksamkeit gibt es nicht geschenkt

Haben Sie Ihren Jürgen gefunden? Dann denken Sie jetzt einmal intensiv an sie oder ihn. Spüren Sie tief in sich hinein und halten Sie dieses Gefühl fest: Mit dieser Person an meiner Seite kann mir nichts passieren.

Das, was Sie jetzt fühlen, ist ein Ausblick auf mentale Stärke. Wenn Sie dieses Gefühl in jede Herausforderung, die Ihnen begegnet, mitnehmen können, werden Sie Ihren Alltag ganz neu erleben – denn plötzlich ist nichts mehr unmöglich. Jeder von uns sieht zu Menschen auf, die genau diese Kraft ausstrahlen: Was auch immer sie anpacken, scheint ihnen auf magische Weise zu gelingen. Die gute Nachricht zuerst: Das werden die Menschen in Ihrem Umfeld schon bald auch über Sie sagen, wenn Sie an Ihrer Selbstwirksamkeit arbeiten. Mentale Stärke wirkt so anziehend auf andere, dass schon die Entschlossenheit Ihre Ausstrahlung verändern wird.

Selbstwirksamkeit ist so omnipotent, dass sie jede Anstrengung wert ist. Sie umfasst alle Eigenschaften, die wir an »starken Persönlichkeiten« bewundern: Eigenverantwortung statt Ausreden; die Fähigkeit zur emotionalen Selbststeuerung; Resilienz gegen Fremdeinwirkung, Druck und Stress; Willensstärke auch gegen Widerstände; Durchhaltevermögen trotz Rückschläge; Zielfokussierung auch in komplexen Situationen; hohe Frustrationstoleranz; Fähigkeit, die eigene Energie in gewünschte Bahnen zu lenken; Eigenmotivation; Leichtigkeit in der Umsetzung; Fähigkeit, das Selbstvertrauen aus sich selbst heraus steigern zu können; psychische Gesundheit und emotionale Stabilität; Persönlichkeitsstärke und Charaktertreue.

Mental starke Menschen gehen mit einer beneidenswerten Souveränität durchs Leben. Wo andere Menschen zögern oder kapitulieren, krempeln sie die Ärmel hoch und legen noch einen Zahn zu.

Wenn das Schicksal anklopft, sind Sie schon da!

Mentale Stärke ist ein Schlüsselfaktor für persönlichen Erfolg, denn kein Ziel ist vor ihr sicher. Auch ohne hochtrabende Ambitionen verbessert sie die Lebensqualität ungemein, denn sie hilft Ihnen, auch noch die banalste Alltagshürde besser zu meistern. Und wenn das Schicksal anklopft, sind Sie schon da!

Kurz: Selbstwirksamkeit ist das, was Sie brauchen, um Ihr Leben in die eigenen Hände zu nehmen. Natürlich nur, wenn Sie dazu bereit sind ...

Die fünf Quellen der Selbstwirksamkeit

Attribute, die wir besonders erfolgreichen Menschen zuschreiben, gehen auf mentale Stärke zurück. Sie schöpfen sie aus Quellen, die wir im Alltag anzapfen können. Die Voraussetzung dafür ist allerdings, dass wir uns ihrer überhaupt bewusst sind und gezielt darauf zugreifen.

Ich selbst beziehe meine mentale Stärke auf der Bühne und im Alltag aus fünf Kraftquellen. Da ihre Wirksamkeit wissenschaftlich belegt ist, habe ich sie mit vielen erfolgreichen Menschen auch außerhalb der Kunst gemeinsam. Sie sind nicht nur universell anwendbar, sondern auch praktisch unerschöpflich: All diese Quellen sprudeln auch in der ödesten Wüste, wenn wir nur tief genug graben.

1. Vorstellungskraft

Einen konkreten Anwendungsfall dieser Kraftquelle haben Sie bereits in Aktion erlebt: Wenn ich neben einem besonders Respekt einflößenden oder besonders schwierigen Zuschauer auf der Bühne stehe und einen Energieschub brauche, nutze ich meine Vorstellungskraft, um Jürgen an seiner Stelle zu sehen.

In der Wissenschaft entspricht diese Technik einer Form von »Priming«, auch »Bahnung« genannt. So nennen Psychologen den Vorgang, wenn ich die Verarbeitung eines kognitiven Reizes beeinflusse. Größtenteils läuft dieser Prozess unbewusst ab, wenn ein Reiz vorhandene Gedächtnisinhalte aktiviert. Dazu muss vorher eine Verknüpfung zwischen dem Reiz und diesen Erinnerungen stattgefunden haben, was in der Regel unbewusst geschieht – es ist einfach Teil unserer mentalen Prägung. Ein solcher Reiz kann alles Mögliche sein: ein Wort, ein Bild, ein Geruch, eine Geste und vieles mehr. Durch die Verknüpfung kommt im Gehirn automatisch ein bestimmtes Interpretationsmuster in Gang. Es bestimmt in hohem Maße darüber, wie wir auf diesen konkreten Reiz reagieren werden. Wenn Sie im Büro Ihres Chefs zwanzigmal auf demselben Stuhl sitzend auf dieselbe Weise runtergeputzt wurden, verhalten Sie sich beim nächsten Mal schon defensiv, wenn Sie nur dort Platz nehmen – egal, was Ihr Chef dieses Mal mit Ihnen vorhat. Die Prägung beeinflusst unseren Gemütszustand und unser Verhalten in den entsprechenden Situationen automatisch. Die Psychologie spricht hierbei von der »Aktivierungsausbreitung von Assoziationen«.

Der Trick liegt darin, diesen meist unbewussten Prozess in einen bewussten zu verwandeln. Das Ziel ist, die Verknüpfung zwischen dem Reiz und bestimmten Erinnerungen kontrolliert herzustellen. Genau das habe ich getan, als ich in Hunderten Trainingsstunden meine Bühnenroutine an Jürgen geübt habe: Durch die anhaltende, intensive Wiederholung hat sich sein mentales Bild mit dem physischen Vorgang meiner Darbietung und allen damit verbundenen Reizen verknüpft. Deshalb ist es mir heute möglich, durch meine Vorstellungskraft auf der Bühne jederzeit das positive Bild von Jürgen abzurufen, wenn ich Bedarf habe. Es gibt mir Kraft, auch wenn der Auftritt sich schwierig gestaltet.

Musiker und Schauspieler legen zum Beispiel großen Wert auf das Ambiente in ihrem Proberaum. Sie speichern den vertrauten Raum mit all seinen Annehmlichkeiten im Gedächtnis ab, um dieses mentale Bild bei Bedarf auf jeder Bühne abrufen zu können – wie unwirtlich die räumlichen oder sonstigen Bedingungen dort auch sein mögen. So können sie auch unter widrigen Umständen eine Topperformance abliefern. Manche meiner Rednerkollegen nutzen die Technik, um sogar auf einer unprofessionellen Bühne mit schlechtem Licht und Ton einen souveränen Vortrag hinzulegen.

Dieselbe Technik können Sie nutzen, um sich etwa auf anspruchsvolle Termine, Prüfungen oder Präsentationen vor Publikum vorzubereiten. Sie können mithilfe der Vorstellungskraft Stimmungen und Gefühle erzeugen, die in der fraglichen Situation hilfreich sind. Haben Sie Angst, können Sie sich »primen«, um die Furcht durch ein Gefühl der Sicherheit zu reduzieren. Vielleicht stellen Sie sich vor, dass Sie bei einer Präsentation vor dem Vorstand Ihrer gesamten Sportmann-

Die Fantasie ist der letzte rechtsfreie Raum, den wir haben.

schaft umgeben sind. Vielleicht haben Sie beim Bewerbungsgespräch in Gedanken Ihre ganze Harley-Gang in Lederkluft dabei, die jedes Ihrer Worte wie ein dröhnendes Echo wiederholt. Der Effekt ist immer derselbe: Sie nehmen mentale Rückendeckung mit auf Ihre Bühne, anstatt mental allein dazustehen. Sie können sich alles vorstellen, was Ihnen hilft: Die Fantasie ist der letzte rechtsfreie Raum, den wir haben. Welches Bild auch immer Sie unterstützt: Wenn Sie die Situation ausreichend trainieren, wird nach außen spürbar, was sich in Ihrem Kopf abspielt. Sie durchleben eine eigentlich angstbesetzte oder anderweitig schwierige Situation in einem Zustand der Souveränität.

2. Gedankenhygiene

Gedankenhygiene bedeutet, dass ich Eigenverantwortung für mein Denken übernehme: Ich kontrolliere, welche Gedanken ich zulasse und welche nicht. Natürlich ist niemand von uns in der Lage, seine Gedanken beliebig auf Knopfdruck ein- oder auszuschalten. Doch gleichzeitig können wir unsere Gedanken und damit auch unsere mentale Verfassung viel besser steuern, als die meisten glauben.

Jeder von uns hängt bestimmten Überzeugungen an und richtet sich bewusst oder unbewusst nach Glaubenssätzen, die er im Laufe des Lebens aufgeschnappt hat. Manche davon sind auf den täglichen Bühnen des Lebens nützlich und sollten gezielt gepflegt werden – weil es sich lohnt, sie zu denken. Andere dagegen stehen der persönlichen Entwicklung im Weg – weshalb wir sie möglichst schnell aus unseren Gedanken verbannen sollten. Es ist wie eine Schüssel Kirschen sortieren: Die prallen, gesunden führen wir uns zu Gemüte, die madigen fliegen raus. Wenn wir versehentlich eine faule Frucht in den Mund gesteckt haben, spucken wir sie schnellstmöglich aus.

Wenn Sie nur einmal eine Zaubershow besucht haben, wissen Sie: Man darf nicht alles glauben, was man sieht oder hört. Vielen ist dagegen nicht bewusst, dass sie auch ihren Gedanken nicht unreflektiert über den Weg trauen sollten. Aus reiner Bequemlichkeit tun wir es im Alltag oft trotzdem: Wir lassen alles Negative ungefiltert auf uns einströmen, was uns durch den Kopf und per Benachrichtigung auf den Bildschirm schießt. Und dann wundern wir uns, wenn wir missmutig und pessimistisch durchs Leben gehen.

Man kann einen regelrechten Sport daraus machen, sich selbst bei schädlichen Denkmustern zu ertappen. Hinterfragen Sie vor allem Gedanken, die Ihnen bei Ihren Zielen im Weg stehen. Besonderes negativ formulierte Glaubenssätze wie »kann ich nicht«, »verstehe ich nicht« oder »darf ich nicht« sollten alle Alarmglocken schrillen lassen. Dahinter verbergen sich fast immer fremde, unreflektiert übernommene Denkmuster, deren Wahrheitsgehalt noch nie auf die Probe gestellt wurde. Ihr Bild von sich selbst kann sich als Störfaktor vor alle Ihre Ziele stellen, wenn Sie die Begrenzungen anderer übernehmen. Solche eingebildeten Limitierungen zu überwinden, kann uns ungeheure Kraft verleihen.

Auch das Klein-Klein des Alltags kann vor einem wichtigen Moment ein Risikofaktor sein, der unsere Kraftreserven aufzehrt. Und doch begeben wir uns ständig freiwillig in solche Störfelder hinein – besonders seit wir dank Smartphone, E-Mail und WhatsApp permanent erreichbar sind. Kurz vor meinen Auftritten habe ich mir deshalb eine konsequente Gedankenhygiene angewöhnt: Ich lese keine E-Mails mehr, konsumiere keine Social Media, schalte das Telefon aus und lasse mich auch nicht auf Gespräche ein, die nicht unmittelbar mit dem Auftritt zu tun haben. Mindestens zehn Minuten lang heißt es dann: »Talk to the hand!« Jeder Energiefresser, der mir potenziell die Stimmung verderben könnte, wird ausgeblendet. Alle heischen nach unserer Aufmerksamkeit: soziale Medien, Postings, WhatsApp, Werbung, Angebote, E-Mails. Den Ablenkungen zu entfliehen, wird immer schwieriger: Visuell, akustisch und sogar haptisch ist ständig auf allen Sinneskanälen Alarm. Umso wichtiger ist es, dass Sie Ihrer Aufmerksamkeit einen unbezahlbaren Wert verleihen, anstatt sie billig herzugeben – einen Wert, den Ihnen nichts und niemand dieben kann.

Mentale Hygiene bedeutet Eigenverantwortung darüber auszuüben, was bei Ihnen positive Gedanken nährt und was nicht. Sie allein entscheiden, was Sie für Ihre mentale Gesundheit brauchen, und was Ihre Mentalkraft stärkt!

3. Zeitsprung

Bestimmt kennen Sie das aus eigenem Erleben: Sie haben ein herausforderndes, stressiges oder sogar beängstigendes Ereignis vor sich. Schon Tage zuvor sind Sie deshalb im Ausnahmezustand, schlafen schlecht und können sich auf nichts anderes mehr konzentrieren. Ein solcher mentaler Zustand ist nicht nur kräfteraubend, er ist auch nicht gut für das Ergebnis: Wenn der große Tag gekommen ist, sind Sie schon müde und ausgelaugt, bevor es überhaupt losgeht.

In solchen Situationen kann es eine große Kraftquelle sein, einen mentalen Zeitsprung zu machen: Wann immer Sie sich dabei ertappen, dass Sie sich in Gedanken an dem Ereignis festbeißen, fokussieren Sie sich stattdessen auf ein angenehmes Folgeereignis in der Zeit unmittelbar danach. Wenn Sie zum Beispiel auf eine Premiere hinfiebern, bei der Sie öffentlich sprechen müssen – denken Sie stattdessen an die Party danach. Steht Ihnen eine Operation samt Krankenhausdiät bevor, stellen Sie sich das Lieblingsessen vor, das Sie sich danach gönnen werden. Müssen Sie eine schwierige Prüfung ablegen, malen Sie sich in allen Farben den Wochenendtrip aus, den Sie danach gebucht haben. Haben Sie eine Präsentation vor sich, an der ein wichtiges Projekt hängt – stellen Sie sich schon mal vor, was Sie Schönes mit der Provision machen werden.

Und falls Sie gerade feststellen, dass Sie nach dem nächsten stressigen Ereignis in Ihrem Leben noch keine Belohnung eingeplant haben: Fangen Sie damit an! Denken Sie sich in jedes schöne Detail hinein und nutzen Sie auch hier wieder Ihre Vorstellungskraft.

Die positiven Gefühle, die Sie mit Ihrer Belohnung assoziieren, gleichen im Idealfall die negativen wie Angst, Nervosität und Stress aus – durch Vorfreude. Mindestens aber können sie verhindern, dass die Negativität toxisch wird und Ihre Kraftreserven aufzehrt. Physiologisch betrachtet passiert dabei Folgendes: Durch die positiven Vorstellungen wird der Neurotransmitter Dopamin ausgeschüttet. Er ist unser »Motivationshormon« und macht uns schon auf dem Weg zum Ziel glücklich. Er aktiviert nämlich das mesolimbische System, das Belohnungszentrum unseres Gehirns.[34]

Um die positiven Effekte dieser Kraftquelle voll auszuschöpfen, braucht es allerdings Übung. Es wird nicht reichen, dass Sie mal kurz an Ihr Flugticket nach Italien denken, um sich besser zu fühlen. Um eine Wirkung zu erzielen, müssen Sie sich wirklich in die positiven Gedanken versenken – und zwar am besten regelmäßig. Versetzen Sie sich so konkret wie möglich in die angenehme Situation hinein: Denken Sie an den Geschmack des Cappuccinos in Ihrem Lieblingscafé vor der bunten Häuserfront, an den Geruch der Meeresbrise und das Geräusch der Brandung. Je öfter Sie diese Technik praktizieren, desto besser werden Sie darin. Italien, wann immer Sie wollen:

Ist nicht allein diese Vorstellung schon Grund genug, es auszuprobieren?

4. Erfolgsbilanz

Diese Kraftquelle macht Sie gegen negative Kritik und Angriffe immun, die an Ihrer Souveränität nagen und damit an Ihrem Energievorrat zehren.

Sind Sie auch manchmal genervt von der allzu menschlichen Eigenschaft, alles Negative zu überbewerten? Dieser penetrante Hang ist leider evolutionär gewollt: Um zu überleben, war es für unsere Vorfahren sicherer, stets vom schlimmstmöglichen Szenario auszugehen. Bei einem Rascheln im Gebüsch war es klüger, mit einem großen Tier mit scharfen Zähnen zu rechnen statt mit einem attraktiven Artgenossen ohne Lendenschurz. Mit Ersterem verhandelt es sich im Zweifel nämlich schlecht. Letzteren dagegen kann man relativ leicht verwirren, indem man auch den eigenen Lendenschurz fallen lässt. Heute tummeln sich in unseren Gebüschen in aller Regel weder Raubtiere noch nackte Artgenossen, sodass wir bei unseren Mentaltechniken ein wenig kreativer werden dürfen.

Stellen Sie sich eine große Waage vor: In die eine Waagschale legen Sie den negativen Input, etwa die kritische Rückmeldung nach einer Präsentation oder die verlorene Verhandlung. Klar, dass die Waage auf die negative Seite kippt, wenn in der anderen Schale nichts drin ist! Bei der Erfolgsbilanz geht es darum, die »positive« Waagschale so voll zu laden, dass die negativen Gegengewichte keine Chance mehr haben, überhandzunehmen. Negative Erfahrungen wirken zwar psychologisch schwerer als positive, sind dafür aber zahlenmäßig fast immer in der Minderzahl. Und genau diesen Umstand nutzen Sie bei dieser Kraftquelle aus.

Tun Sie sich ruhig den Gefallen, Ihre Erfolgsbilanz in

irgendeiner Form festzuhalten. Sie werden sehen, allein dadurch schöpfen Sie schon eine gehörige Kraftreserve. Sammeln Sie bewusst jeden Ihrer Erfolge, Verdienste, Siege, Auszeichnungen, Referenzen, Komplimente, Rezensionen und positiven Feedbacks. Ob diese Sammlung in einer Schublade liegt, Sie auf Ihrem Smartphone als Liste oder Bild begleitet, in Form von Pokalen in Ihrem Regal steht oder eingerahmt an der Wand hängt – Hauptsache, Sie haben sie möglichst oft im Blick. Die Sammlung wird Sie von nun an immer dann aufbauen, wenn Sie eine Portion Selbstbestätigung brauchen – und dafür muss sie vor allem zugänglich sein. Wenn jemand Sie mit seiner Kritik herunterziehen will, prallt das beim Anblick der Liste an Ihnen ab. Haben Sie einen schlechten Tag, an dem nichts so recht klappen will: Führen Sie sich Ihre Erfolge zu Gemüte. Müssen Sie eine Niederlage verkraften: Schauen Sie sich an, was Sie schon alles erreicht haben.

Was ist schon ein Rückschlag gegen all Ihre Erfolge?

Was ist schon ein Rückschlag gegen all Ihre Erfolge? Jetzt steht es eben 1:20! Das ist mathematisch so überzeugend, dass selbst unser Hang zum Negativen uns diese Erfolgsbilanz nicht madig machen kann.

5. Unverwundbarkeit
Eine weitere schlechte Angewohnheit, die sich kräftezehrend auswirken kann, ist unsere Außenorientierung. Viele Menschen lassen zu, dass andere über ihr Selbstbild bestimmen. Auch ich musste als junger Mensch kräftig Anlauf nehmen, um diese Hürde zu überspringen. Sonst hätte ich die vernichtenden Rückmeldungen nach den desaströsen ersten Auftritten auf offenen Bühnen nicht verkraftet. Hätte ich mir Hohn und Spott zu Herzen genommen, wäre ich wohl früher

oder später zu dem Schluss gekommen, dass ich als Künstler nichts tauge – und hätte aufgegeben.

Hier kommt das Paradoxe: Später, in der Euphorie meiner ersten Auftritte im Cirque du Soleil, musste ich dieselbe Lektion unter umgekehrten Vorzeichen noch einmal lernen. Auch vom tosenden Applaus und der Bewunderung der Fans darf man sich als Künstler nicht in die Irre führen lassen. Wenn ich das zulasse, tappe ich in eine Falle: Ich mache mein Selbstbild davon abhängig, dass die Menschen auch morgen wieder klatschen. Und wenn sie das einmal nicht tun, falle ich in ein tiefes Loch.

Nur wenige Showkünstler lernen schon früh klar abzugrenzen: Das Publikum, die Fans und die Medien bewerten nur meine Leistung an diesem Abend, in diesem Moment. Deshalb heißt es auch, dass wir als Künstler nur so gut sind wie unser letzter Auftritt. Eine positive Bewertung in Form von Applaus und guten Kritiken mag sich anfühlen wie ein warmer Sommerregen. Doch der schlägt schnell in einen eiskalten Hagelschauer um, wenn es mal nicht so gut läuft. Je verwöhnter wir vom Erfolg sind, desto mehr neigen wir dazu, auch negatives Feedback persönlich zu nehmen.

Tappen Sie nicht in diese Falle, die schon manchem Künstler den Verstand geraubt hat. Entkoppeln Sie Ihr Selbstbild von den Reaktionen anderer Menschen, und Sie werden unverwundbar. Ich habe gelernt, eine gesunde Distanz zum Applaus einzunehmen – auch wenn das nicht einfach war. An den Tagen, an denen ich gefeiert werde, erinnere ich mich bewusst daran: Was die Menschen da beklatschen ist meine Darbietung, meine Leistung an diesem Abend, und nicht etwa meine Person. Zwar hätte kein anderer meine Rolle genauso ausfüllen und meine Leistung genauso erbringen können, was meine Performance letztlich zu einer persönlichen Errungenschaft macht. Doch diesen Vergleich haben die Zuschauer in der Regel nicht. Ihr Jubel spiegelt den Wert ihres Erlebens im Augenblick, nicht den meiner Person.

Diese Differenzierung sollten Sie nie aus den Augen verlieren. Die Likes auf Facebook und die Manöverkritik im Job bewerten diese konkrete Leistung – nicht mehr und nicht weniger. Lassen Sie nicht zu, dass andere über Ihren Selbstwert bestimmen. Wie das komplexe Konstrukt unseres Selbstwerts funktioniert, wie Sie ihn steigern können und welchen Einfluss das auf Ihre Souveränität im Alltag hat, lesen Sie im Kapitel »Standing Ovations für alle«.

Wenn Sie diese fünf Kraftquellen für sich nutzen lernen, werden sie sich als wertvoller entpuppen, als fünf Ölquellen je sein könnten. Damit Sie von ihnen profitieren können, brauchen Sie neben dem Know-how allerdings noch etwas anderes: Ausdauer. Selbstwirksamkeit erlangt man nicht allein durch das Wissen um die mentalen Kraftquellen, sondern erst durch ihre gewohnheitsmäßige Anwendung – wieder und wieder und wieder. Selbst die ungeheure Stärke, die das mentale Bild von Jürgen mir verleiht, konnte ich erst durch Hunderte Trainingsstunden mit meinem Vater aktivieren. Es reicht nicht, hin und wieder positiv zu denken, wie manche behaupten. Die mentale Wirkung muss verlässlich und groß genug sein, um Ihnen den Weg zu bahnen. Mentale Stärke ist kein Schalter, den wir einfach umlegen können. Selbstwirksamkeit ist eine erarbeitete Haltung, die tief in unsere Persönlichkeit hineinreicht. Bevor sie ihre unendliche Wirkungsmacht entfaltet, erfordert sie Arbeit. Sie erinnern sich: Ich habe versprochen, in diesem Buch ehrlich mit Ihnen zu sein ...

Mentale Stärke ist kein Schalter, den wir einfach umlegen können.

Me and my monkey

Me and my monkey *Ich und mein Monkey*
Drove in search of the sun *Suchen nach der Sonne*

Robbie Williams, Überlebender und Hauptprofiteur des Boygroup-Booms der 1990er-Jahre, lebende Legende und Schwarm aller Mädchen zu meiner Schulzeit, ist wahrscheinlich der bekannteste Entertainer seiner Generation. Doch für ihn selbst ist sein Erfolg immer ein zweischneidiges Schwert gewesen. Sieht man ihn heute in Interviews, blickt man in das Gesicht eines gereiften, abgeklärten Familienvaters, der mit dem Leben und seiner Persönlichkeit im Reinen ist. Als er um die Jahrtausendwende herum auf dem Höhepunkt seines Ruhmes war, sah das noch anders aus. »Es gibt Tage, da hasse ich es, Robbie Williams zu sein«, verriet er einem deutschen Magazin damals im Interview.[35]

Die Berühmtheit setzte ihm zu. Hinter der Bühne kaute er auf seinen Nägeln herum, kippte einen Energydrink nach dem anderen in sich hinein – und später noch ganz andere Sachen. Jedes Mal konnte er es kaum erwarten, wieder nach Hause zu fahren. Die Hysterie, die er überall auslöste, befremdete ihn.[36]

Warum kann jemand, der alles hat, nicht glücklich sein?

Robbie Williams war ein Gefangener seiner eigenen Dämonen. Ein Teil seiner Persönlichkeit wollte weg, wollte Regeln brechen, wollte rebellieren. Die innere Stärke, vor allem in Form von Disziplin, Distanz und Kontrolle, die man für ein Leben als Superstar braucht, war diesem Teil seiner Persönlichkeit fremd. Er flüchtete sich in Alkohol, Kokain, Exzesse. Der andere Teil von Robbie Williams – der geniale Entertainer, der die Welt um seinen Finger wickeln und Musikgeschichte schreiben konnte – war diesem inneren Verführer lange Zeit nicht gewachsen.

Bewusst war sich Williams dieser Zerrissenheit schon damals. Dessen können wir sicher sein, denn er hat einen Song darüber geschrieben. In *Me and my monkey* (2002) beschreibt er aus der Perspektive des machtlosen Opfers, wie sein anderes Ich sich während eines Trips nach Las Vegas immer weiter in eine Spirale von Kokain und Eskapaden bis hin zum »mexikanischen Stand-off« hineinsteigert. Er beschreibt die Szenen, die wie aus *Pulp Fiction* entlehnt klingen, als hätte er selbst mit alldem nichts zu tun – als sei der Monkey ein Fremder, den er nicht unter Kontrolle bekommt. Doch auch das wird deutlich: Der Erzähler hat Angst vor diesem anderen Ich. Denn er ist es, der hinter seinem Monkey aufräumen muss. Er ist es, der die Rechnung bezahlt. Er ist es, der am Ende die Verantwortung trägt.

Irgendwann hat Robbie Williams die Kurve gekriegt, seinen Monkey gezähmt, seine mentale Stärke gefunden und sein Leben unter Kontrolle gebracht. Anderen ist es nicht gelungen, wie unzählige tragische Geschichten aus dem Showbusiness von James Dean über Whitney Houston bis zu Amy Winehouse gezeigt haben.

Wenn Sie nun glauben, der Monkey wäre ein wählerischer Luxusparasit, der sich nur auf die Schultern der Schönen und Reichen setzt, dann muss ich Sie enttäuschen: Jeder von uns trägt seinen eigenen Monkey in sich. Er spielt mit unserem Urteilsvermögen und lässt uns falsche Entscheidungen treffen. Im Dschungel des Alltags schwingt er sich von Baumkrone zu Baumkrone, um dem Dickicht der Realität aus dem Weg zu gehen: Sich mit den Beinen auf dem Boden der Tatsachen einen nachhaltigen Pfad durchs Leben zu bahnen, ist ihm zu anstrengend.

Robbie Williams nennt ihn seinen Monkey. Andere nennen ihn den inneren Schweinehund. Wieder andere leugnen seine Existenz. Seinen Klang aber kennt jeder: die innere Stimme, mit der wir uns streiten, wenn die Dissonanzen den Kopf dröhnen lassen. Das Beispiel von Robbie Williams, meine inneren Kämpfe in den schwierigen Phasen meiner Karriere und ganz bestimmt auch der Song Ihres Lebens zeigen: Es ist ungeheuer wichtig anzuerkennen, dass der Monkey existiert. Er ist ein Teil von uns. Besser ist es, ihn kennenzulernen. Noch besser ist es, ihn sich zum Freund zu machen. Dieser Untermieter in unserem Leben, diese innere Stimme, wird nicht weggehen. Gegen den Monkey helfen keine Handschellen, keine Fluchtfantasien und schon gar kein Selbsthass. Um ihm zu begegnen, hilft nur innere Stärke. Es nützt nichts, ihn sich zum Feind zu machen; auch das untermauert das Beispiel von Robbie Williams. Nur wer mit ihm umzugehen lernt, bringt sein Denken, sein Handeln und damit effektiv sein Leben unter Kontrolle.

Umarmen Sie Ihren inneren Monkey – dann haben Sie ihn fest im Griff.

Umarmen Sie Ihren inneren Monkey – dann haben Sie ihn fest im Griff.

Die Achterbahn des Lebens

Das Leben ist schon unberechenbar genug, ohne dass wir gegen einen Teil von uns selbst kämpfen müssen. Wer nicht die innere Stärke hat, sich festzuhalten, droht in jeder Kurve, jeder unerwarteten Wendung aus dieser rasanten Achterbahn, die wir Leben nennen, herauszufliegen. Fühlen wir uns den kleinen und großen Herausforderungen auf den Bühnen des Lebens nicht gewachsen, wird die Fahrt schnell zum nervenzehrenden Horrortrip. Nur wer stark genug ist, wird das Auf und Ab auf Dauer genießen können und sich an den immer neuen, überraschenden Wendungen des Lebens erfreuen können: höher, schneller, mehr davon! Mentale Stärke trägt uns nicht nur zum Erfolg, sondern auch durch die Täler des Lebens.

Tatsächlich folgen die großen Sinn- oder Lebenskrisen einem Muster, das Psychologen als »Roller Coaster Ride«, also »Achterbahnfahrt« der Gefühle beschreiben. Das so benannte Modell nach Joe B. Hurst und John W. Shepard stammt aus dem Jahr 1986. Betrachtet man seine sieben Phasen mit ihren Teilphasen als grafische Darstellung, ergibt sich eine wilde Kurve mit starken Ausschlägen nach oben und unten, die starke Ähnlichkeit mit einer Achterbahnschiene hat.

Genau das durchleben wir in einer Krise: eine Achterbahnfahrt der Gefühle und Stimmungen wie Schock, Wut, Sorge, Deprimiertheit, Hoffnung, Enthusiasmus. Das zu wissen kann sie nicht verhindern. Doch wer mit dem Ablauf vertraut ist, kann seinen Gemütszustand von Phase zu Phase besser einschätzen.

Wenn Sie schon mal eine schlimme Zeit überstanden haben, wissen Sie, dass auch das Schicksal nur mit Wasser kocht. Mit jedem überstandenen Tief werden wir stärker – selbst Krisen werden irgendwann zu einer Routine, die sich meistern lässt. Wie vor unserem Monkey können wir auch vor Niederlagen und Rückschlägen nicht davonlaufen. Und das ist auch gut so, denn persönliches Wachstum ist ohne sie nicht zu haben. Welche Bühne käme denn ohne ein bisschen Drama aus!

Aber woran erkennen Sie eigentlich, ob Sie stark sind? Immerhin gibt es eine ganze Menge Menschen – auch unter den Künstlern –, die von anderen für ihre Selbstwirksamkeit bewundert werden, sich aber selbst ihrer inneren Kraft nicht bewusst sind. Auch um Ihre eigenen Fortschritte erkennen und einschätzen zu können, sollten Sie die acht Zeichen mentaler Stärke kennen. Die Meister der Selbstwirksamkeit

- können ihre Emotionen rational bewerten (und zwar sofort und in der Situation, nicht erst später mit Abstand)
- kennen ihre Ängste und können sie jonglieren (auch sie haben Angst, können sie jedoch analysieren und in den Griff bekommen)
- gönnen sich Zeit für sich (und lenken sich dabei nicht nur ab, sondern suchen gezielt auch mal die Einsamkeit, um reflektieren zu können)
- finden Bestätigung in sich selbst statt im Lob anderer (sind also nicht auf Zuspruch angewiesen, um sich ihrer Sache sicher zu sein)
- akzeptieren ihre Schwächen (anstatt nach Perfektion zu streben oder ihre Schwächen zu verschweigen, lernen sie damit umzugehen)
- lassen sich von Selbstzweifeln nicht runterziehen (sondern balancieren negative Gedanken mit dem Wissen um ihre Erfolge und Stärken aus)
- sind dankbar (wer weiß, wie gut es ihm geht, lebt entspannter und zufriedener und braucht keine ständige kurzfristige Gratifikation)
- sprechen in starken Bildern (sie reflektieren starke Gedanken und demonstrieren Klarheit über sich und den eigenen Platz im Leben).

Wenn Sie sich mehrfach in der Aufzählung wiedererkannt haben, herzlichen Glückwunsch – bleiben Sie dran und nutzen Sie Ihre Stärke für noch mehr Vorwärtsdrang! Wenn nichts davon in Ihrem Alltag vorkommt: Führen Sie ein ernstes, aber wohlwollendes Zwiegespräch mit Ihrem Monkey, zapfen Sie die fünf Kraftquellen der Selbstwirksamkeit an und lernen Sie, die Achterbahn zu reiten. Geld kann manchmal vom Himmel fallen, Chancen stehen mitunter unerwartet vor der Tür. Aber mentale Stärke kann uns niemand schenken. Die müssen wir uns erarbeiten.

Turn the B!

Auch wenn das Leben es scheinbar manchmal nicht gut mit Ihnen meint: Fast jedes harte Brett lässt sich zu einem Sprungbrett umfunktionieren. Alles, was Sie in diesem Kapitel über Selbstwirksamkeit gelesen haben, läuft im Grunde auf eine Entscheidung hinaus: immer dem in Ihrem Leben genügend Raum zu geben, das Sie stärkt – und das zu regulieren, was Sie schwächt. Stärkung finden Sie zum Beispiel in den fünf Kraftquellen. Schwächung können Sie vermeiden, indem Sie die Beziehung zu Ihrem Monkey klären. In Krisen spielt der bewusste Fokus auf stärkende Faktoren eine herausgehobene Rolle, doch gültig ist das Prinzip immer.

Fast jedes harte Brett lässt sich zu einem Sprungbrett umfunktionieren.

Ich nenne diese Lebenseinstellung *Turn the B*, also »Drehe das B« – nämlich von *bad* zu *best*. Es ist eine positive, lebensbejahende, möglichmachende Grundhaltung, die sich in Ihren Gedanken manifestiert, in Ihren Worten zeigt und durch Ihr Handeln greifbar wird.

Je tiefer Sie *Turn the B* als mentalen Stabilisator verinnerlichen, desto ruckelfreier können Sie reagieren, wenn der Alltag mal wieder auf Buckelpiste schaltet. In anstrengenden Lebenslagen verlieren wir eine Menge Kraft schon an die Überlegung, wie wir mit der jüngsten Misere umgehen sollen. Es hilft ungemein, wenn stattdessen von vornherein klar ist: Egal, was passiert, es wird zum Guten gewendet. Ich will nicht sagen, dass sich die Energiefresser in Ihrem Leben daraufhin das Weite suchen. Aber wenn Sie genau hinschauen, werden Sie erkennen, dass sie mindestens weiche Knie bekommen: Negativität neigt dazu, Stärke auszuweichen.

Einen messbaren Unterschied macht *Turn the B* in Ihrer Lebensrealität natürlich nur, wenn Sie das Prinzip nicht nur als Sinnspruch gerahmt an die Wand hängen, sondern auch anwenden. Mit den folgenden drei Tricks können Sie den kräftezehrenden Negativitäts-Attacken des Alltags etwas entgegensetzen:

- *Gerade, weil:* Verabschieden Sie sich von der destruktiven Denkweise, dass Dinge »ausgerechnet Ihnen« passieren. *Turn the B*: Gerade, weil Ihnen das widerfährt, können Sie daran wachsen. Gerade, weil diese fiese Krankheit mich erwischt hat, mache ich ab sofort noch mehr aus meinem Leben. Gerade, weil ich härter als andere um mein Glück kämpfen musste, kann ich Menschen ein Vorbild sein.

- *Kehrtwende mit Humor:* Wenn Ihnen ein Missgeschick unterläuft oder Sie sogar einen kapitalen Bock geschossen haben, können Sie alles hinschmeißen und sich in eine Ecke verkriechen. Aber wem nützt das? *Turn the B*: Wenn Sie vor dem Kunden ausrutschen und hinfallen, sagen Sie: »Nächstes Mal wird es ein Salto.« Wenn Sie die Blumen zum Jahrestag vergessen haben, sagen Sie Ihrer Frau: »Schatz, für dich habe ich heute 30 roten Rosen das Leben gerettet!« Und wenn Sie versehentlich die Stilblüte des Jahres twittern, machen Sie ein selbstironisches Meme daraus – alle werden Sie dafür lieben!

- *Jetzt erst recht:* Überraschungen oder Planänderungen kann man bedauern und sich über die Grausamkeit des Schick-

sals ärgern. Allerdings wäre das reine Zeitverschwendung.
Turn the B: Wenn ich schon den Flug verpasst habe, kann ich auch gleich einen Tag länger in der Stadt bleiben und mir einen schönen Abend machen. Wenn ein Stau mich auf Umwege schickt, kann ich unterwegs gleich noch etwas mitnehmen. Wenn die Beförderung auf sich warten lässt, kann ich mich in der Zwischenzeit noch weiter qualifizieren, damit es beim nächsten Mal schneller geht.

Winner or whiner – Gewinner oder Heuler: Diesen Unterschied machen Sie mit Ihrem Denken. In schweren Zeiten neigen wir dazu, uns das Jammern zu erlauben. Immer ich! Aber mal ehrlich: Sind es wirklich »immer Sie«? Jeder jammert auf seinem Niveau, und das ist vollkommen in Ordnung – solange man dabei realistisch bleibt und nicht aus den Augen verliert, auf welchem Niveau andere jammern könnten. Doch genau die Menschen, die Ihnen jetzt einfallen und allen Grund hätten, tun es meist am wenigsten: Menschen mit schweren Krankheiten, Menschen mit Behinderungen und Menschen, die schwere Schicksalsschläge erdulden müssen. Sie haben nämlich längst gelernt, dass ihnen das Jammern nicht weiterhilft.

Gewinner sind keine Glückspilze, Gewinner sind Mentalitätsmonster!

Es ist Ihre Bühne – also treffen Sie auch die Entscheidung, welche Rolle Sie spielen wollen. Ist der Beschluss einmal gefasst, verteidigen Sie ihn. Sollten Sie sich für die Opferrolle entscheiden, geben Sie alles: Werden Sie zum besten *whiner* der Welt. Nur machen Sie sich bitte bewusst, warum Sie Ihre Stärke in einer Position der Schwäche finden, damit Sie mit sich selbst im Reinen sind.

Entscheiden Sie sich für *winner*, hören Sie auf zu heulen, wenn Sie mal verlieren. Niemand, nicht einmal Muhammad Ali, Steve Jobs oder Joanne K. Rowling haben ihr Leben als Gewinner begonnen. Das ist nicht der Grund, weshalb wir sie bewundern. Wir blicken zu Rollenvorbildern auf, weil sie stark bleiben, was immer ihnen widerfährt, und es trotzdem schaffen. Gewinner sind keine Glückspilze, Gewinner sind Mentalitätsmonster! Eines meiner großen Vorbilder, Cirque du Soleil-Gründer Guy Laliberté, war ein Feuer spuckender Straßenkünstler, bevor er den erfolgreichsten Zirkus der Welt aus dem Boden stampfte und zum milliardenschweren Künstlerunternehmer avancierte.

Jedes wahre Märchen beginnt mit einer Rollenentscheidung: Jemand hört auf, das Leben als Lotterie zu betrachten, und macht es zu seiner Bühne.

Kapitel 7
Bitte lächeln
Was Schlagfertigkeit wirklich bedeutet

»Man muss sich durch die kleinen Gedanken, die einen ärgern, immer wieder hindurchfinden zu den großen Gedanken, die einen stärken.«
Dietrich Bonhoeffer

Wo die Worte hinführen

Künstlerpersönlichkeiten sind so vielfältig wie die Palette der Farben, mit denen sie arbeiten. Deshalb geht es oft besonders farbenfroh zu, wenn es unter ihnen zu Meinungsverschiedenheiten kommt: Fortsetzung der Rhetorik mit anderen Mitteln. Eines der spektakulärsten Duelle der Gegenwartskunst ist das zwischen dem Street-Art-Künstler Banksy und dem weitaus weniger bekannten, aber nicht weniger notorischen Graffiti-Künstler King Robbo.

Als diese beiden vor einigen Jahren miteinander in den Ring stiegen, war das gleichbedeutend mit einem Clash der künstlerischen Subkulturen: King Robbo gilt als einer der europäischen Urväter der Graffiti-Bewegung nach US-amerikanischem Vorbild. Seine Spezialität waren großflächig mit Graffiti besprühte Züge.[37] Banksy hingegen wurde nicht zuletzt deshalb bekannter, weil er sich künstlerisch immer weiter von seinem Graffiti-Hintergrund emanzipierte. Mit seiner Interpretation von Street-Art begründete er eine neue Richtung der Straßenkunst: immer noch provokativ, mehr oder weniger illegal und subversiv, aber in ihren Botschaften und Darstellungsweisen oft doch weit von den Ursprüngen der Graffiti entfernt.

Entsprechend umstritten ist der weltberühmte Künstler in der nicht kommerziellen Kunstszene und vor allem unter Sprayern. Als sich eines seiner Bilder 2018 publikumswirksam selbst schredderte, während es gerade beim Auktionshaus Sotheby's in London unter den Hammer kam, standen die beiden Positionen so scharf voneinander abgegrenzt gegenüber wie nie zuvor. Die einen sagten, das geschredderte Bild sei eine starke Botschaft gegen die Hyperkommerzialisierung der Kunst. Diese Sichtweise stützte der Künstler selbst, indem er behauptete, er habe den Schredder nur für den Fall in den Rahmen eingebaut, dass sein Kunstwerk jemals bei einer Auktion versteigert werden sollte.[38] Kritiker konterten, Banksy dürfte sich durchaus darüber im Klaren gewesen sein, dass die aufmerksamkeitsträchtige Aktion es in die Schlagzeilen schaffen und den Preis seiner Kunst nur noch weiter in die Höhe treiben würde.

Während King Robbo also für die ursprüngliche soziale Protestbotschaft der Graffiti-Bewegung steht, hat Banksy sich trotz ähnlicher Wurzeln zu einem weltweit bekannten und beachteten Künstler entwickelt, dessen Werke für Hunderttausende Euro gehandelt werden. Das ist der Subtext des Konflikts zwischen den beiden Briten.

Kein Wunder also, dass es von Anfang an richtig zur Sache ging, als diese beiden Könige der künstlerischen Unterwelt sich aufeinander einschossen. Den Anfang machte – jedenfalls dem von King Robbo verbreiteten Narrativ nach – Banksy bei einer Party. Als ihm der Londoner Graffiti-Veteran vorgestellt wurde, behauptete der Newcomer aus Bristol, noch nie von ihm gehört zu haben. In der überschaubaren, eng vernetzten Straßenkunstgemeinschaft war das doch sehr unwahrscheinlich. Tatsächlich trifft das auf den inneren Kreis der Besten in jeder Kunstform zu, denn diese globale Elite ist in jeder Kunst sehr überschaubar. So gibt es nur eine Handvoll Toptaschendiebe, und ich kenne jeden davon mit seinen Stärken und Besonderheiten sehr genau. King Robbo reagierte auf den Affront mit einer Ohrfeige, die ihm zufolge Banksys Brille durch den Raum fliegen ließ, und antwortete: »Du hast vielleicht noch nie von mir gehört, aber vergessen wirst du mich nicht.«[39]

Das nächste Kapitel dieser Rivalität wurde erst geschrieben, als King Robbo diese Episode 2009 in einem Buch über Graffiti-Kunst zum Besten gab. Banksy reagierte darauf mit einer gewagten Aktion: Er übermalte einen Teil eines der letzten in den Straßen von London verbliebenen Werke seines Kontrahenten. Nachdem er mit seiner »Bearbeitung« fertig war, prangte an der Wand ein Bild in Banksys typischem Schablonenstil. Es zeigte einen Stadtarbeiter, der eine leere Fläche mit einer »Graffiti-Tapete« überklebt. Das Motiv der stilisierten Tapete war der geschickt ins Bild integrierte Rest des Werks von King Robbo. Letzteres wurde damit – so jedenfalls eine mögliche Interpretation – zur beliebigen Massenware erklärt. Banksys Coup war in doppelter Hinsicht provokativ oder auch »schlagfertig«: Zum einen griff er den Kontrahenten damit direkt in seiner künstlerischen Identität an. Zum anderen brach er mit einem Tabu der Graffiti-Szene, dass man das Werk eines anderen nicht übermalen darf.[40]

King Robbo, der zu diesem Zeitpunkt bereits in Graffiti-Rente war, war darüber so erzürnt, dass er seinen Ruhestand unterbrach und wiederum Banksys Werk teilweise übermalte. Nun sah es für den Betrachter so aus, als ob der Stadtarbeiter in großen Buchstaben den Namen »King Robbo« an die Wand gemalt hätte.

Spätestens an diesem Punkt artete der Kampf aus – in einer Weise, wie viele Diskussionen sich verselbstständigen, wenn jeder der Kontrahenten »schlagfertiger« sein will als der andere. Vor den Schriftzug »King Robbo« setzte Banksy drei weitere Buchstaben: »Fuc«. King Robbos nächster Schachzug bestand darin, diese drei Buchstaben wieder zu übermalen. Dann war die ganze Wand – neben einem Kanal in Nord-London gelegen – eines Tages plötzlich schwarz. Möglicherweise hatte an dieser Stelle die Stadtverwaltung eingegriffen, um dem Treiben ein Ende zu setzen. Ende 2010 – der Künstlerkrieg dauerte inzwischen schon weit über ein Jahr an – tauchte auf der schwarzen Wand jedoch plötzlich ein neues Motiv auf, das King Robbos Signatur trug. Es zeigte eine Cartoon-Figur in Hut und Weste, die lässig an einem Grabstein mit der Aufschrift »Ruhe in Frieden Banksys Karriere« lehnte.

Erneut wurde die Wand zunächst schwarz, bis wiederum Banksy ein weiteres Mal zuschlug: mit der Kreidezeichnung eines Wohnzimmers mit Aquarium, Kamin und Sessel – womöglich eine Anspielung auf den Ruhestand des Kontrahenten?[41]

Kurz danach – inzwischen sind wir im April 2011 angekommen – nahm die Auseinandersetzung zwischen den beiden Künstlern eine dramatische Wendung. Kurz vor der Eröffnung einer geplanten Ausstellung wurde King Robbo ins Krankenhaus eingeliefert, wo er ins Koma fiel. Er war bewusstlos mit schweren Kopfverletzungen auf der Straße gefunden worden. Der Vorfall wurde nie von der Polizei untersucht und bleibt ein Geheimnis. Einer Theorie zufolge soll der Künstler eine Treppe hinuntergestürzt sein und sich dabei den Kopf angeschlagen haben.[42]

Plötzlich war alles anders. Der kindische Schlagabtausch und die künstlerische Rivalität rückten von einem Moment auf den nächsten in den Hintergrund. Nachdem Banksy vom Zustand des Konkurrenten erfahren hatte, machte er sich ein letztes Mal auf zum Schauplatz der Auseinandersetzung. Dieses Mal sprühte er keine neue Provokation auf die schwarze Wand, sondern eine minimalistische Version des Ursprungswerks von King Robbo. Dabei fügte er ein neues Element hinzu: eine einzelne Farbsprühdose, gekrönt von einem »Leicht entflammbar«-Symbol. Die Darstellung wirkt auf den Betrachter wie eine brennende Kerze, wie sie bei Mahnwachen entzündet wird. Von den meisten wurde das Motiv als Banksys Ode an das Originalwerk seines Konkurrenten ausgelegt. In einem Zeitungsstatement wünschte er dem Kollegen zudem eine schnelle und vollständige Genesung.[43]

Doch dazu sollte es nicht mehr kommen: King Robbo erlangte nie wieder das Bewusstsein. Im Juli 2014 verstarb er schließlich.[44]

Das traurige Ende dieser Fehde zwischen zwei Künstlern versinnbildlicht in meinen Augen auf sehr dramatische Weise das Grundproblem der Schlagfertigkeit: Mit »Schlagfertigkeit« im umgangssprachlichen Sinne gewinnen wir möglicherweise eine Runde in einer virtuellen Schlacht. Der Lösung kommen wir damit nicht näher. Wir »erschlagen« mit jeder Retourkutsche vielleicht die letzte Äußerung unseres Gegenübers, entfernen uns damit aber auch immer weiter von einer möglichen Einigung.

Worum geht es eigentlich? Diese entscheidende Frage blenden wir aus, wenn wir eine Diskussion auf den Abtausch schlagfertiger Erwiderungen reduzieren. Der tragische Ausgang der Rivalität zwischen Banksy und King Robbo verdeutlicht, wie unwichtig Rivalitäten und Meinungsverschiedenheiten plötzlich sind, wenn das Leben sich einmischt.

Deshalb bin ich dafür, dass wir das Konzept »Schlagfertigkeit« in einem anderen Licht betrachten. Wenn wir an Schlagfertigkeit denken, meinen wir damit in der Regel eine mehr oder weniger clevere Retourkutsche, blitzschnell abgefeuert wie ein Revolver. Im Idealfall setzt sie den Kontrahenten direkt außer Gefecht. Worum es eigentlich geht, ist in den meisten Theorien und Tipps zur Schlagfertigkeit aus meiner Sicht unterbelichtet: Was bewirkt sie wirklich – nicht in Bezug auf die Befindlichkeiten der Beteiligten, sondern in Bezug auf die Sache? Zu welchem Ergebnis führt eine schlagfertige Antwort? Wer profitiert davon, und wer nicht? Solange wir Schlagfertigkeit als Waffe betrachten, ist die Antwort auf all diese Fragen eindimensional: Sie nützt nur dem Schützen für den Moment und führt in der Sache zu keinem Fortschritt. Schlagfertigkeit in diesem umgangssprachlichen Sinne schenkt uns vielleicht ein momentanes Gefühl des Triumphs. Doch sie ist keine nachhaltige Strategie, wenn es tatsächlich um etwas geht.

Schlagfertigkeit, wie ich sie verstehe, kann mehr. Ich betrachte sie als Mittel für das, was in jeder Diskussion, in jedem Vieraugengespräch und auch bei jeder streithaften Auseinandersetzung im Mittelpunkt stehen sollte: irgendeine Form der Auflösung. Nicht eine momentane Retourkutsche sollte uns interessieren, sondern immer nur der nächste Schritt auf dem Weg zur Lösung, zur Einigung, zur nächsten Entwicklungsstufe.

Nicht eine Retourkutsche sollte uns interessieren, sondern der nächste Schritt auf dem Weg zur Lösung.

Dass es dabei auch mal zur Sache gehen und emotional werden darf – keine Frage. Aber wenn wir uns statt echter Argumente nur noch auswendig gelernte Pointen um die Ohren hauen, dann ist das keine Kommunikation mehr, sondern nur noch Kindergarten. Wenn wir in einer schwierigen Situation stecken und uns behaupten wollen, verlieren wir das oft aus den Augen: Mit dem, was wir sagen, bestimmen wir auch in hitzigen Momenten den Eindruck, den andere von uns bekommen. Jede Äußerung spiegelt den Stand unserer persönlichen Entwicklung wider – gerade auch dann, wenn wir herausgefordert oder sogar angegriffen werden. Wenn wir im Bemühen um Schlagfertigkeit mit dem Holzhammer ausholen, machen wir damit jede Chance auf Entwicklung zunichte, für uns und für alle anderen Beteiligten.

Die Geschichte über das »Battle« zwischen Banksy und King Robbo zeigt: Am Ende geht es nie darum, wer gewinnt, sondern um das Ergebnis. Die beiden Künstler haben sich so lange bekriegt, bis die Chance auf eine fruchtbare Entwicklung vertan war. Sie repräsentierten mit ihren Erwiderungen ab einem gewissen Punkt nicht mehr ihren jeweiligen künstlerischen Standpunkt, sondern ließen nur noch ihre Egos aufeinanderprallen.

Es geht nie um Schlagfertigkeit an sich – es geht immer ums Ergebnis!

Lassen Sie uns aus der dramatischen Geschichte der beiden Straßenkünstler eine Lehre ziehen, die auf jeder Bühne des Lebens Gültigkeit hat: Es geht nie um Schlagfertigkeit an sich – es geht immer ums Ergebnis!

Was wollen Sie erreichen?

Jeder kennt den nagenden Wunsch nach Schlagfertigkeit. Er ist verwandt mit dem vehementen Beharren vieler Amerikaner auf das Recht, eine Schusswaffe bei sich zu tragen: Man will doch niemandem wehtun, aber verteidigen muss man sich ja wohl dürfen! Es gibt Momente im Leben, da steht das Ego unter Beschuss, und man will zurückschießen können.

Gelegenheiten dafür gibt es zur Genüge. Schlagfertigkeit, richtig dosiert und eingesetzt, ist ein richtiges Multitool: Vom

Seitenhieb bis zum Frontalangriff, vom dummen Spruch bis zur intellektuellen Bissigkeit, von der selbst verschuldeten Peinlichkeit bis zur strategisch geplanten Verbalattacke ist die Schlagfertigkeit eine Art Eier legende Wollmilchsau der menschlichen Interaktion. Mit ihr können Sie sich gegen Angriffe wehren. Schlagfertigkeit verhilft Ihnen zu einem gezielteren Einsatz Ihrer Sprache. Sie hilft Ihnen, peinliche Situationen zu meistern. In Angriffs- und Kritiksituationen kann sie Ihnen aus der Patsche helfen. Sie lässt Sie wortgewandt, gewitzt und sympathisch auf andere Menschen wirken. In Diskussionen und Verhandlungen können Sie durch Schlagfertigkeit überzeugender wirken. Sogar Ihr Selbstvertrauen kann von Schlagfertigkeit profitieren, was Ihnen zu einem selbstsicheren Auftreten verhilft. Schlagfertigkeit ist ein Rezept für Souveränität in allen Lebenslagen.

Die große Herausforderung der Schlagfertigkeit liegt allerdings darin, dass wir schnell die Selbstkontrolle verlieren, wenn das Ego im Spiel ist. Vor dem Hanse-Marathon 1998 fragte ein Reporter den damaligen Außenminister Joschka Fischer: »Ist es auch möglich, dass Sie aufgeben?« Fischers Antwort ließ wenig Spielraum für den Rest des Gesprächs: »Alles ist möglich, selbst dämliche Fragen wie Ihre.«

Diese schwungvolle Rückhand, ohne Zweifel geschmettert in einem Moment emotionaler Anspannung vor dem großen Lauf, zeigt eindrücklich: Im Bemühen um die Oberhand greifen wir im Affekt tendenziell zu großen Kalibern. Wir schießen gewissermaßen mit Kanonen auf Spatzen. Anstatt die Situation zu klären, machen wir damit am Ende alles nur noch schlimmer. Der Wunsch an die Schlagfertigkeit ist, dass wir uns hinterher besser fühlen – tatsächlich erreichen wir oft genau das Gegenteil.

Deshalb sollte in allen Fragen, die Schlagfertigkeit betreffend, die Frage nach dem Wie immer durch die Frage nach dem Wozu ergänzt werden. Bevor wir uns dem Geheimnis der Schlagfertigkeit auf meiner und Ihrer Bühne nähern, möchte ich Ihnen deshalb drei Fragen stellen. Setzen Sie sich gründlich mit ihnen auseinander, bevor Sie sich mit irgendeiner Methode der Schlagfertigkeit beschäftigen. Sie entdecken dadurch Eigenheiten, Schwächen, Schmerzpunkte, Sollbruchstellen und Polarisierungspotenziale, die wir oft einfach übersehen oder ignorieren. Dann fällt es Ihnen leichter, diese Abwägungen künftig in Sekundenbruchteilen vorzunehmen. Sie werden sich dadurch viele Kollateralschäden durch unreflektierte oder falsch dosierte Schlagfertigkeit ersparen können. Ganz nebenbei lernen Sie dabei noch eine Menge über sich selbst und Ihre Art zu kommunizieren:

1. *Warum haben Sie mehr Angst vor Eventualitäten als vor Realitäten?* Im Alltag bedienen wir mit allerlei eingebildeten Drohbildern unser eigenes Kopfkino der Eventualitäten. Wie im tatsächlichen Kino weichen auch sie oft erheblich von der Realität ab. Wir sind in Sorge, der Situation nicht gewachsen zu sein und die Butter vom Brot genommen zu kriegen. Diese Haltung ist angesichts unserer wettbewerbsorientierten Gesellschaft verständlich, aber auch eine selbsterfüllende Prophezeiung: Wenn ich mit dieser Erwartung in die Interaktion gehe, sehe ich alles durch diesen Filter der Furcht und verhalte mich defensiv. So gebe ich freiwillig Souveränität auf, um sie durch Schlagfertigkeit zurückgewinnen zu müssen – ein Paradoxon.
2. *Ist es wichtiger recht zu haben oder gutes Klima?* Weil bei Anlässen für Schlagfertigkeit immer das Ego mitmischt, sollte neben der Sachebene unbedingt die Beziehungsebene mitgedacht werden. Als mich einmal ein Journalist fragte: »Sie touren für viele Shows um die Welt, sind aber

auch Vater einer kleinen Tochter. Wie kam es dazu?«, antwortete ich: »Durch Geschlechtsverkehr!« Von der Unterstellung, dass mein Berufsleben und mein Privatleben in seinen Augen nicht harmonisierten und dem angedeuteten Vorwurf, dass meine Tochter nicht geplant gewesen sei, fühlte ich mich provoziert. Doch hätte ich meinen Emotionen in meiner Antwort ungefiltert ihren Lauf gelassen, hätte ich das Gesprächsklima irreversibel zerstört – und damit zugleich meinem Interesse an einem gelungenen Interview geschadet. Über die kurze, bündige und schlagfertige Antwort konnten wir gemeinsam lachen. Die Botschaft kam an – und das Klima blieb dennoch positiv.
3. *Worin besteht die Angst?* Wenn Sie sich Sorgen machen, im Bedarfsfall nicht schlagfertig genug zu sein: Welche Angst steckt dahinter? Wir haben ja keine Angst vor Höhe – wir haben Angst zu fallen! In den Momenten, wenn wir fürchten, rhetorisch zu unterliegen, treibt uns eigentlich ein ganz anderes Szenario um. Ist es der drohende Gesichtsverlust vor wichtigen Menschen, das Ansehen einer wichtigen Zielgruppe oder die falsche Entscheidung in einer wichtigen Frage? In jedem Fall ist es nicht der Angriff selbst, der uns Angst macht, sondern die eigene Sprachlosigkeit. Und das macht einen großen Unterschied – denn Letzterem können wir vorbeugen.

Typische Einsatzgebiete für Schlagfertigkeit kann jeder von uns benennen: Meinungsverschiedenheiten, Beleidigungen, Unterstellungen, Provokationen, unangemessene Kritik, Pauschalisierungen, Klischees, Bissigkeit, Killerphrasen und emotionale Entgleisungen durch Wut, Hass oder Neid treiben jeden auf die Palme. Doch die individuellen Triggerpunkte, die den Bedarf nach Schlagfertigkeit auslösen, sind bei jedem Menschen verschieden ausgeprägt. Manch einer reagiert auf jede ansatzweise persönliche Bemerkung empfindlich. Einen anderen lassen selbst Angriffe auf die eigene Person kalt; dafür sieht er sofort rot, wenn nahestehende Menschen diffamiert werden. Wieder ein anderer ruht vielleicht fachlich in seiner Expertise, kommt aber mit Scherzen über seine Person oder sein Aussehen nicht zurecht. Wenn Sie Ihre Triggerpunkte kennen, haben Sie Ihr Ego besser im Griff. Das ist die Voraussetzung, um in jeder Situation angemessen schlagfertig reagieren zu können – oder auch mal zu entscheiden, dass es der Mühe nicht wert ist.

Schlagfertigkeit hat also keineswegs für jeden Menschen dieselbe Bedeutung. Und diese Feststellung spielt eine große Rolle bei der Frage, wie Sie schlagfertiger werden können.

Die drei Elemente der Schlagfertigkeit

Wenn wir die wenig friedfertige Morphologie des Wortes »Schlagfertigkeit« einmal außer Acht lassen, gibt der Begriff an sich bereits eindeutig Aufschluss darüber, was wir gemeinhin – und fälschlicherweise – darunter verstehen: Der Volksmund reduziert den Begriff der Schlagfertigkeit auf rhetorische Reaktionsfähigkeit. Wer um die richtige Antwort nicht verlegen ist, sei der Situation gewachsen und habe auf jeden Reiz die passende Reaktion parat.

Daraus könnte man leicht schließen, Schlagfertigkeit sei eine »One size fits all«-Methode – als müsste man nur die richtigen Sätze auswendig lernen, um für alle Situationen gewappnet zu sein. Doch während es zweifellos einige sehr wirksame Notfallstrategien gibt, die in vielen Situationen anwendbar sind, wird es spätestens bei der konkreten Umsetzung immer persönlich. Auch die beste Strategie funktioniert nicht, wenn sie halbherzig vorgetragen wird; auch der smarteste Spruch bringt nicht den gewünschten Effekt, wenn er nicht zum Absender passt. Christian Lindemann backstage würde auf einen Scherz oder auf einen blöden Spruch ganz anders reagieren als der italienische Taschendieb-Gigolo, den er auf der Bühne des Cirque du Soleil verkörpert. Das weiß ich, denn ich werde immer mal wieder von unserem Artistic Director Adam daran erinnert, beim Einlass nicht zu nett zu den Leuten zu sein: »Don't leave your character, Christian!« – »Fall nicht aus deiner Rolle!«

Viele glauben, Schlagfertigkeit bestehe aus einem coolen Spruch – und das war's. Tatsächlich hat Schlagfertigkeit auf den Bühnen des Lebens drei Elemente, von denen jedes gleichermaßen wichtig ist: das persönliche Element, das nonverbale Element und das verbale Element.

1. Das persönliche Element

Auch der flotteste Spruch wirkt nicht schlagfertig, sondern aufgesetzt bis tragisch, wenn er Ihrer Persönlichkeit nicht gerecht wird. Die Menschen messen Ihre Äußerungen an der Beziehung, die sie zu Ihnen haben: Was ist Ihr Status gegenüber diesem Menschen? Wo stehen Sie in der Hierarchie? Welcher Verhaltenskodex und welche Kommunikationskultur gelten in diesem Umfeld? Haben Sie es mit einem Vorgesetzten, einem Familienmitglied oder einem Freund zu tun? Wie belastbar ist die Beziehung? Welche Reaktion erwarten die Menschen von Ihnen, und was bedeutet es, wenn Sie davon abweichen?

All diese Fragen gelten im selben Maße auch für Ihr Gegenüber. Geben Sie einem Angreifer ein Gesicht – das bringt oft viel mehr als harte Worte. In der Anonymität, etwa in sozialen Netzwerken, erlauben viele sich ganz andere Äußerungen als von Angesicht zu Angesicht. Machen Sie persönlich, was Sie persönlich nehmen, und nutzen Sie in Ihrer Antwort den Namen. Wenn andere Sie an Ihrem Schwachpunkt attackieren – kontern Sie, indem Sie Ihre Stärken ausspielen. Niemand zwingt Sie, das Spiel eines Angreifers mitzuspielen – der beste Konter ist immer der, den Sie beherrschen und der zu Ihrer Persönlichkeit passt.

> Der beste Konter ist immer der, den Sie beherrschen und der zu Ihrer Persönlichkeit passt.

Bei der Einlassphase einer unserer Shows trete ich noch nicht erkennbar als Taschendieb auf, sondern als Fake-Clown, der sich das Vertrauen der Zuschauer erschleichen will – mit buntem Kostüm und Luftballons. Wenn mich anfangs Kinder baten, ihnen ein Ballontierchen zu basteln, tat ich ihnen einfach den Gefallen – bis Adam mich ermahnte, der Persönlichkeit meiner Rolle gerecht zu werden. Seitdem heißt es bei der Bitte um einen Luftballon-Hund: »Der kostet 100 Dollar – in bar, keine Kartenzahlung! Und wenn dein Papa nicht bezahlen will, dann hat er dich nicht lieb!« Schlagfertigkeit muss immer ins Gesamtbild einer Persönlichkeit passen. Nette Clowns werden nicht von der Polizei gejagt ...

Letztlich geht es beim persönlichen Element immer um Mut: Was traut man mir zu, und was will ich mir leisten? Fragen Sie sich nicht nur, was Sie mit Ihrer Antwort erreichen wollen – fragen Sie sich immer auch, was das für die Beziehung bedeutet. Sie nehmen den Angriff persönlich – und auch was Sie sagen, wird persönlich genommen werden. Das richtige Maß der Schlagfertigkeit ist eine Frage des richtigen Maßes von Mut.

2. Das nonverbale Element
Noch bevor Ihre Erwiderung akustisch bei Ihrem Gegenüber ankommt, sendet Ihre Körpersprache eine Botschaft. Sie ist treffsicherer, wenn Sie sich dessen bewusst sind. Ob Sie sich ab- oder zuwenden, welchen Eindruck Ihre Mimik erweckt und welche körperlichen Signale Sie senden, hat großen Einfluss darauf, wie Ihre Reaktion vom anderen wahrgenommen wird.

Auch Wirkpausen können, an der richtigen Stelle gesetzt, große Stärke entwickeln. In einem Restaurant hörte ich einmal, wie der Sternekoch am Nebentisch fragte, ob es geschmeckt hätte. Die Antwort des Gastes mit charmantem französischem Akzent: »Es ist das beste Essen, das isch gegessen abe ...« An dieser Stelle legte der Sprecher eine Pause ein. Als der Starkoch sich bereits sichtlich in dem Kompliment suhlte, schob der Gast schließlich nach: »... in die letzte drei Tage.«

Dabei hielt er unerbittlich den Augenkontakt – ebenfalls ein Indikator für eine souveräne, überzeugte Haltung hinter der Antwort. Nicht vergessen: Die gesamte Körperhaltung, von der Ausrichtung des Körpers über die Haltung des Kopfes bis hin zu Körperspannung und zum Gebrauch der Hände sendet ebenfalls ein Signal. Wenn Sie einen flotten Spruch abfeuern, dabei aber auf den Händen sitzen und zu Boden schauen, wird die Wirkung sich in Grenzen halten. Viele sind sich der Tatsache nicht bewusst, dass sie mit ihrem Gesichtsausdruck bereits eine Reaktion zeigen, die wie eine Antwort vor der Antwort wirkt. Eine erschrockene, betroffene oder spöttische Mimik kann jede Antwort vernichten, die anschließend verbal folgen mag. Üben Sie sich darin, Ihre Mimik zu kontrollieren, damit Ihnen nicht jede negative Emotion sofort im Gesicht geschrieben steht. Keep smiling – damit verweigern Sie einem Angreifer oft schon das 1:0!

3. Das verbale Element
Während Ihre nonverbale Reaktion, etwa in Form Ihrer Körperhaltung und Mimik, beim anderen fast verzögerungsfrei ankommt, können Ihre Worte auch nach fünf Sekunden noch souverän wirken. Das ist in der Realität länger, als Sie vielleicht glauben. Sie haben also durchaus Zeit nachzudenken, bevor Sie reagieren. Zwischen Reiz und Reaktion gibt es einen Raum. Sich seiner bewusst zu sein und ihn zu nutzen, macht für Ihre Schlagfertigkeit einen Riesenunterschied.

Das Was, also der Inhalt Ihrer Erwiderung, ist von den drei Elementen dasjenige, das vielen am meisten Kopfzerbrechen macht. Grundsätzlich haben Sie zwei Möglichkeiten: Entweder kontern Sie aus dem Affekt heraus spontan mit einer schlagfertigen Erwiderung. Dann gehen Sie das Risiko ein, die Wirkung nicht ganz durchdacht zu haben, über das Ziel hinauszuschießen und dem Gespräch eine unerwartete Dynamik zu verleihen. Oder Sie bedienen sich einer Handvoll Standardantworten, die Sie sich eingeprägt haben und die auf 99 Prozent aller Fälle anwendbar ist. In den einschlägigen, auf Rhetorik fokussierten Ratgebern über Schlagfertigkeit finden Sie eine reiche Auswahl solcher Universalwaffen. Einer meiner Favoriten stammt vom Komponisten John Cage: »Das ist eine sehr interessante Frage. Ich möchte sie nicht durch eine Antwort verderben.«

Keine Frage: Die richtige Formulierung kann Wunder wirken. Doch bevor Sie sich den Kopf über den Wortlaut zerbrechen, ist eine weitere Differenzierung notwendig. Auch ihr schenken Sie in einer Angriffssituation möglicherweise nicht die gebührende Aufmerksamkeit. Und darüber ärgern Sie sich im Nachhinein vielleicht mehr als darüber, dass Ihnen die clevere Antwort zu spät eingefallen ist.

Feuerlöscher oder Benzinkanister?

Schlagfertigkeit kann ungeheuer souverän wirken, das Ansehen erhöhen und verfahrene Gesprächskonstellationen auflösen. Doch Schlagfertigkeit – oder das, was wir fälschlicherweise dafür halten – kann auch das Gegenteil bewirken. Starke Worte können einen Austausch in die falsche Richtung steuern oder abrupt beenden. Sie können sogar Beziehungen ruinieren. Das rechte Maß verfehlen können wir auch, indem wir zu spät und zu brachial reagieren, wo wir schon viel früher mit viel eleganteren Mitteln hätten gegensteuern können.

Es ist wichtig zu wissen, dass es nicht nur die Wahl zwischen »schlagfertig« und »nicht schlagfertig« gibt. Darüber hinaus gilt es, auch noch zwischen zwei Formen der Schlagfertigkeit zu differenzieren: zwischen der weichen und der harten Schlagfertigkeit.

Die weiche Schlagfertigkeit ist die diplomatischere Variante – sozusagen der Feuerlöscher unter den Abwehrmaßnahmen. Sie versucht, den Brand einzudämmen, anstatt ihn weiter anzufachen. Die harte Schlagfertigkeit ist die aggressivere Version. Sie entspricht dem Benzinkanister, der den Brand noch ordentlich anheizt und den Kampf ausfechten will.

Wirkliche Schlagfertigkeit ist immer eine bewusste, kontrollierte Reaktion, die auf ein bestimmtes Ergebnis abzielt.

Dennoch ist die harte Schlagfertigkeit nicht mit blindem Zurückschlagen zu vergleichen, so wie die weiche Schlagfertigkeit nichts mit klein beigeben zu tun hat. Wirkliche Schlagfertigkeit, wie ich sie verstehe, ist immer eine bewusste, kontrollierte Reaktion, die auf ein bestimmtes Ergebnis abzielt. Im Fall der harten Schlagfertigkeit ist dieses Ergebnis eine Bereinigung der Situation, um klare Verhältnisse zu schaffen. Die weiche

Schlagfertigkeit will die Situation hingegen nicht deckeln, sondern vielmehr Raum schaffen, um sie weiter auszugestalten. Die Entscheidung für weiche Schlagfertigkeit bedeutet, dass Sie sich eine rote Uniform anziehen und die Rolle des Feuerwehrmanns übernehmen müssen, der die Situation rettet. Und das, obwohl Sie angegriffen werden! Je nach Situation kann das ganz schön Überwindung kosten. Und hier kommt der Faktor Souveränität ins Spiel: Weiche Schlagfertigkeit ist Rhetorik für Selbstbewusste. Sie setzt voraus, dass Sie im Moment des Angriffs nicht im Affekt reagieren, sondern kühlen Kopf bewahren und Ihre Mittel bewusst wählen, anstatt emotional zu werden und zurückzuschlagen. Das erfordert ein hohes Maß an Selbstkontrolle.

Woher nehmen Sie die? Indem Sie ein entspanntes Verhältnis zu Ihrem Ego aufbauen. Angriffe sind viel leichter einzuordnen, wenn Sie sich darüber im Klaren sind, dass sie sich gegen Ihr Ego richten – ob nun absichtlich oder unabsichtlich, strategisch gezielt oder eher unbedacht aus der Hitze des Moments heraus. Das Grummeln in Ihrem Bauch, das dem anderen jetzt verbal einen Schlag ins Gesicht versetzen will, ist Ihr getroffenes Ego. Sie können ihm die Reaktion überlassen und zurückschlagen. Doch damit verschärfen Sie den Konflikt in der Regel nur noch. Oder Sie können tief durchatmen, sich auf Ihre innere Stärke berufen und reflektiert reagieren.

Mit welcher Überraschung oder Unverschämtheit auch immer Sie konfrontiert werden, denken Sie daran: Sie haben die Kontrolle und niemand sonst.

– Sie entscheiden über Ihre persönliche Wahrnehmung der *Situation*.
– Sie entscheiden über Ihren Umgang mit der ausgelösten *Emotion*.
– Sie entscheiden über Ihre *Reaktion*.

Geben Sie nie das Steuer aus der Hand, und vor allem: Lassen Sie sich nie den Benzinkanister in die Hand drücken!

Wenn Sie die Selbstkontrolle wahren, haben Sie immer noch die Wahl zwischen einer »harten«, schlagfertigen Antwort, die für klare Verhältnisse sorgt, und einer »weichen«, diplomatischeren Reaktion, nach der sich der Austausch konstruktiv fortsetzen lässt. Das Geheimnis besteht in beiden Fällen darin, dass Sie das Ergebnis der Interaktion ins Auge fassen und Ihre Reaktion darauf einstellen. Im Alltag wird die weiche Schlagfertigkeit häufiger relevant sein als die Alternative. Die meisten Gesprächssituationen im Alltag sind nämlich lösungsorientierter Natur.

Kritische Einwürfe oder Angriffe kommen oft getarnt daher: Ein eigentlich sinnvoller, sachlicher Kern verbirgt sich hinter einer unsachlichen Äußerung. Wenn Sie in einem Meeting zum Beispiel eine Investition vorschlagen und ein Kollege aus einer anderen Abteilung aufgeregt einwirft: »Wer soll das denn bezahlen?«, dann ist das gewiss ungeschickt formuliert. Möglicherweise steckt trotzdem ein richtiger Gedanke dahinter.

Reagieren Sie jetzt mit harter Schlagfertigkeit, ersticken Sie die Möglichkeiten für die weitere Gesprächsgestaltung: »Wenn deine Abteilung es mal hinbekommt, kein Geld mehr in gescheiterten Projekten zu versenken, können wir uns das locker leisten.«

Geeigneter ist in dieser Situation die weiche Schlagfertigkeit, die das Gespräch am Laufen hält. Mit ihrer Hilfe ist es möglich, dem sachlichen Kern hinter der unsachlichen Formulierung auf den Grund zu gehen und gleichzeitig dem Angriff den Wind aus den Segeln zu nehmen. Der Weg dahin, das Universalwerkzeug der Feuerlöscher-Schlagfertigkeit, ist die sachliche Rückfrage. Sie spielt den Ball ganz entspannt zum Angreifer zurück:

»Wie meinst du das, wir haben kein Geld für so etwas?«
»Was verstehst du unter Geldverschwendung?«
»Warum denkst du, dass wir das nicht bezahlen können?«
Mit solchen Gegenfragen konfrontiert, ist der andere gezwungen, sich zu erklären und dabei auf der Sachebene zu bleiben. Sind Sie da erst einmal angekommen, können Sie gemeinsam nach einer Lösung suchen, anstatt sich die Köpfe einzuschlagen. Geht es dem anderen aber nicht um die Sache, sondern darum, Sie anzugreifen, wird er sich an dieser Stelle entlarven, indem er weiter unsachlich angreift. In diesem Fall können Sie immer noch zum Benzinkanister greifen und sich der harten Schlagfertigkeit bedienen.

Leider gibt es auch Situationen, in denen Ihr Gegenüber eigennützig oder sogar bewusst destruktive Motive verfolgt. In diesen – zum Glück relativ seltenen – Fällen ist die harte Schlagfertigkeit das Mittel der Wahl.

Das kommt zum Beispiel vor, wenn ich es mit einem egomanischen Zuschauer zu tun bekomme, der meine Bühne an sich reißen und mir die Show stehlen will, weil es ihm im Scheinwerferlicht ein bisschen zu gut gefällt. Ein solcher Zuschauer wird versuchen, mich bloßzustellen und vorzuführen, indem er sich meiner Führung auf der Bühne gezielt widersetzt. Ihm geht es nicht darum, dass 3000 Menschen eine gute Show sehen, sondern darum, sich selbst in den Mittelpunkt zu stellen. Dann muss ich die Situation klären, damit ich nicht die Kontrolle über die Darbietung verliere. Zu diesem Zweck kann ich zum Beispiel mein Mikro kurz stumm schalten, dem Zuschauer in die Augen blicken und ihm höflich, aber unmissverständlich mitteilen: »Hier gibt es nur einen Clown auf der Bühne, und der bin ich!« Da ich meine Opfer mithilfe der positiven Manipulation in aller Regel aber sehr effektiv führen kann, muss ich zu diesem Mittel nur äußerst selten greifen.

Auch wenn Sie sich begründet für die harte Schlagfertigkeit entscheiden – selbst bei der übelsten Attacke sollten Sie sich nie auf das Niveau des Angreifers herablassen. Menschen zu verletzen ist nie okay – ganz besonders dann nicht, wenn der andere es darauf anlegt. Deshalb gibt es klare Tabus der Schlagfertigkeit. Dazu gehören Krankheiten, Behinderungen oder andere körperliche Einschränkungen, Religion, Geschlecht, sexuelle Orientierung, Herkunft, Hautfarbe, soziales Umfeld und finanzielle Verhältnisse. Ebenso tabu sind Drohungen und Rufmord. All diese Grenzen mögen Ihnen selbstverständlich erscheinen. Doch die Linie zur persönlichen Beleidigung, zur Verletzung oder zum Rufmord wird leider erschreckend oft überschritten, wenn man erst mal damit anfängt, Benzin ins Feuer zu gießen.

Ob Sie zum Feuerlöscher greifen oder zum Benzinkanister: Schlagfertigkeit ist, wenn Sie Ihr Ego im Griff haben und sich bewusst für eine Reaktion entscheiden. Die Devise lautet: »Ich kann, aber ich muss nicht!« Es tut gut zu wissen, dass man könnte, weil man den Benzinkanister bei der Hand hat. Oft fühlt man sich hinterher aber besser, wenn man ihn stehen lässt. Bei den meisten Anlässen für Schlagfertigkeit wirkt es sowohl auf den Angreifer als auch auf andere Anwesende souveräner, sich dem Konflikt zu entziehen, statt sich tiefer in ihn hineinziehen zu lassen.

Schlagfertigkeit verleiht Ihnen Souveränität – schon bevor Sie Gebrauch davon machen.

Wer sein Ego kontrollieren kann, der bekommt so ziemlich alles in den Griff. Schlagfertigkeit verleiht Ihnen Souveränität – schon bevor Sie Gebrauch davon machen.

Überraschung: Wie Schlagfertigkeit mich auf der Bühne rettet

Auf den monatelangen Tourneen vor Menschen aus den verschiedensten Kulturen sind über die Jahre Tausende Auftritte als König der Taschendiebe zusammengekommen. Wenn man so viel herumkommt und dabei jeden Tag so eng mit völlig fremden Menschen zusammenarbeitet, erlebt man einige Überraschungen. Doch egal, was passiert: Immer muss ich schlagfertig auf die Situation reagieren. Ich muss professionell aus meiner Rolle heraus handeln und das Überraschungsmoment in meine Dramaturgie integrieren. Wie verdutzt oder schockiert ich auch sein mag, immer gilt es, die Show zu retten – koste es, was es wolle.

Manchmal ist das noch schwieriger als mein eigentlicher Job. Schlagfertigkeit ist für mich deshalb keine *nice to have*-Kompetenz, sondern ein absolutes *must have*. Allerdings steht Schlagfertigkeit in meinem Job unter besonderen Vorzeichen. Auf der Bühne kann ich meinen Zuschauer-Partner nicht einfach mit einem flotten Spruch mundtot machen. Oft kann ich gar nicht verbal reagieren, wie wir das in den meisten alltäglichen Situationen tun würden. Schließlich brauche ich weiterhin die Kooperation dieses Menschen. Vielmehr muss ich einen Weg finden, die Überraschung konstruktiv, am besten auch noch kreativ und in jedem Fall unterhaltsam in mein Programm zu integrieren – oder aber so zu kaschieren, dass die Show nicht darunter leidet.

Wenn ich also auf der Bühne auf meine Weise schlagfertig bin, dann bin ich es nicht für mich, sondern immer im Sinne des Erfolgs der Show. Die Schlagfertigkeit, die ich meine, ist eine integrative Kompetenz: die Fähigkeit, Unvorhergesehenes nutzbar zu machen und wenn möglich sogar in einen Vorteil zu verwandeln – wie ein Judoka, der den Schwung seines Gegners mitnimmt.

Diese Kompetenz brauche ich bei jedem Auftritt, aber an manchen Tagen mehr als an anderen. Denn so gut meine Menschenkenntnis inzwischen auch entwickelt sein mag – ich weiß nie wirklich, was mich erwartet. Professionell kann man sich auf manches vorbereiten: auf den schwierigen Ledergürtel in der Jeans eines Übergewichtigen; auf den Pager, den ich im letzten Moment am Gürtel baumeln sehe und auffangen muss; auf typische, peinliche Fundstücke in den Taschen mancher Kandidaten.

Doch auf manche Dinge, die ich schon in Hosen und Jacken gefunden habe, kann man einfach nicht vorbereitet sein – und auf die Reaktion ihres Besitzers auch nicht. Darin liegt allerdings der eigentliche Charme meines Auftritts. Den Vorgang des eigentlichen Diebstahls sieht das Publikum kaum oder nur sehr bedingt. Der Erfolg der Nummer steht und fällt damit, wie ich meine Beutestücke präsentiere und noch mehr darin, wie ich ihre Rückgabe inszeniere – oder, in manchen Fällen, auch mal nicht.

Ein Auftritt in New York City etwa wird mir ewig in Erinnerung bleiben. Mein Opfer war ein Herr mittleren Alters, gut in Form und bester Stimmung. Noch auf dem Weg auf die Bühne bemerkte ich allerdings das Uniformhemd, das sich unter seiner Jacke verbarg: Offenbar war der Polizist direkt vom Dienst in die Vorstellung gekommen und hatte sich nur seine zivile Jacke übergezogen.

Wie immer gingen meine Hände in seinen Taschen auf die Reise, und zunächst fiel mir nichts Ungewöhnliches auf. Doch als meine Finger unter seine Jacke wanderten, um seine Innentaschen auszuräumen, hielt ich plötzlich einen Revolver in der Hand.

»Das ist neu«, dachte ich bei mir und war erst einmal verwundert, dass dieser Kandidat sich überhaupt von mir beklauen ließ. Doch dann fiel mir ein: Wir sind in den USA. Eine Waffe in der Öffentlichkeit zu tragen, ist hier nicht weiter ungewöhnlich, und für einen Polizisten schon gar nicht. Keine Sorge, Christian – mach einfach dein Ding.

Diese Überlegungen liefen im Bruchteil einer Sekunde ab; innehalten und erst mal überlegen ist mitten im Auftritt keine Option. Vielleicht dauerte es eine Zehntelsekunde länger, bis der Revolver wie jeder andere Fund für einen Augenblick im Scheinwerferlicht hinter dem Kopf meines Opfers aufblitzte und dann in der Geheimtasche meines eigenen Jacketts verschwand, zusammen mit dem Portemonnaie und den Schlüsseln. Das Publikum reagierte nicht anders als sonst – niemand ging in Deckung, niemand rannte aus dem Zelt. Der Auftritt ging zu Ende, als wäre nichts gewesen – abgesehen von einem flauen Gefühl in meiner Magengegend: »Was, wenn sich ein Schuss gelöst hätte?«

Manchmal heißt Schlagfertigkeit in meiner Rolle aber auch einfach zu wissen, wenn es nichts zu gewinnen gibt. Das erlebte ich mit einem jungen Mann, den ich mir in Dortmund als meinen Showpartner ausgesucht hatte. Er schien ein idealer Kandidat zu sein – allerdings nur bis zu dem Moment, als er realisierte, dass ich ihn zum Teil meiner Darbietung machen wollte. »Sie gehen am besten weiter und sprechen mich nicht mehr an«, raunte er mir zu. Sowohl sein ruhiger, aber schneidender Ton als auch seine kontrollierte Mimik zeigten dabei eine eingeübte Selbstverständlichkeit, die mir suggerierte: Das hat er schon öfter gesagt. Am naheliegendsten erschien mir im Nachhinein, dass es sich entweder um einen Sicherheitsbeamten oder um einen Angehörigen des organisierten Verbrechens handelte – oder sonst jemanden, der unerkannt bleiben wollte und dabei keinen Spaß verstand.

Bei solchen und anderen krassen Reaktionen muss ich meine Avancen natürlich sofort abbrechen, damit die Shownummer nicht platzt. Ich habe gelernt, dann einfach kommentarlos weiterzugehen. Alles andere stiftet nur Verwirrung. Denn was ich in diesem Moment sage, ist über mein Kragenmikro für jeden im Publikum hörbar – nicht aber, was der andere sagt. Das Publikum hat das Recht auf eine gute Show. Ich trage die Verantwortung dafür. Und ich löse sie ein, indem ich weiterlächle.

Es gibt Situationen, die wir einfach nicht steuern können. In solchen Momenten im Leben bedeutet die Kontrolle zu übernehmen, und loszulassen, solange man es noch selbst in der Hand hat – und den Fokus auf das zu richten, was in unserer Macht steht.

Den Umgang mit dieser Ambivalenz von Kontrolle empfinde ich als Essenz der Schlagfertigkeit: mit dem arbeiten, was man beeinflussen kann, und das andere loslassen. Auf der Bühne stehe ich täglich vor dieser Herausforderung. Jedes Mal muss ich einen differenzierten Umgang mit der Ausgangslage finden. Manchmal gilt es, innerhalb von Sekundenbruchteilen eine ganze Reihe von Entscheidungen zu treffen, mit denen der Auftritt steht oder fällt.

Die Essenz der Schlagfertigkeit: mit dem arbeiten, was man beeinflussen kann, und das andere loslassen.

Schlagfertigkeit für Profis: Der Unterschied zwischen Intuition und Instinkt

Nie war der Entscheidungsdruck höher als an dem Tag, als ich es mit Michael zu tun bekam. Auf den ersten Blick war an Michael erst einmal nichts Besonderes. Ich suchte ihn nach denselben Kriterien aus wie immer: Er trug eine Krawatte, eine Uhr und ein Jackett mit mehreren Taschen, aus denen augenscheinlich einiges zu holen war. Offensichtlich war er ein Familienvater und wurde von seiner Frau und seinen drei Töchtern begleitet. Die Familie war in bester Stimmung – sicher war der Besuch des Cirque du Soleil ein Highlight im Familienkalender, auf das sich alle schon lange gefreut hatten. Oder fast alle ...

Anfangs lief der Bühnen-Act mit Michael ganz planmäßig: Der sympathische American Dad kooperierte und schlug sich auch gut in der ungewohnten Bühnensituation. Das Publikum hatte seine Freude an ihm. Nichts erweckte den Eindruck, dass ich mit größeren Überraschungen zu rechnen hatte. Michaels Uhr schnappte ich mir schnell und hielt meine Beute über seinem Kopf ins Scheinwerferlicht. Spielerisch flink ging es weiter mit Michaels Portemonnaie, gefolgt von seinem Smartphone – so konnte das gerne weitergehen!

Dann griff ich in Michaels linke Jacketttasche. In diesem Moment musste ich mich erst einmal disziplinieren, damit mir das Grinsen nicht aus dem Gesicht fiel – oder aber in einen Lachkrampf kippte. Denn aus Gründen, die ich mir beim besten Willen nicht erschließen konnte, sah die nächste Momentaufnahme so aus: Showtime für Michaels Möhre, die im Scheinwerferlicht besonders appetitlich aussah.

Eine Karotte in der Jacketttasche? Ernsthaft? Meine Gedanken rasten auf der Suche nach einem schlagfertigen Umgang mit diesem ungewöhnlichen Fundstück. Vorsicht, Christian, ermahnte ich mich innerlich, keine Veganer-Witze – während ich mit der anderen Hand in Michaels andere Jacketttasche griff. Dort fand ich: eine weitere Möhre.

Während ich auch die zweite Möhre den Zuschauern präsentierte und das Publikum sich bereits köstlich amüsierte, rief ich mir meine Schlagfertigkeitstabus in Erinnerung: definitiv keine Veganer-Witze. Offenbar nahm Michael seine Rohkost wirklich ernst.

Als ich in seine Innentasche griff und dort eine dritte Möhre vorfand, glaubte ich langsam, aber sicher, dass mein Team mich an eine Sendung mit versteckter Kamera verkauft hatte. Wahrscheinlich lachte sich die versammelte Mannschaft hinter den Kulissen gerade schlapp. Aber irgendwie passte das nicht zu der Professionalität, mit der alles im Cirque du Soleil abläuft: diese grenzen- und kompromisslose Hingabe im Streben nach der perfekten Show.

Eine ganze Veganer-Familie, also?

Einige Sekunden später waren alle Fragen, die ich über Michael und seine Ernährungsgewohnheiten hatte, beantwortet. Schon als ich ihn von Weitem beobachtet hatte, war mir aufgefallen, dass an seinem Gürtel eine Kameratasche baumelte – eines jener Holster, in die man eine große Spiegelreflexkamera stecken kann. Ein schönes Extra für mich, dachte ich.

Als ich das Holster unbemerkt hinter Michaels Rücken öffnete, war ich nicht mehr ganz so optimistisch. Bitte nicht noch mehr Möhren, dachte ich bei mir. Bitte, zur Abwechslung jetzt einen Sellerie und eine Frühlingszwiebel.

Was ich stattdessen fand, überraschte mich auch nach vielen Jahren Taschendiebstahl. Und diese Überraschung stellte mich vor ein echtes Problem: Was macht man mit einem erwachsenen Mann auf der Bühne, der in seiner Kameratasche einen lebenden Hasen mit sich herumträgt? Offenbar war Michaels Familie nicht zu fünft, sondern zu sechst angereist, nämlich samt Haustier. Und da die Vorstellung einige Stunden dauerte, waren ein paar Möhren als Proviant für das pelzige Familienmitglied eine absolut adäquate Strategie.

Diese Frage war also beantwortet. Ganz im Gegensatz zur nächsten Frage, die ich nun mit mir zu klären hatte: Wenn es schon keine Kamera abzustauben gab – sollte ich stattdessen den Hasen klauen?

Meine Kollegen aus der Technik hoch über mir in den Lichtmasten hatten dazu offenkundig eine ganz klare Meinung. »Pick the rabbit! – Klau den Hasen!«, brüllten sie mir von oben zu.

Das hättet ihr gern, dachte ich bei mir, während ich den Verschluss der Kameratasche wieder schloss, damit der Hase am Ende nicht noch lange Beine machte. Ich verstehe ja, dass die Jungs da oben die Abwechslung genießen, die Improvisationsdarbietungen wie meine bieten. Aber ich konnte doch keinen Hasen klauen und in die Höhe halten! Erstens hätten wir es sofort mit der US-Tierschutzbehörde zu tun bekommen, und die versteht keinen Spaß. Zweitens kannte der Hase mich nicht – womöglich würde er mich in die Hand beißen, sich befreien und die Flucht ergreifen, während ich ihn aus seinem Versteck zog. Und drittens, mal ernsthaft: ein Hase in einer Zirkusshow? Jeder hätte geglaubt, dass Michael ein »Stooge«, also ein Eingeweihter, war und mit mir zusammenarbeiten würde, und dann wäre der ganze Auftritt verpufft gewesen.

Also entschied ich mich, dass der schlagfertigste Umgang mit dieser Überraschung nicht darin lag, das Offensichtliche auszuschlachten. Stattdessen beschloss ich, professionell zu bleiben und das Beste aus den rhetorischen Spielräumen zu machen, die die Situation mir bot. So beschränkte ich mich am Ende darauf, ein paar Gags über Michaels enges Verhältnis zu seinem vermeintlichen heimischen Gemüseacker abzufeuern, und zog die Nummer planmäßig durch. Alles andere hätte ein zu großes Risiko dargestellt, so dankbar die Gelegenheit auch schien. Und da versteht mein Showproduzent, da versteht auch Christian Lindemann keinen Spaß. Nicht einmal mit Bugs Bunny in the house: Die Show muss weitergehen, auf Wiedersehen!

Muss man wirklich jeder Steilvorlage folgen und sich jedem Reiz unterwerfen? Besteht Schlagfertigkeit darin, auf Gedeih und Verderb jeden Volley zu verwandeln, jeden Gag mitzunehmen, jede vermeintliche Chance in Gold verwandeln zu müssen, und sei das Risiko noch so hoch? Ich glaube es nicht. Ich glaube, Schlagfertigkeit ist die Fähigkeit echter Profis, aus ihrer durch Erfahrung gewachsenen Intuition heraus situativ zu reagieren, wo jeder andere auf seine Instinkte und pures Glück zurückgeworfen wäre.

Schlagfertigkeit ist die Fähigkeit, situativ zu reagieren, wo jeder andere auf seine Instinkte zurückgeworfen wäre.

Intuition und Instinkt, das ist ein gewaltiger Unterschied. Die eine wächst mit der Erfahrung. Das andere ist ein unbeeinflussbares genetisches Programm, das sich in komplexen Situationen oft als schlechter Berater entpuppt. Für mich besteht die Definition von Professionalität darin, die Kontrolle zu behalten und das Beste aus der Situation zu machen, was auch geschieht. Auch den Besten von uns wird das nicht immer gelingen – aber mit wachsender Erfahrung immer öfter. Je mehr wir erlebt haben, desto souveräner – also unabhängiger – können wir in jedem Moment entscheiden, egal, was das Leben für uns bereithält.

Vorbereitung, die man nicht sieht

Es gibt Menschen, die wir für ihre Schlagfertigkeit bewundern. Einer davon war der langjährige CSU-Vorsitzende, Bundesminister und bayerische Ministerpräsident Franz Josef Strauß (1915–1988). Selbst seine schärfsten Gegner hatten einen immensen Respekt vor seinem rhetorischen Reaktionsvermögen. So mancher überlegte es sich lieber zweimal, bevor er eine Attacke auf ihn startete. Schlagfertigkeit ist eine jener Eigenschaften, die das Image einer Person prägen können. Sie macht Menschen scheinbar unverwundbar. Damit ebnet sie ihnen manchen Weg, den andere sich erst mühsam freischlagen müssen.

Schlagfertigkeit ist eine jener Eigenschaften, die das Image einer Person prägen können.

Wie machen die das?, fragen wir uns unweigerlich, wenn wir diese Menschen bei ihrem Durchmarsch vorbeiziehen sehen. Die Antwort ist erstaunlich simpel: Meister der Schlagfertigkeit sind Meister der Vorbereitung. Sie haben immer ein Ass im Ärmel, weil sie das Ass vorher in den Ärmel gesteckt haben. So halte ich es auf der Bühne für den Fall, dass ich an ein Opfer mit leeren Taschen gerate. Und so hielt es auch Franz Josef Strauß mit seinen kunstvollen Antworten.

Der bayerische Ministerpräsident hatte seine ganz eigene Methode, um jederzeit auf alle möglichen Einwände und Angriffe vorbereitet zu sein. Bei öffentlichen Auftritten hatte er immer ein Blatt Papier dabei, das er im Querformat vor sich hinlegte. Allein das irritierte seine Zuhörer und Gesprächspartner oft schon, was ihm einen zusätzlichen, psychologischen Vorteil verschaffte: Warum hat der seinen Stichpunktezettel quer vor sich liegen? Der tatsächliche Zweck dieser Übung war allerdings ein strategischer: Strauß brauchte das

Querformat als Leinwand für seinen rhetorischen Schlachtplan.

Sein Notizzettel hatte stets drei Spalten. In die linke schrieb er seine Redestichpunkte. Danach ließ er das Blatt ruhen, bevor er sich der mittleren Spalte widmete. Dafür versetzte er sich in die Rolle seiner Widersacher: Hier notierte er, mit welchen Argumenten, Einwänden und Angriffen man seine Rede und seine Absenderkompetenz zerpflücken könnte. Danach legte er erneut eine Denkpause ein, in der er zum Beispiel in einem seiner zahlreichen Lieblingslokale speiste oder mal kurz Airbus gründete, im Zweifel beides gleichzeitig. Am Ende notierte er in die dritte Spalte seiner Tabelle das, was seinen Ruf als begnadeter Rhetoriker begründete: Antworten, Gegenargumente und strategische Hebel, mit denen er die Flegel aus der Opposition auf ihren Platz verwies. Überraschen konnten sie ihn nur selten. Schließlich nahm die mittlere Spalte seines Notizzettels ihre Attacken bereits vorweg, und die passende Erwiderung stand gleich daneben.

Seine Souveränität bezog Strauß aber nicht allein aus der inhaltlichen Ebene seiner Vorbereitung. Auch emotional ging er bestärkt und entsprechend überzeugt ans Pult, weil er sich vorbereitet wusste. Gewiss können Sie das nachvollziehen: Wenn Sie auf Ihrem ureigenen Spielfeld herausgefordert werden, gehen Sie viel souveräner ins Match. Sie freuen sich sogar darauf, Ihre Trümpfe ausspielen zu können.

Wie sehr man den Vorteil der Souveränität am eigenen Leib spüren kann, erlebte ich beim Cirque du Soleil nach jener schicksalhaften Vorstellung in Miami, bei der mein Publikum nur in Shirt und Shorts gekleidet war. Bis zu diesem Tag hatte ich auf alle Überraschungen intuitiv reagiert. Nach dieser adrenalinreichen Erfahrung professionalisierte ich meine Schlagfertigkeit, getreu dem Motto: Wer Asse im Ärmel haben will, muss welche reinstecken. Seitdem bin ich auf der Bühne auf fast alle Eventualitäten vorbereitet. Meine Ärmel und Taschen sind gefüllt, und das nicht nur mit dem tatsächlichen Diebesgut.

Miami hat mich zu einem Fan der Schlagfertigkeit gemacht. Manchmal bin ich fast enttäuscht, wenn alles nach Plan läuft und ich nicht zeigen darf, was ich sonst noch beherrsche. Aus vielen Lernmomenten ist eine Stärke erwachsen, die meine Showsouveränität erhöht hat. Dasselbe kann sie für Sie tun. Alles, was Sie tun müssen, ist vorbereitet sein.

Wer vorbereitet ist, muss kaum einen Angriff noch fürchten – und sich auch sonst keine der kleinen und großen Unzumutbarkeiten des Alltags mehr gefallen lassen. Einer wie Franz Josef Strauß hatte für alle Eventualitäten die passende Bemerkung parat. Wenn ihm der Weißwein einmal nicht kalt genug war, fragte er die Bedienung: »Haben Sie auch noch andere warme Getränke?«[45]

Auch das ist ein Grund, warum schlagfertige Menschen so souverän auf andere wirken: Sie können wahnsinnig effizient kommunizieren. Wo andere zu einer Tirade anheben, bekommen sie mit wenigen Worten, was sie wollen. Was bei oberflächlicher Betrachtung aussieht wie Beredtheit, ist

Die wahren Meister der Schlagfertigkeit sind durchsetzungsfähige Minimalrhetoriker.

also in Wirklichkeit eine Kunst der Beschränkung: Die wahren Meister der Schlagfertigkeit sind durchsetzungsfähige Minimalrhetoriker.

Vier Schlagfertigkeitsstrategien für alle Fälle

Nicht nur inhaltlich wie Franz Josef Strauß, sondern auch methodisch kann man sich für den alltäglichen Anwendungsfall wappnen. Wenn Sie einige grundlegende Techniken kennen, sind Sie auch reaktionsfähig, wenn die Standardformulierungen einmal nicht greifen bzw. nicht angemessen erscheinen, oder wenn die Diskussion anders verläuft als erwartet.

Es gibt unzählige Kommunikationstechniken, die man für schlagfertige Antworten heranziehen kann. Im Folgenden vier besonders universelle aus meinem Showalltag:

1. Den Spieß umdrehen

Viele verbale Angriffe beruhen auf scharfen Formulierungen, die der Absender sich vorab zurechtgelegt hat. Oft haben Widersacher nur darauf gewartet, sie abfeuern zu können. Die Sache mit scharfen Waffen ist nur, dass sie sich auch gegen den Angreifer richten können. Wer schon einmal beim Zwiebelschneiden übermütig geworden ist, weiß, wovon ich rede.

Genau darum geht es bei dieser Technik: Sie nehmen die Ursprungsformulierung des Angreifers und kehren sie um, sodass er seinen eigenen Angriff retourniert bekommt. Wenn Sie es ausprobieren, werden Sie feststellen, dass diese Technik bei erstaunlich vielen Formulierungen im Alltag funktioniert.

Besonders gut eignet sich diese Methode als Abwehrmaßnahme gegen eine leider sehr häufige Angriffsstrategie: Jemand gibt Ihnen ein Pseudolob und schießt eine ironische Steigerung hinterher. In Ihrer Erwiderung kehren Sie das Muster um: Sie setzen die Steigerung als Lob ein und machen das Pseudolob zur Beleidigung. So kontern Sie den Angriff und halten dem anderen dabei gleichzeitig den Spiegel vor. Einige Beispiele:

- Angriff (auf einen Glatzköpfigen): »Coole Frisur, gibt's die auch mit Haaren?« – Antwort: »Coole Haare, gibt's die auch mit Frisur?«

- Angriff (auf einen Teetrinker): »Schöne Zähne! Gibt's die auch in Weiß?« – Antwort: »Weiße Zähne! Gibt's die auch in schön?«
- Angriff (auf einen Dialektsprecher): »Witziger Spruch, gibt's den auch auf Hochdeutsch?« – Antwort: »Ein hochdeutscher Spruch, gibt's den auch auf witzig?«

Der Vorteil an dieser Technik ist, dass sie nach Punkten immer auf Augenhöhe endet: Der Angreifer bekommt seine Beleidigung retour, und danach steht es eins zu eins. Ihre Schlagfertigkeit hat die negative Dynamik also nicht verstärkt, sondern nur ausgeglichen.

2. Einer Antwort ausweichen
Oft versuchen Gesprächspartner, uns mit strategischen Fragen in die Enge zu treiben. Sie legen es also gerade darauf an, dass wir möglichst viel oder etwas ganz Bestimmtes sagen, um sich dann darauf beziehen zu können. Besonders wenn Sie es mit einem rhetorisch versierten Gegenüber im Angriffsmodus zu tun haben, sollten Sie sich davor hüten, zu viel zu sagen.

Die schlagfertigste Antwort auf solche rhetorischen Fallen ist – keine Antwort. Das Ziel besteht also darin, einer konkreten Antwort auszuweichen, mindestens aber der gewünschten Antwort. Für den Fall, dass der Gesprächspartner Sie mit einer geschlossenen Frage bedrängt, können Sie einfach eine zusätzliche Antwortoption einführen. Auch bei einer offenen Frage können Sie eine Erwiderung wählen, die den Erwartungen Ihres Gegenübers zuwiderläuft. Die folgenden Beispiele verdeutlichen das Prinzip:
- »Entscheide dich, was hättest du gern: A oder B?« – »Ich nehme C!«

- »Bist du heute zu müde oder seit gestern wach?« – »Ich schlafe!«
- »Machen wir die Serie in Rot oder Gelb?« – »Ich dachte eher an Orange!«

3. (Gegen-)Fragen stellen

Diese Technik gehört zu den milderen und gleichzeitig effektivsten Antwortstrategien. Der Vorteil ist, dass sie ohne negative Verstärkung oder Gegenangriff einen Rollentausch ermöglicht: Mit einer Rückfrage wechseln Sie von der defensiven Position in die des Gesprächslenkers.

Fragen wirken gleich mehrfach deeskalierend. Sie nehmen dem Angriff damit seine Explosivität. Indem Sie den Dialog eröffnen, verhindern Sie eine vom Angreifer wahrscheinlich gewünschte Sprachlosigkeit. Und ganz nebenbei verschaffen Sie sich Zeit für ein besseres Gegenargument. Nicht selten führt eine Rückfrage außerdem dazu, dass der Angreifer seine Motive preisgibt und in seiner Störungsabsicht entlarvt wird. Das kann Ihnen besonders in Anwesenheit von Zeugen einen Vorteil verschaffen.

Einige (Gegen-)Fragen, die auf die meisten Angriffe anwendbar sind:
- Wie ist es denn bei Ihnen?
- Wie kommen Sie darauf?
- Was genau meinen Sie damit?
- Wozu wäre das aus Ihrer Sicht gut?
- Wie kommen Sie zu dieser Fehleinschätzung?
- Wer will das wissen?

4. Rettungsanker: Instant-Schlagfertigkeit für Notfälle

Vielleicht zögern Sie bisher noch mit der Anwendung von Schlagfertigkeitstechniken. Möglicherweise trauen Sie sich auch Diskussionen nicht zu, die sich aus Nachfragen entwickeln können. Schlagfertigkeit ist Übungssache! Bis Sie eine routinierte Schlagfertigkeit entwickelt haben, können Sie sich mit Schlagfertigkeit aus der Konserve behelfen – in den meisten Fällen sogar ziemlich effektiv.

Die folgende Liste von Standardantworten passt auf die meisten Verbalattacken, denen wir im Alltag ausgesetzt sind. Dem unverschämten Kollegen, dem schlecht gelaunten Nachbarn oder dem notorischen Störenfried kommen Sie damit allemal bei. Wenn Sie sich noch nicht zutrauen, die anderen Techniken schnell genug anzuwenden oder bei Ihren Antworten kreativ zu werden, gewöhnen Sie sich erst einmal mit diesen Standards an die Haltung der Schlagfertigkeit:

Schlagfertigkeit ist Übungssache!

- War das schon alles? Jetzt aber mal richtig!
- Oh, das ist mir neu!
- Wollte ich schon immer mal gesagt bekommen.
- Ich mag es, wie Sie die Worte aneinanderreihen!
- Gefällt mir!
- Tut mir leid, dass ich das nicht verstanden habe.

Picken Sie sich für den Anfang zwei, drei dieser Antworten heraus und verinnerlichen Sie diese, damit Sie im entscheidenden Moment nicht erst darüber nachdenken müssen. Wenn Sie diese Antworten routinemäßig anwenden, entwickeln Sie nach und nach mehr Selbstvertrauen in Situationen, in denen Sie bisher sprachlos waren. Früher oder später werden Sie sich dann auch an die kreativeren Methoden herantrauen. Je mehr Sicherheit Sie gewinnen, desto entspannter werden Sie im Umgang mit Angriffen. Um diese innere Stabilität, nicht um den einzelnen Schlagabtausch geht es bei der

Schlagfertigkeit vor allem. Irgendwann werden Sie merken, dass Sie den meisten Situationen im Alltag gewachsen sind. Ein riesiger Schub an Souveränität!

Sie brauchen kein rhetorisches Genie zu sein, um Schlagfertigkeit zu meistern. Der Entertainer, Fernsehmoderator und Schauspieler Harald Schmidt hat es in einem Interview auf den Punkt gebracht: »Schlagfertigkeit ist ja in erster Linie ein Ergebnis von einem guten Gedächtnis. Man hat [...] Module, die als Antwort passen, und dann die fehlende Hemmschwelle, es auch rauszuhauen.«[46]

Schlagfertigkeit mag aussehen wie eine Kunst; vorbereitet zu sein ist keine.

Schlagfertigkeit mag aussehen wie eine Kunst; vorbereitet zu sein ist keine.

Kapitel 8
Das Show-Gen
Warum jede Rolle eine Hauptrolle sein kann

>»Das Auge macht das Bild, nicht die Kamera.«
>Gisèle Freund

Wenn die Hauptrolle der Nebenrolle die Show stiehlt

Auch wenn es gerade für die Rampensäue unter uns nicht leicht zu akzeptieren ist: Nicht immer spielen wir im Leben die Hauptrolle – außer in unserem eigenen Film. Oft müssen wir uns mit einer Nebenrolle begnügen und es viele Jahre lang in diesem Arrangement aushalten. Keine Karriere beginnt mit dem Topjob. Wir sind Azubis, Studenten und Assistenten, bevor wir zu höheren Weihen berufen werden.

Manche erreichen den höchsten Gipfel, von dem sie als Kinder geträumt haben, nie. Andere bleiben unter ihren Möglichkeiten, weil sie sich zu wenig zutrauen. Wieder andere verabschieden sich von hochfliegenden Ambitionen, weil sie eine Rolle finden, die zu ihnen passt wie die Faust aufs Auge, und ihnen ganz ohne Applaus und Starrummel die ersehnte Erfüllung bringt. Viele Wege führen zum Sinn des Lebens! Wohl denen, die ihren Platz im Leben finden und ihre Aufgabe mit allem ausfüllen, was sie haben – anstatt getrieben von falschen Vorstellungen und äußeren Einflüssen durchs Leben zu irrlichtern.

Eines kann ich Ihnen nach knapp dreißig Jahren Showkarriere sagen: Die besten Performances können auf jeder Stufe der Rollenhierarchie stattfinden. Die Außenseiter und vermeintlich kleinen Lichter einer Show können sich zu Publikumslieblingen mausern. Jede Nebenrolle kann zum Karrieresprungbrett werden, jede Hauptrolle zum Ruhmesgrab. Wir mögen uns die Rolle, die wir im Leben, im Unternehmen, im Verein spielen, nicht immer aussuchen. Aber wir allein entscheiden, wie wir performen.

> *Die besten Performances können auf jeder Stufe der Rollenhierarchie stattfinden.*

Selbst die ganz großen Stars mussten sich meist mühevoll hocharbeiten, auch wenn sich später kaum noch jemand daran erinnert. Die besten Darsteller, ob auf der Showbühne, im Theater oder in Hollywood, sind oft in Nebenrollen berühmt geworden, bevor sie in Hauptrollen glänzen durften. Dafür gibt es einen einfachen Grund: Wer so gut ist, dass er die hochkarätig besetzte Hauptrolle an die Wand spielt, hat das Zeug zum Superstar.

Ein Schauspieler, der auf diese Weise in die Spitzenliga Hollywoods aufgestiegen ist, ist der Deutsch-Österreicher Christoph Waltz. Selbst heute, wo er längst den Status eines Hollywood-Stars erlangt hat, spielt er noch häufig Nebenrollen. Doch jede seiner Rollen hat inzwischen den Status einer Hauptrolle: Der Name Christoph Waltz ist in der größten Traumfabrik der Welt heute ein Qualitätsmerkmal für jede Filmproduktion. Wie kurz auch immer seine Bildschirmzeit im Verhältnis sein mag: Immer wird ihr ein großer Einfluss auf das Gesamtergebnis zugeschrieben. Ein ums andere Mal hat Christoph Waltz diesen hohen Anspruch eingelöst – weil er diszipliniert und fokussiert eine Meisterleistung nach der anderen abliefert, sei es nun in einer Nebenrolle oder in einer Hauptrolle.

Erarbeitet hat der in Wien geborene Schauspieler sich diesen Status mit einer ganzen Reihe von kleineren und größeren Nebenrollen in den unterschiedlichsten Produktionen. Doch für keinen seiner oft extrem anspruchsvollen Charaktere wurde er so gefeiert wie für die Rolle des SS-Standartenführers Hans Landa im Weltkriegsdrama *Inglorious Basterds*. Im Film von Quentin Tarantino spielte Waltz gleich bei seinem Hollywood-Debüt gegen die A-Liga an – Brad Pitt, Mike Myers, Diane Kruger. Mit Til Schweiger, August Diehl und Gedeon Burkhardt waren auch einige der bekanntesten deutschen Schauspieler der Zeit bei den Dreharbeiten in Babelsberg in Nebenrollen an Bord. Den internationalen Durchbruch aber schaffte als ältester von allen Waltz.

Wenn man den Film sieht, könnte man meinen, sogar die anwesenden Megastars hätten von Anfang an Angst vor dem genialen, damals außerhalb des deutschsprachigen Raums aber noch völlig unbekannten Kollegen gehabt. Die Unsicherheit, die die meisten Figuren vor dem Nazi-Detektiv verspüren, wirkt verblüffend real – als wäre Waltz im realen Leben genauso gruselig wie sein Protagonist Hans Landa. Tatsächlich täuscht dieser Eindruck nur bedingt: Regisseur Quentin Tarantino soll Waltz in den Drehpausen gezielt so weit wie möglich von der übrigen Crew isoliert haben, damit die anderen Darsteller sich vor der Kamera nicht zu wohl mit ihm fühlten. Sie erlebten den ihnen völlig unbekannten Mann mit dem grimmigen Blick nur in seiner beängstigend effektiven Rolle als Psychopath in Uniform, nicht als sympathischen Kollegen am Catering-Wagen. Waltz und Tarantino hatten sich im Vorfeld auf diese Vorgehensweise geeinigt, wie der Schauspieler später in einem Interview berichtete. Es ist nur einer von vielen genialen Schachzügen, die zu der unglaublichen Wirkung von Waltz' Performance beigetragen haben dürften.[47]

Der Film wurde 2009 ein Megaerfolg an den Kinokassen genauso wie in der Kritik – und ein Highlight in den Karrieren aller beteiligten Stars. Doch einer überstrahlte sie alle, Brad Pitt eingeschlossen: Für seine Rolle als Nazi-Detektiv erhielt Waltz den Oscar 2009 als bester Nebendarsteller. Es war der erste Oscar für einen Deutschen seit Maximilian Schell 1962. Drei Jahre später gelang ihm für die Rolle eines Kopfgeldjägers in *Django Unchained* das gleiche Kunststück noch einmal. Die Auszeichnungen begründeten und zementierten zugleich seinen Status als einer der besten Charakterdarsteller Hollywoods.

Brad Pitt, zu diesem Zeitpunkt schon längst Hollywoods Darling, konnte es sicher verschmerzen. Schließlich hatte er selbst seinen Ruhm einst auf einer Nebenrolle begründet. Zehn Jahre vor seinem ersten Zusammentreffen mit Waltz hatte er 1999 in *Fight Club* Hauptdarsteller Edward Norton in den Schatten gestellt, obwohl der (nicht anders als Brad Pitt in *Inglorious Basterds*) eine grandiose Vorstellung lieferte. Auf seinen Oscar musste Pitt allerdings deutlich länger warten als Waltz. Kein Wunder also, dass er bei der Deutschland-Premiere in Berlin voll des Lobes für seinen einheimischen Kollegen war: »Christoph Waltz. Der ist echt ... puh ... schwer zu toppen!«[48]

Vielleicht lohnt es sich, einmal darüber nachzudenken: Wer ist der Brad Pitt oder die Diane Kruger in Ihrem Leben? Hält die Präsenz eines »Superstars« in Ihrem Umfeld Sie zurück, oder beflügelt sein Vorbild Ihre eigene Leistung? Und vor allem: Ist Ihre Nebenrolle an der Seite dieses Menschen wirklich so unbedeutend? Oder ist Ihr Anteil am gemeinsamen Film vielleicht viel größer, als Sie glauben?

Manche Menschen sind schon erfolgreich, ohne es sich selbst zuzugestehen – und verpassen dadurch Chancen, die sich ihnen bieten. Verstecken auch Sie sich vielleicht im Schatten eines anderen? Dient ein anderer König in Ihrer Szene Ihnen als Ausrede, nicht selbst nach den Sternen zu greifen? Glauben Sie sich abhängig, obwohl Sie in Wirklichkeit eine tragende Rolle spielen? Manchmal liegt der Erfolg näher, als wir glauben. Wir müssen nicht immer im Mittelpunkt stehen, damit das Scheinwerferlicht uns findet.

Um keinen falschen Eindruck zu erwecken: Natürlich kommt der Ruhm auch in der wunderbarsten aller Nebenrollen meist nicht über Nacht, und schon gar nicht von selbst. Auch ein Christoph Waltz hat sich einmal durch das anspruchsvolle Schauspielstudium gekämpft und von einem Engagement zum nächsten auf Theaterbühnen in Wien, Zürich und Köln gelebt. Bis zu seinem spektakulären Hollywood-Debüt hatte Waltz bereits eine Fernsehkarriere im deutschsprachigen Raum hinter sich und auch in der europäischen Filmszene von sich reden gemacht, nicht zuletzt mit einigen Preisen. Seine Filmografie bis zu diesem Zeitpunkt schloss zwar einige Hauptrollen ein, doch auch in Europa hatte er seine Laufbahn größtenteils auf Nebenrollen aufgebaut – vorrangig mit zahlreichen Auftritten in den bei uns so beliebten Krimi-Filmserien. In Hollywood aber war er vor *Inglorious Basterds* ein Unbekannter – ein Status, der ihm nur zu nützen schien. Inzwischen hat er in Hollywood nicht nur Hauptrollen gespielt, sondern auch Regie geführt. Außerdem wurde er in die Jurys der Filmfestspiele von Cannes und Venedig sowie der Berlinale berufen. 2014 bekam er einen Stern auf dem Hollywood Walk of Fame.

Wir müssen nicht immer im Mittelpunkt stehen, damit das Scheinwerferlicht uns findet.

Christoph Waltz brauchte keine Hauptrolle, um ein internationaler Superstar zu werden. »In einer kleinen Rolle muss man ein großer Künstler sein, um gesehen zu werden« – dieses Zitat stammt vom schwedischen Dramatiker August Strindberg (1849–1912). Auch wenn wir die luftigen Höhen der Berge mit dem berühmten Hollywood-Schriftzug über Los Angeles gedanklich wieder hinter uns lassen und den Blick auf unseren Alltag richten: Oft ist es die Leistung in einer kleinen Rolle, die darüber entscheidet, welche Türen zu höheren Sphären sich für uns öffnen.

Wenn Sie sich also das nächste Mal in einer unliebsamen Rolle wiederfinden oder das Gefühl haben, es noch nicht weit genug gebracht zu haben: Kommen Sie raus aus der Unzufriedenheit und verändern Sie Ihre Betrachtungsweise. Sie brauchen keinen besseren Part, um zu glänzen. Sie brauchen ein anderes Mindset: Je kleiner die Rolle, desto größer der Eindruck, wenn Sie mit Ihrer Performance wirklich etwas bewegen.

»Every move a picture«: Die eigene Wirkung verstehen

Sendungsbewusstsein geht weit über die Frage hinaus, wie weit wir es im Leben messbar bringen können und wie hell unser Stern in der Wahrnehmung anderer strahlt. Nicht jeder Mensch mit einem gesunden Sendungsbewusstsein ist automatisch eine Rampensau. Viel wichtiger für die eigene Souveränität, als sich der Sprosse auf der gesellschaftlichen oder hierarchischen Leiter bewusst zu sein, ist die wortwörtliche Bedeutung von »Sendungsbewusstsein«: sich bewusst sein, dass man sendet.

Wir Künstler machen uns darüber viele Gedanken, die meisten Menschen auf ihren Alltagsbühnen leider viel zu wenig.

Deshalb möchte ich Sie dabei unterstützen, ein besseres Bewusstsein für Ihre Bühne zu finden und bewusster mit den Signalen umzugehen, die Sie aussenden und empfangen. Denn wie Sie wirken, wird auf Ihrer Bühne von den gleichen inneren und äußeren Faktoren beeinflusst wie bei mir.

Machen wir uns noch einmal klar, was es heißt, auf einer Bühne zu stehen: Ihrer Bühne, meiner Bühne, jeder Bühne. Es bedeutet, dass jeder Augenblick eine Momentaufnahme ist, die auf die Zuschauer, Kollegen, Partner, Kinder oder Freunde wirkt, die unsere Bühne gerade im Blick haben. Jede Bewegung, die ich mache, wird von den Zuschauern wahrgenommen: *Every move a picture.*

Deshalb ist jede meiner Bewegungen und jedes noch so kleine Signal, das ich sende, durchgeplant. Nicht einen Moment überlasse ich dem Zufall – und Sie sollten es genauso halten. Solange Sie auf Ihrer Bühne stehen, sind Sie präsent! Sie können nicht *nicht* wirken. Sendungsbewusstsein bedeutet, sich darüber im Klaren zu sein und in jedem einzelnen Moment die Kontrolle über die eigene Wirkung zu behalten.

Dazu gehört auch das Bewusstsein, in welchem Wirkungsrahmen man sich bewegt. Selbst das kunstvollste Bild wirkt daneben, wenn es aus seinem Rahmen fällt. Vielleicht haben Sie das schon erlebt: Sie glauben, Sie haben großartig performt, und auf dem Papier haben Sie das vielleicht auch. Doch statt Anerkennung kommt nur Schweigen oder gar Kritik zurück. Wenn Ihnen das passiert, fragen Sie sich einmal, ob Sie vielleicht Ihren Wirkungsrahmen gesprengt haben – wie ein Bräutigam, der in Bermudashorts in die festliche Kapelle schlendert. *Every move a picture – and mind the frame!*

> *Every move a picture – and mind the frame!*

Die folgenden fünf Foto-Regeln für wirkungsvolle Momentaufnahmen helfen Ihnen, einen Rahmen zu setzen, indem Sie bewusster steuern, was Sie aussenden.

1. Foto-Regel: Lassen Sie Gutes für sehr Gutes fallen
Auf Ihrer Bühne sind Sie in Ihrem Element. Da ist es nur allzu verständlich, dass Sie alle Tricks zeigen wollen, die Sie im Ärmel haben. Doch auf diese Weise werden aus zehn Minuten schnell dreißig, und aus einer bewundernswerten Performance schnell eine selbstverliebte Ego-Show. Sie wirken nicht immer besser, je mehr Sie zeigen – Sie wirken am besten, indem Sie nur das Beste zeigen. Wie bei der Schlagfertigkeit liegt auch beim Sendungsbewusstsein die Kunst im Weglassen.

Das gilt übrigens nicht nur für Ihre Inhalte, sondern auch für die Bühnen, die Sie sich aussuchen. Stürzen Sie Ihren guten Namen nicht in die Inflation! Vor einiger Zeit erhielt ich eine Anfrage von einem Reiseveranstalter, meine Show bei einer dreiwöchigen Kreuzfahrt als Teil des Abendprogramms für die Gäste zu präsentieren – und zwar 60 Minuten pro Show. Nun könnte ich mir wirklich etwas Schlimmeres vorstellen, als ein paar Wochen auf Luxuskreuzfahrt zu gehen, an einigen Abenden pro Woche die gut situierten Gäste auszurauben und dafür auch noch Honorar zu bekommen ... Doch um meinen 15-Minuten-Act auf 60 Minuten zu strecken, müsste ich jeden Abend aufs Neue meinen künstlerischen Anspruch über Bord werfen.

Stürzen Sie Ihren guten Namen nicht in die Inflation!

Every move a picture: Wägen Sie gut ab, welche Momentaufnahmen von Ihnen kursieren sollen. Auch auf Kreuzfahrtschiffen gibt es WLAN ...

2. Foto-Regel: Die Uhr tickt
Für alles, was Sie tun – von der kurzen Dankesrede bei einer Preisverleihung bis zum Aussuchen eines Grabgebindes für ungeliebte Verwandte –, gibt es einen angemessenen Zeitrahmen. Achten Sie ihn.

In meinem Fall ist das zum Beispiel das Zeitfenster, das ich für meinen Auftritt habe: Das Gelingen der Veranstaltung hängt auch davon ab, ob ich mich an meine Zeitvorgabe halte. Der nächste Act steht zu einem fixen Zeitpunkt hinter den Kulissen bereit. Bin ich zu früh fertig, entsteht eine Lücke, die schnell die gesamte Show unprofessionell wirken lassen kann. Brauche ich zu lange, raube ich dem Act nach mir Zeit und bringe den Ablauf durcheinander.

Ich könnte es meinen Akrobatenkollegen nicht verübeln, wenn sie mich danach ein paar Runden durchs brennende Todesrad schubsen. Ich war selbst zu oft Zeuge, wenn Amateure bei durchgetakteten Veranstaltungen das rote Licht ignoriert und ihre Bühnenzeit gnadenlos überzogen haben, weil es ihnen auf der Bühne so gut gefallen hat. »Aber die waren doch alle begeistert!«, sagt der Betreffende meistens hinterher und verweist auf den Applaus. Jemand hat dann die undankbare Aufgabe, ihm zu erklären, dass Menschen manchmal auch vor Erleichterung klatschen.

Die tickende Uhr zu ignorieren heißt, den Sendungsauftrag zu missbrauchen.

Einen angemessenen Zeitrahmen gibt es bestimmt auch auf Ihrer Bühne. Selbst der größte Profi kann wie ein blutiger Anfänger wirken, wenn er kein Gefühl fürs Timing zeigt. Wenn Ihnen für Ihren Auftritt zehn Minuten zur Verfügung standen und Sie dreißig gebraucht haben, wird nicht jeder, der sich das anhören musste, den Zeitaufwand honorieren.

Die tickende Uhr zu ignorieren heißt, den Sendungsauftrag

zu missbrauchen. Und wer das tut, wird seiner Bühne nicht gerecht.

3. Foto-Regel: Mit den Augen des Zuschauers sehen
Viele angehende Künstler – und viele Menschen im Allgemeinen – denken auf ihrer Bühne zu sehr an sich. Dieser perspektivische Egoismus ist das Nonplusultra der Sendungsbewusstlosigkeit. Es gibt keinen effektiveren Weg, sich die eigene Bühne zu verderben, als die Wahrnehmung anderer aus dem Blick zu verlieren.

In meiner Show gibt es eine ganze Reihe von Momenten, in denen ich mich unangenehm verbiegen oder ohne Unterlass von A nach B rennen muss, damit dieser Teil der Nummer für den Zuschauer nicht nur Sinn macht, sondern überhaupt sichtbar ist und auch gut aussieht. Wenn ich wirklich mal mit dem Rücken zum Publikum stehe, dann nur deshalb, weil es an dieser Stelle technisch absolut unvermeidlich ist. Und selbst dann mache ich mich noch extra klein, indem ich ein wenig in die Knie gehe, damit das Publikum das Gesicht des Beraubten beobachten kann.

Die Teilnehmer meiner Künstlertrainings stöhnen manchmal angesichts der Verrenkungen und der Kondition, die ich ihnen abverlange. Ich erwidere Ihnen immer das Gleiche: Haltet die Unbequemlichkeit aus! Die Showbühne ist nicht für den bequem, der sie bedient, sondern für den, der sie betrachtet. Solange ich auf ihr stehe, bin ich eine Art Dienstleister meiner Zuschauer. Auf unseren Bühnen können wir uns nicht immer danach richten, was sich in diesem Moment gut anfühlt.

Auf unseren Bühnen können wir uns nicht immer danach richten, was sich in diesem Moment gut anfühlt.

Wären Sie nicht auch manchmal dankbar, wenn Menschen

öfter die Perspektive des anderen einnehmen würden? Das fängt bei Gesprächen an, bei denen der Gesprächspartner überall hinschaut, nur nicht mir in die Augen. Und es hört bei Politikern und Experten noch längst nicht auf, die sich hartnäckig weigern, allgemein verständlich zu sprechen statt Fachchinesisch.

Achten Sie auf den Augenkontakt. Wenden Sie sich Menschen zu. Versetzen Sie sich in deren Lage. Überlegen Sie, wie Sie auf Ihrer Bühne zu jedem beliebigen Zeitpunkt wirken – sonst vertun Sie für ein bisschen Bequemlichkeit die Chance auf einen souveränen Eindruck.

4. Foto-Regel: No move, no picture – ohne Aktion keine Show
Der Energieerhaltungssatz besagt: Die Gesamtenergie eines abgeschlossenen Systems bleibt konstant. Das ist einerseits eine gute Nachricht: Wenn Sie Ihre Bühne einmal so richtig in Schwingung versetzt haben, dann überträgt sich das auch auf alle Menschen, die Teil Ihres Systems sind. Die Kehrseite ist allerdings: Damit die Energie im System kursieren kann, muss sie erst mal rein ins System. Wenn Sie auf Ihrer Bühne nicht in die Gänge kommen, schlafen den Leuten im Publikum auch die Füße ein.

Egal, was Sie tun und worin Ihre Bühne besteht: Immer ist Ihre Initiative gefragt. Erst die Aktion zündet den Moment an. Gute Führungskräfte wissen zum Beispiel, dass sie selbst aktiv werden müssen, wenn sie ihre Mitarbeiter zum Handeln, zum Umdenken oder gar zur Veränderung motivieren wollen.

> *Erst die Aktion zündet den Moment an.*

Gute Verkäufer wissen, dass Kunden nicht aus Mitleid kaufen, sondern wenn sie von der Energie des Verkäufers mitgerissen werden. Und gute Verhandler wissen, dass Passivität sich fast nie auszahlt und es meistens besser ist vorzulegen.

Wenn Sie also das Gefühl haben, dass Ihr Leben, Ihre Karriere oder Ihr guter Vorsatz stagnieren, ist das fast immer ein Zeichen dafür, dass Sie zu lange untätig waren. Ob es sich um eine verbale oder nonverbale Aktion handelt, ist dabei unerheblich: *Every move a picture, every sentence a picture.* Souveräne Menschen ergreifen die Initiative.

5. Foto-Regel: Das große Ganze betrachten
Auch wenn es auf den ersten Blick nicht so aussehen mag, ist diese Regel für die meisten Menschen eine große Entlastung. Zuerst klingt es nach einer großen Aufgabe, in jedem Augenblick jedes Detail auf dem Schirm zu haben, wenn Sie Ihre Bühne bespielen: Wie sehe ich aus? Was mache ich als Nächstes? Wie positioniere ich mich gegenüber anderen Anwesenden? Wie stehe ich da, was strahle ich mit meiner Haltung aus? Wie wirke ich auf die Menschen um mich herum? Doch dieser Blick fürs große Ganze ist letztlich reine Übungssache: Irgendwann wissen Sie bei jedem Auftritt in Ihrem Alltag genau, worauf Sie zu achten haben.

Die viel größere Herausforderung besteht für die meisten Menschen auf Dauer darin, sich nicht an einzelnen Details festzubeißen, sondern das Gesamtbild im Auge zu haben. Viele angehende Künstler sowie Unternehmer oder Experten wagen darum den entscheidenden Schritt auf ihre Bühne des Lebens nicht: Sie legen zu viel Gewicht auf irgendein Detail, das keinen so entscheidenden Einfluss auf das Gesamtergebnis hat, wie sie glauben.

Es gibt keine perfekte Show – aber das Streben danach lässt uns souverän wirken.

Souveräne Menschen haben alle Faktoren im Blick, die

Einfluss auf das Gesamtbild haben, lassen sich jedoch nicht zu irrelevanter Detailverliebtheit hinreißen. Es gibt keine perfekte Show – aber das Streben danach lässt uns souverän wirken.

Wirkung nach Maß: Was die anderen wirklich sehen

Einen beachtlichen Teil unseres Lebens verbringen wir mit Bemühungen, um gut auszusehen. Damit meine ich nicht nur das Outfit, sondern auch unsere Wirkung auf andere Menschen. Die meisten von uns sind sehr darauf bedacht, welchen Eindruck sie auf andere machen. In bestimmten Aspekten unseres Lebens ist das vollkommen nachvollziehbar: Wer souverän wirkt, bekommt eher, was er will. Dass wir als professionell, vertrauenswürdig, eindrucksvoll oder respektabel wahrgenommen werden wollen, ist eine Begleiterscheinung von Leidenschaft, Persönlichkeit und Zielstrebigkeit: Menschen ohne Sendungsbewusstsein bleiben in diesen lauten Zeiten unter dem Radar.

Doch das mit der Wirkung ist so eine Sache. Wenn wir darüber nachdenken, bleiben wir dabei oft im eigenen Kopf. Wir neigen dazu, bei anderen bestimmte Reaktionsmuster vorauszusetzen, und die leiten wir von unserer eigenen Erwartungshaltung ab. Wenn diese Reaktion dann ausbleibt, wundern wir uns; je nach Situation zieht es uns möglicherweise sogar den Boden unter den Füßen weg.

Der Grund dafür ist ein Paradoxon der menschlichen Wahrnehmung: Wie andere Menschen Sie, Ihre Worte und Ihr Handeln einschätzen, entscheidet sich nicht allein durch Sie, Ihre Worte und Ihr Handeln. Es bemisst sich in hohem Maße an der Referenz, die der Betrachter danebenstellt. Die Wahrnehmung Ihrer Person im Kopf eines anderen beruht auf einem Abgleich, den derjenige unbewusst vornimmt – mit dem, was derjenige früher bereits gesehen, gehört und erlebt hat. Treffen Sie auf Menschen mit einem großen Referenzportfolio an Erlebnissen und Erfahrungen, haben Sie es natürlich schwerer, Begeisterung, Staunen, Faszination oder Bewunderung hervorzurufen, als wenn der Erfahrungsschatz des anderen auf Ihrem Spielfeld ein »unbeschriebenes Blatt« ist.

Dieser individuelle Referenzabgleich führt zu einer erheblichen Differenz zwischen dem, was Sie aussenden, und dem, was andere wahrnehmen. Und die liegt nicht in Ihrem Einflussbereich. Diese Feststellung hat große Auswirkungen auf Ihre Gestaltungsmöglichkeiten als Absender. Die folgenden drei Regeln des Referenzabgleichs beherzige ich bei meiner Arbeit täglich, damit ich meine Wirkung und meine Verbesserungsmöglichkeiten realistisch einschätzen kann.

1. Akzeptieren Sie, dass Sie die Wahrnehmung anderer nur zu einem Teil steuern können.

Ein Zuschauer bewertet beispielsweise meinen Auftritt nicht allein daran, was ich auf der Bühne zeige und wie ich mich präsentiere. Er nimmt parallel einen Abgleich zwischen meiner Performance und anderen Trickkünstlern, Magiern und Illusionisten vor, ja sogar dem ganz anders gearteten Act direkt vor meinem Auftritt. Letztlich misst er mich sogar an allen Showkünstlern, die er je gesehen hat. Von persönlichen Vorstellungen und Vorlieben bezüglich des Showbusiness ganz zu schweigen: Vielleicht liebt dieser Zuschauer den Zirkus und wollte als Kind selbst Magier werden? Dann habe ich möglicherweise einen Stein im Brett. Unter Umständen wurde er schon mal ausgeraubt und hat nun Angst vor Dieben? In diesem Fall werde ich sicher nie sein Lieblingskünstler werden.

Letztlich ist der unkalkulierbar komplexe Referenzwert, den jemand bei Ihrer Betrachtung anlegt, die Summe seines gesamten Lebens – ein undurchdringliches Netz von Wahrnehmungen, Interpretationen und Empfindungen, das sich auf seiner Festplatte angesammelt hat. Bei jeder neuen Erfahrung findet ein Datenabgleich statt. Dieser Prozess lässt sich nicht hacken. Finden Sie sich damit ab – sonst werden Sie immer gegen Windmühlen kämpfen und berauben sich Ihrer Souveränität.

2. Bewerten Sie fair, wie Ihr Gegenüber reagiert.
Viele unerwartete Reaktionen haben andere Gründe, als wir annehmen. Neben der Persönlichkeit und den Erfahrungen eines Menschen wirkt sich auch seine Sozialisierung darauf aus, wie er auf bestimmte Reize reagiert: etwa seine Herkunft, seine Kultur und Subkultur, seine Religion, seine politischen Überzeugungen. So glaubte ich bei einer Show in Japan, ich sei im falschen Film: Kein einziger Zuschauer applaudierte bei meinem Auftritt. Bei den anderen Künstlern allerdings auch nicht – an mir allein schien es also nicht zu liegen. Des Rätsels Lösung: In Japan wird grundsätzlich erst ganz am Ende einer Show geklatscht. Bei einer dreistündigen Produktion fühlt sich das für uns Künstler an wie eine endlose Durststrecke. In den USA ist es genau umgekehrt: Da bekommt man oft schon mitten in der Show mehrfach Standing Ovations. Beide Verhaltensweisen sind soziokulturelle Codes, die man einfach kennen muss. Sucht man die Erklärung nur bei sich, wird man schier verrückt angesichts all der unerklärlichen Phänomene.

Ähnliche Codes gibt es auf jeder Bühne des Alltags. In der Oper ist es zum Beispiel üblich, nach einer gelungenen Aufführung »Bravo« zu rufen – bei einem Ed-Sheeran-Konzert würde das ziemlich seltsam wirken. Dort würde man eher »Zugabe« brüllen, was wiederum in den Schlussapplaus einer Polit-Talkshow hineingerufen für Irritationen sorgen könnte. Das gilt übrigens auch für den Applaus nach der Landung auf einem Flug von München nach Hannover. Der kommt zwar hin und wieder vor – aber er sagt mehr über die klatschenden Fluggäste aus als über die Qualität des Fluges.

Noch nicht berücksichtigt sind bei alldem Stimmungsschwankungen und andere äußere Bedingungen, die nicht im Einflussbereich des Empfängers liegen müssen. So verhält sich etwa das typische Publikum einer Nachmittagsshow anders als das einer Abendshow. Und Laien ohne jede Fachkenntnis werden anders auf Ihre Leistungen als Fachfrau oder Fachmann reagieren als Kollegen oder Experten in Ihrem Metier.

Die Reaktionen auf alles, was Sie tun, sind Schwankungen unterworfen. Selbst der lauteste Applaus für etwas, das Sie gesagt oder getan haben, bedeutet nicht zwingend, dass Sie gerade die Performance Ihres Lebens geliefert haben. Reaktionen sind nicht eins zu eins berechenbar. Gestehen Sie den Menschen in Ihrem Umfeld einen großzügigen Spielraum zu, bevor Sie voreilige Schlüsse über ihr Verhalten als Empfänger ziehen – und erst recht über Ihre Kompetenzen als Absender.

3. Nehmen Sie sich nicht zu wichtig.
Wenn Sie etwas zeigen, das Ihnen sehr wichtig ist, neigen Sie natürlicherweise zu einer übersteigerten Selbstwahrnehmung. Welche Reaktion auch immer Ihr Gegenüber an den Tag legt: Sie werden unwillkürlich geneigt sein, sie in vollem Umfang auf sich zu beziehen. Tappen Sie nicht in diese Falle! Ich kann Sie beruhigen: So wichtig sind Sie nicht.

Als Künstler habe ich das auf die harte Tour gelernt. Schon als Straßenkünstler musste ich mich damit abfinden und mich seither immer wieder daran erinnern: Sosehr ich mich auch anstrenge, so perfekt ich meine Kunst auch beherrsche, selbst wenn ich die Show meines Lebens hinlege: Ich werde vor keinem Publikum der Welt jemals 100 Prozent Begeisterung oder auch nur 100 Prozent Zustimmung erzielen können. Nicht einmal Diktatoren trauen sich bei manipulierten Meinungsumfragen oder Wahlen, ein Ergebnis von glatten 100 Prozent vorzutäuschen. Ich kann auf der Bühne noch so gut sein – für die Zuschauer bin ich trotzdem nicht das Wichtigste auf der Welt. Selbst wenn ich den Großteil des Publikums für einige Minuten voll in meinen Bann ziehen kann, wird es immer Menschen geben, die in Gedanken woanders sind. Von einem schwer kranken Menschen mit chronischen Schmerzen kann ich keine entfesselten Jubelschreie erwarten, nur weil ich gut drauf bin. Mit den Sorgen des Familienvaters, der gerade um seinen Job zittert, kann ich nur sehr bedingt konkurrieren. Ich darf mich nicht wundern, wenn er abgelenkt ist und grimmig dreinschaut. Wenn jemand aufsteht und hinausgeht, braucht er vielleicht einfach frische Luft. Selbst die glühende Leidenschaft eines jungen Liebespaars werde ich mit meinem Sendungsbewusstsein nicht komplett übertönen können. Ich muss damit leben, wenn sie zwischendurch turteln – obwohl ich mir den Typ natürlich als Opfer ausgesucht hätte, wenn ich das vorausgeahnt hätte ...

Sie sind nie ganz allein auf der Bühne.

Was auch immer Sie aussenden, Sie konkurrieren dabei mit vielen anderen Signalen. Manche davon sind ziemlich laut. Wenn Sie Ihre Rolle im Leben der Menschen überschätzen, untergraben Sie damit am Ende nur Ihre eigene Souveränität. Der Energieaustausch zwischen Sender und Empfänger verläuft nie verlustfrei, denn er ist kein geschlossenes System. Also verschwenden Sie nicht Ihre Kraft darauf, gegen den Referenzabgleich anzukämpfen: Sie sind nie ganz allein auf der Bühne.

Immer auf Sendung

Bei einem meiner allerersten Auftritte als Redner machte ich einen Fehler, der mich eine Menge über die Wirkmechanismen von Bühnen gelehrt hat – und das nach all den Jahren als Künstler auf der Showbühne. Im Rahmen des Vortrags zeigte ich einen kurzen Videoclip. Während der lief, stand ich einige Meter entfernt von der Leinwand am Rand. Es war heiß im Saal. Da es sich um einen meiner ersten Auftritte in einer neuen Rolle, auf einer neuen Bühne handelte, war ich etwas nervös und schwitzte zusätzlich. Deshalb war meine Brille ein wenig beschlagen. Ohne nachzudenken, nahm ich sie ab, zog mein schwarzes Baumwollhemd ein Stück aus der Hose und putzte daran meine Brille, um mir eine bessere Sicht zu verschaffen. Ich kam nicht auf die Idee, dass die Zuschauer woandershin schauen könnten als auf die Leinwand mit dem Video.

Da war die Veranstalterin ganz anderer Meinung, wie sich nach dem Ende des Vortrags zeigte. »Die ganze Bühne ist der Frame!«, erklärte sie mir, und an dieses Motto halte ich mich seither. Wie sich herausstellte, hatte ich beim Herausziehen des Hemdzipfels zudem einen veritablen Mini-Strip hingelegt, ohne mir darüber im Klaren zu sein. Und das war genau der Punkt: Ich war mir der Tatsache nicht bewusst gewesen, dass ich am Rande des Beamer-Strahls immer noch auf Sendung war. Inzwischen habe ich auch als Redner genügend Routine, um zu wissen: Mein Körper spricht, auch wenn ich die Klappe halte. Vielleicht hatte ich nie darüber nachgedacht, weil das auf der Bühne so selten vorkommt ...

Lassen Sie sich meinen Fauxpas eine Lehre sein: Auch nonverbal senden Sie eine Menge – ob Sie sich dessen bewusst sind oder nicht. Tatsächlich fährt der Regler Körpersprache sogar hoch, wenn der Regler Stimme runterfährt. Schweigen ist also schwieriger, als man meinen könnte. Einfach nur den Mund halten reicht nicht, um nicht zu senden! Sonst ergeht es Ihnen wie mir in der Bühnenecke: Sie verhalten sich wie ein Kind beim Fangenspielen, das sich die Augen zuhält und sich für unsichtbar hält. Achten Sie gerade in Momenten der Stille sehr aufmerksam darauf, welche Signale Ihr Körper aussendet – denn der ist im Zweifel beredter als Ihre Zunge.

Körpersprache-Experten sind sich weitgehend einig darüber, dass Mimik und Gestik manchmal mehr verraten als unsere Worte – und seltener lügen. Aus dem Gesicht und den Bewegungen eines Menschen können wir bisweilen mehr herauslesen, als dem unfreiwilligen Absender bewusst ist. Schon deshalb rate ich Ihnen, sich eingehend mit dem Thema Körpersprache auseinanderzusetzen. Auf welcher Art von Bühne auch immer Sie stehen: Die Gefahr, unbewusst kontraproduktive Signale auszusenden, sollten Sie nicht leichtfertig eingehen.

Ihre Worte und Ihr Körper sollten sich nicht widersprechen.

Die wichtigste Faustregel für eine souveräne nonverbale Wirkung klingt einfach, wird unter Stress und Zeitdruck im Eifer des Gefechts aber schnell missachtet: Ihre Worte und Ihr Körper sollten sich nicht widersprechen. Hier sind drei Fehler, die viele Menschen in Alltagsgesprächen, bei Verhandlungen

und beim öffentlichen Reden oft machen, ohne sich dessen bewusst zu sein:
- Sie bejahen etwas oder äußern sich positiv, schütteln dabei aber unbewusst ganz leicht den Kopf. Das verwirrt andere, denn damit schürt der Absender Zweifel an seinen Worten: Meint er es so oder nicht? Bitten Sie andere darum, Sie einmal zu beobachten – denn den meisten »Wackeldackeln« ist diese Angewohnheit gar nicht bewusst.
- Sie gehen bei starken Aussagen unbewusst einen Schritt zurück. Das wirkt, als würden Sie nicht zu Ihren Worten stehen und sich der Verantwortung dafür entziehen wollen. Als Bühnenkünstler achte ich bewusst darauf, mich möglichst immer vorwärts zu bewegen, da Rückwärtsbewegungen meine Worte entkräften oder sogar fragwürdig wirken lassen.
- Ein dicker Sargnagel auf dem Weg zum Bühnentod ist auch die falsche Reihenfolge der Wirkelemente. Das gesprochene Wort sollte immer dem körperlichen Ausdruck folgen – nicht umgekehrt. Bei der normalen Alltagsinteraktion »spricht« der Körper schon, während Sie noch über die Formulierung nachdenken. Machen Sie es bei einem einstudierten Anlass andersherum, kann das aussehen, als wären Sie von Ihren eigenen Aussagen überrascht – und das wirkt unsouverän.

Sendungsbewusstsein bedeutet, mir all meiner Wirkfaktoren in vollem Umfang bewusst zu sein. Je mehr Sie von dem, was Sie senden, auch gezielt steuern, desto mehr Kontrolle haben Sie über das Ergebnis.

Sei kein Stillleben:
Wie Sie das Bild von sich prägen

Meine Begegnung mit Mike Meyer war eine Lektion in Sendungsbewusstsein. Sein Arbeitsstil führte mir auf ganz neue Weise vor Augen, wie man Souveränität gezielt abruft und sichtbar macht.

Der Fotokünstler Mike Meyer ist ein Schüler von Peter Lindbergh, einem der bekanntesten Fotografen des 20. und 21. Jahrhunderts. Mein Fotoshooting mit ihm war ein Highlight, denn ich war schon lange zuvor sein Fan gewesen. Seine Bilder hatten mich stets etwas spüren lassen, das über das hinausging, was Fotos typischerweise vermitteln. Es ist, als erlaubten seine Bilder dem Porträtierten zu sprechen; als hätte das Foto eine zusätzliche, unsichtbare Ebene, die Signale über das Visuelle hinaus kommuniziert. Durch diese zusätzliche Ebene ihrer Kunst vermögen die besten Fotografen, unser Bild von einem Menschen zu prägen.

Schon bei unserer Vorbesprechung hatte Mike einen richtungsweisenden Satz gesagt: »Ich schieße keine Stillleben.« Damit brachte er zum Ausdruck, dass er kein Interesse an jenen statischen Aufnahmen hat, die oft mit Porträtfotografie assoziiert werden: »flache« Abbildungen, die den Porträtierten vielleicht gut aussehen lassen, aber nichts über dessen Persönlichkeit preisgeben. Mit anderen Worten: Mike Meyer wollte nicht mein Gesicht fotografieren, sondern die Essenz des Menschen und Künstlers Christian Lindemann. Was es dafür braucht, ist fokussiertes Sendungsbewusstsein: Ich musste voll in meinem Element sein, um den Kern meiner Persönlichkeit in einem Moment vor der Linse zu bündeln.

Am Tag des Shootings brauchte Mike genau einen Satz, um mich in den richtigen mentalen Zustand zu versetzen: »Zeig mir deinen *Signature Move*!«, sagte er mitten in meine gut ausgeleuchtete Anspannung hinein. Er wollte, dass ich mich in meine Bühnenrolle hineinversetzte und dieselben Bewegungen ausführte wie üblicherweise bei meiner Darbietung.

Leichter gesagt als getan, dachte ich zunächst: Wer kann schon auf Anhieb sagen, welche die markanteste Geste ist, die er regelmäßig ausführt? Doch als ich anfing, meine Routine durchzuspielen und mich vor der Kamera zu bewegen, begann die Magie zu wirken: Innerhalb kürzester Zeit war ich voll in meiner gewohnten Rolle. Die Emotionen, die dabei entstehen, zeigten sich unwillkürlich in meinem Gesicht. Meine ganze Haltung änderte sich. Eben hatte ich noch nicht gewusst, wohin mit meinen Händen – plötzlich erzählte ich mit meinem Gesicht und meinem Körper eine Geschichte. Als ich mich in die typischen Abläufe hineinarbeitete, spürte ich förmlich, wie ich von Bewegung zu Bewegung souveräner wurde. Und diese gelebte Souveränität des Künstlers auf seiner Bühne, die Essenz der Persönlichkeit Christian Lindemann fing Mike in seinen Bildern ein.

Dieses tief empfundene Gefühl der Souveränität auszulösen und seinen vollen Ausdruck kontrolliert abzurufen, ist das Geheimnis einer souveränen Ausstrahlung. Probieren Sie es einmal aus wie im Fotoshooting: Simulieren Sie für sich selbst einen Zustand, in dem Sie ganz bei sich sind. Begeben Sie sich in Gedanken auf Ihre Bühne und tun Sie, was Sie am besten können. Spielen Sie Ihren *Signature Move* durch und fühlen Sie dabei in sich hinein. Spüren Sie, wie die Souveränität sich in Ihnen breitmacht. Und dann beantworten Sie sich die folgenden Fragen:
- *Was ist Ihr Signature Move?* Welche wiedererkennbare Bewegung, Gestik oder Mimik steht sinnbildlich für das, was Sie auf Ihrer Bühne des Lebens tun? Wahrscheinlich neh-

men Sie sie kaum noch wahr, weil Sie sie permanent unbewusst ausführen. Seien Sie kein Stillleben: Machen Sie Ihren *Signature Move* zum Souveränitäts-Trigger!

- *Was möchten Sie, dass die Menschen auf Ihrem Bild sehen?* Was, außer einem schönen Gesicht, zeigt Ihr Porträt noch? Welche Aussage, welcher Charakter, welche Identitätsmerkmale, welche Emotion springt dem Betrachter förmlich entgegen? Welche Essenz Ihrer Persönlichkeit steckt hinter diesem Ausdruck?
- *Wissen Sie immer, was Sie senden?* Wie Sie auf andere wirken, können Sie nicht hundertprozentig kontrollieren; was Sie bewusst senden dagegen schon. Die Differenz zwischen beidem jederzeit im Blick haben und weitestmöglich reduzieren: So funktioniert Sendungsbewusstsein. Souveränität kommt nicht darin zum Ausdruck, dass man sendet – sondern im Bewusstsein, *was* man sendet.

> *Souveränität kommt nicht darin zum Ausdruck, dass man sendet – sondern im Bewusstsein, was man sendet.*

Kapitel 9
Die Show ist der Star
Wozu jeder ein Ensemble braucht

»Ein Traum, den man allein träumt, ist nur ein Traum.
Ein Traum, den man zusammen träumt, wird Wirklichkeit.«
Yoko Ono

Vom Vitamin B zum Vitamin We

Als Dieb muss ich damit leben, dass mein Umfeld mir Gaunereien unterstellt. Manchmal fragen mich Freunde und Kollegen nach einem Auftritt: »Woher kam denn diese unglaubliche Harmonie mit dem Zuschauer, der heute mit dir auf der Bühne war? Wie Deckel auf Topf hat das gepasst! War der eingeweiht? Kanntest du ihn?«

Wir haben die seltsame Angewohnheit, funktionierenden Beziehungen nicht zu trauen – Bühnenbeziehungen nicht, Arbeitsbeziehungen nicht, den Beckhams nicht. Wir neigen dazu zu glauben, jedes erfolgreiche Miteinander sei eine Frage von Vitamin B; als beruhe jede Interaktion auf irgendeiner Bühne des Lebens auf einem Austausch von Gefälligkeiten.

Aus der persönlichen Erfahrung meiner Bühnen kann ich Ihnen versichern, dass Vitamin B total überschätzt wird. Vitamin B ist ein schlechter Freund: launisch, egozentrisch und garantiert unauffindbar, wenn die Polizei kommt. Vitamin B ist wie Donald Trump: Es schließt keine Partnerschaften, sondern Deals. Vitamin B wendet sich Ihnen nicht zu, wenn Sie etwas brauchen, sondern

Vitamin B ist ein schlechter Freund.

wenn Sie etwas zu bieten haben. Es interessiert sich einen Dreck für Sie. Wer Vitamin B hat, braucht keine Kredite; er lebt schon in jemandes Schuld. Vitamin B hält keine Show am Laufen. Es macht das Leben nicht leichter, sondern abhängiger. Bauen Sie Ihr Lebensglück auf Vitamin B auf, und Sie bauen auf Sand.

Ich hasse Vitamin B. Seine Wirkung ist mehr Schein als Sein. Auf den Showbühnen unseres Künstlerlebens können wir es uns nicht leisten, auf Sand zu bauen. Können Sie es denn?

Nein, das Vitamin, das uns zusammen- und unsere Welt am Laufen hält, ist ein viel krasseres Zeug. Unsere Show, sie lebt vom »Vitamin *We*«, vom »Wir«. Ich glaube an die Power des Ensembles. Was durch unsere Adern fließt, wenn wir über, hinter und unter der Bühne rotieren wie die Rädchen eines perfekt geschmierten Uhrwerks, hat nichts mit einem Deal zu tun. Einzelinteressen haben während der Show Pause; das Wir ist am Zug. Jeder von uns, vom Beleuchter über den Kostümbildner bis zum Schlangenmenschen, weiß ganz genau, warum er da ist – und alle anderen wissen es auch.

Was haben die anderen davon, dass es mich gibt? Jeder in diesem einzigartigen Ensemble kennt seine Antwort auf diese Frage. Wir alle sind dort, weil jemand das aus gutem Grund entschieden hat. Jeder von uns hat sich seinen Platz in diesem Ensemble verdient. Deshalb brauchen wir untereinander keine Vergleichsrituale, keine Cliquenmentalität und auch keine Schiebereien, wie sie in vielen anderen Teams an der Tagesordnung sind. In unserem Wir gibt es keinen Platz für Tauschgeschäfte, für Beziehungskonten, für Nutzdenken. Das Einzige, was wir miteinander auszumachen haben, ist, was wir gemeinsam so alles auf die Beine stellen können. Jeder von uns hat genügend Vitamin *Me* im Blut – Vitamin *We* aber können wir nur gemeinsam produzieren.

Als Künstler bilden wir eine große Familie – und das will etwas heißen. Überraschen wird Sie das nicht, aber als Künstler darf ich es aussprechen: Künstler-Egos sind nicht von Pappe. Die meisten, die noch nie unter Bedingungen wie im Cirque du Soleil gearbeitet haben, müssen sich erst einmal akklimatisieren und ihre Ellbogen einfahren lernen. All das übliche Kräftemessen, all die Zickereien und Kungeleien fallen hier weg. Sobald wir das begreifen und unsere Egos ins System integrieren, sind wir zusammen besser als je zuvor.

Das ist die Macht des Vitamin *We*. Ich nenne es: Kooperationsliebe. Und ich glaube: Alle Teams auf allen Bühnen der Welt könnten mehr davon gebrauchen.

Multiplikation statt Addition: Ein Team ist mehr als die Summe seiner Teile

»Zusammen sind wir stark!« Dieses Credo der Teamarbeit ist Ihnen sicher auch schon viele Male um die Ohren geflogen. Von Vorgesetzten etwa werden wir vorzugsweise dann daran erinnert, wenn jeder Einzelne im Team schon auf dem Zahnfleisch kriecht.

Diesen Gemeinplatz der Team-Motivation, so viel Wahrheit er enthält, möchte ich gern präzisieren. Denn wenn wir Teamwork nur als Maßnahme betrachten, um mehr wegzuschaffen, bleiben unsere Teams unter ihren Möglichkeiten. Und nicht nur die, sondern auch jeder Einzelne im Team.

Ich bin der Meinung, dass in den meisten Firmen das Potenzial der Teamarbeit noch bei Weitem unterschätzt wird, weil wir Erfolg als Einzelinteresse betrachten. Viele empfinden die Gruppe in ihrer Karriereplanung eher als Klotz am Bein auf dem Weg nach oben. Das hat nicht zuletzt damit zu tun, dass die Stars in jedem Umfeld – in den Künsten genauso wie im Business – uns oft als One-Man-Shows verkauft werden. Tatsächlich entspricht das jedoch in den wenigsten Fällen der Wahrheit: Kaum ein Topmanager hätte es ohne einen Apparat exzellenter Mitarbeiter nach oben geschafft, kaum ein Künstler ist unabhängig von kongenialen Partnern. Mein Act im Cirque du Soleil etwa ist allein schlicht unmöglich: Erstens bin ich auf die Kooperationsbereitschaft meines Zuschauers angewiesen, sich ausrauben zu lassen. Zweitens kann ich meinen Act nicht sinnvoll als *Stand-alone*-Show anbieten. Im Gegensatz etwa zu Sängern oder Illusionisten kann meine Darbietung schon aufgrund ihrer Kürze immer nur Teil einer größeren Show sein – und damit Teil eines Ensembles, in das ich mich im Sinne des gemeinsamen Erfolgs zu integrieren habe. Drittens brauche ich das Team hinter der Bühne, oben in den Lichtmasten und bis hinauf ins Management, um meine Kunst unter diesen fantastischen, weltweit einzigartigen Bedingungen ausüben und weiterentwickeln zu können.

Und doch gibt es in unserer Gesellschaft und auch in den Künsten den Hang, Erfolge als Errungenschaften eines Einzelnen darzustellen. In manchen Künsten wird das Solo in seiner Bedeutung überbetont, weil ein einzelner Akteur sich in den meisten Künsten besser zum Star machen lässt und eine effizientere Strahlkraft entwickelt als eine Gruppe. Das ist zum Beispiel in der Musik und im Schauspiel ein häufiges Phänomen: Die Rolle des Einzelnen wird fürs Marketing überhöht, die Rolle weiterer Beteiligter heruntergespielt.

Wir sind uns also gar nicht darüber bewusst, wie viele außergewöhnliche Leistungen tatsächlich in Kooperation entstehen. Der Grund dafür ist ein zu enges Verständnis von Teamarbeit, frei nach dem Motto: Teamarbeit ist, wenn man Fehler korrigieren muss, die man allein nie gemacht hätte.

Wenn Sie das Potenzial Ihres Teams – und Ihr Potenzial im Team – wirklich freilegen wollen, müssen Sie sich zuerst von der einseitigen Sichtweise verabschieden: Teamarbeit ist, wenn man etwas zusammen macht, was man sonst allein machen müsste.

Ein gut funktionierendes Team ist nicht einfach eine Addition von Arbeitskraft. Ein Büro dient nicht zur Vorratshaltung von Kompetenzen. Zusammenarbeit beschränkt sich nicht darauf, statt einem vier Pferde vor dieselbe Kutsche zu spannen. In einem gut gecasteten Team verschmelzen die Akteure zu einem Gesamtkunstwerk, das alle individuellen Qualitäten multipliziert. Es ist wie bei einem Equalizer, mit dem man die Tonfrequenzen einzeln aussteuern kann: Wenn Sie einen Regler hochschieben, verstärken Sie nicht nur diese Frequenz – Sie verändern auch das gesamte Tonbild. Denselben Effekt hat ein gutes – und gut geführtes – Team auf den einzelnen Künstler. Der kreative Geist wird in einem funktionierenden Team noch kreativer, weil wir es uns im Team erlauben können, uns auf unsere Stärken zu fokussieren.

> *Ein Büro dient nicht zur Vorratshaltung von Kompetenzen.*

Zusammen sind wir *anders*. Die komplexe Magie eines gut funktionierenden Teams verleiht dem Ergebnis eine Qualität, die selbst der individuellen Genialität einzelner Künstler noch etwas hinzufügen kann. Auch in Ihrer Kunst! Es ist zweitrangig, ob die einzelnen Mitglieder des Teams alle vor dem Vorhang oder teils dahinter agieren. Das gilt für alle Spitzenteams weltweit, vom Orchester bis zum

> *Zusammen sind wir anders.*

Start-up: Echte Teamarbeit diskriminiert keine Talente – sie integriert sie.

Ein Ensemble bündelt und verstärkt nicht nur quantitativ den Output vieler in Richtung eines gemeinsamen Ziels, es macht den Beitrag jedes Einzelnen auch qualitativ besser. Und deshalb braucht jeder von uns ein Ensemble – auch ein scheinbarer Solo-Act wie der König der Taschendiebe.

Das ist nämlich ein weiteres Missverständnis von der Teamarbeit: dass wir als Individuen darin verschwinden und uns der Gruppe unterordnen müssen, damit sich niemand übergangen fühlt. Für solche Befindlichkeiten ist in einem professionellen Künstlerensemble kein Platz. So angenehm die Arbeit in einer launigen Gruppe ist, so sehr wir den Austausch brauchen und die Gesellschaft Gleichgesinnter genießen: Künstler sind auch im Ensemble immer Performer, die bei jedem Auftritt das Beste aus sich herausholen müssen. Gerade deshalb brauchen starke Individualisten auch starke Teams. Mit Sozialromantik hat Teamarbeit in der Kunst nichts zu tun. Wir arbeiten nicht zusammen, weil wir es dann leichter haben. Wir arbeiten zusammen, weil zusammen mehr geht. In Starensembles geht es nicht um die Gruppendynamik – es geht um das, was dabei herauskommt. Kunst ist Kunst, Leben ist Leben, Bühne ist Bühne.

Die besten Unternehmen haben das ebenso verstanden wie die erfolgreichsten Solisten der Welt. Der Stardirigent Daniel Barenboim ist ein Superstar – aber ohne Orchester ist er nur ein Pinguin, der mit einem Stöckchen in der Luft herumfuchtelt. Elon Musk ist das Gesicht von Tesla – die Autos aber bauen andere. Ronaldo ist der beste Offensivfußballer der Welt – aber ohne die Zuspiele seiner Mitspieler schafft auch er es nicht zum Torschützenkönig. Worin auch immer ein Mensch besser ist als andere – ohne die anderen kann er seine Stärken nicht ausspielen. Daniel Barenboims Klasse kommt erst mit einem Toporchester wirklich zum Tragen. Elon Musks große Versprechen würden ihn zum Hochstapler machen, wenn seine Ingenieure und Arbeiter keine Qualitätsprodukte entwickeln und herstellen würden. Und ohne Teamkameraden, die euphorisch auf ihn draufspringen, würden Ronaldos Jubelorgien nach jedem Tor noch alberner aussehen.

In welcher Art Team auch immer Sie spielen, die Frage ist immer gleich: Ist es ein Deal – oder ist es Kooperationsliebe? Beim Cirque du Soleil lautet sie: Willst du in der Show spielen – oder willst du die Show spielen? Im Fußball lautet sie: Wollt ihr in der Mannschaft spielen – oder wollt ihr als Mannschaft spielen? Zu Hause lautet sie: Wollen wir in Familie leben – oder wollen wir als Familie leben?

In der Corona-Krise 2020 habe ich es stärker gespürt als jemals zuvor: Erst im Zusammenspiel mit anderen bin ich wirklich ich. Und da war ich nicht der Einzige. Im Rahmen der Aktion #Kulturerhalten machten Künstler auf die Situation der Eventbranche aufmerksam, indem Veranstaltungsorte in ganz Deutschland rot angestrahlt wurden. Bei der zentralen Veranstaltung in Frankfurt am Main setzten sich einige der größten Bühnenstars Deutschlands, darunter Mario Barth und Bülent Ceylan, für den anderen Teil des »Teams Kultur« ein: die Techniker, die Caterer, die Veranstalter vor Ort und all die anderen, die ihren Anteil an jeder Show hinter der Bühne beitragen. Durch die weitreichenden Kontakt- und Veranstaltungsverbote drohte Zehntausenden von ihnen der Verlust ihrer Existenzgrundlage. Mit der Aktion haben die Bühnen-

> *In welcher Art Team auch immer Sie spielen, die Frage ist immer gleich: Ist es ein Deal – oder ist es Kooperationsliebe?*

stars deutlich gemacht: Ohne diese Menschen haben auch wir keine Bühne – ohne Team gibt es keine Show.

Der Mehrwert ist mehr wert

Ein starkes Ensemble bringt die beste Version eines Menschen zum Vorschein – ganz gleich, wie individuell seine Kunst auch sein mag. Betrachten wir zum Beispiel ein Tanzensemble von Weltruf. In vielen Künsten und Berufen kommt es auf ein perfektes Zusammenspiel aller Beteiligten an, aber in keiner Disziplin mehr als im professionellen Ballett. Es ist das perfekte Beispiel dafür, warum individuelle Stärken und Teamfähigkeit gleichermaßen wichtig für den Erfolg sind. Ein professioneller Tänzer muss beides in Vollendung beherrschen, um überhaupt arbeitsfähig zu sein.

Balletttänzer unterwerfen sich von frühester Jugend an einer brutalen Routine, bei der sie mit ihren Entbehrungen und Schmerzen oft allein sind – alles nur, um später in ein Ensemble eintreten und sich in den Dienst eines größeren Ganzen stellen zu können. Dort sind die erworbenen Fähigkeiten aber nicht mehr als die Grundkompetenz, die einfach vorausgesetzt wird. Wenn ein Topensemble wie das Londoner Royal Ballet gemeinsam an die Arbeit geht, greifen die individuellen Fähigkeiten ineinander wie die Zahnräder einer Rolex. Jeder kleine Fehler ruiniert nicht nur die eigene Performance, er zerstört das Gesamtbild. Unter Tänzern sagt man: In einem Ensemble sieht niemand gut aus, solange nicht alle gut aussehen.

In einem Ensemble sieht niemand gut aus, solange nicht alle gut aussehen.

Ironischerweise sind die Anforderungen an die Leistung

des Einzelnen in diesen Ensembles deshalb nicht etwa geringer, sondern höher. Die Gruppe fängt Schwächen des Einzelnen nicht ab, im Gegenteil: Im perfekten Gesamtbild, das die Zuschauer auf der Bühne sehen, verstärkt sich jeder Schnitzer eines Einzelnen, so wie die kleinste falsche Bewegung ein Kartenhaus zum Einsturz bringen kann. Nicht alles davon sieht der Laie im Publikum, doch der Tänzer spürt jede mikroskopische Abweichung. Zur tänzerischen Perfektion kommt noch der schauspielerische Ausdruck hinzu. Zudem müssen die Tänzer auch noch Emotionen transportieren, damit aus der Darbietung eine echte Show wird – und beides auf Weltniveau. »Bei vielleicht ein, zwei Vorstellungen in deiner Karriere hast du das Gefühl, du hast es perfekt hingekriegt. Ich glaube, ich bin bisher nicht einmal nahe dran gewesen.«[49] Diese Aussage stammt von Rupert Pennefather – einem der besten Balletttänzer der Welt.

Doch genau in dieser engen Verzahnung, diesem gemeinsamen Anspruch und dieser geteilten Professionalität liegt auch die große Stärke der Topensembles. Tänzer, gleich ob zwei oder zwanzig, verschmelzen auf der Bühne zu einer körperlichen und schauspielerischen Einheit, deren Effektivität sich jedes Team als Vorbild nehmen kann.

Selbst der große Rudolf Nurejew, der berühmteste Tänzer aller Zeiten, brauchte seine kongenialen Partnerinnen, um glänzen zu können. Und zwar, obwohl kein Vertreter seiner Kunst vor oder nach ihm jemals wieder so singulären Ruhm erlangte. Die meisten Tänzer müssen sich spätestens mit Ende 30 nach einer anderen Karriere umsehen und haben bis dahin oft kaum die Chance gehabt, Rücklagen zu bilden. Nurejew starb auf einer Privatinsel, mit einem geschätzten Vermögen von 80 Millionen Dollar.[50]

Doch selbst dieser Ausnahmekünstler, so die Einschätzung

von Experten, brauchte seine Idealpartnerin Margot Fonteyn. Obwohl fast 20 Jahre älter, ergänzte sie Nurejew perfekt, inspirierte ihn und zähmte sein jugendliches Ungestüm. Beide tanzten am besten, wenn sie zusammen tanzten. Als Team waren sie so gut, dass ihr Agent sich eine besondere Unverschämtheit erlauben konnte: Für die beiden als Paar berechnete er ein noch höheres Honorar als die Summe ihrer ohnehin schon fürstlichen Einzelgagen.[51]

Das ist die Magie des Teamworks: Selbst der größte Künstler kann im Zusammenspiel mit anderen großen Künstlern noch über sich hinauswachsen.

Und wenn es hart auf hart kommt, kann ihn manchmal auch nur das Ensemble retten.

We will follow you

Ein Prinzip, das im Gefüge eines Showensembles unabdingbar ist, lernte ich schon im Rahmen meiner Ausbildung in Montreal. Es hat großen Anteil an der gigantischen Erfolgsgeschichte des Cirque du Soleil. Der künstlerische Leiter persönlich war es, der mir damals versicherte: »Whatever happens, whatever you decide to do: We will follow you.« – »Was auch immer passiert, was auch immer du zu tun entscheidest: Wir werden dir folgen.«

Manchmal kann das einfach nur bedeuten, dass die Lichttechnik auch unerwarteten Bühnenbewegungen folgt oder die Tontechnik bestmöglich ausgleicht, wenn meine Stimme schlappmacht. Es kann zum Beispiel auch heißen, dass im Falle eines Abbruchs der nächste Act übergangslos und selbstverständlich die Bühne übernimmt, als wäre nichts gewesen – wenn möglich sogar mit einer geschickten dramaturgischen

Überleitung. Es geht bei diesem Prinzip also darum, aus jedem Bühnenmoment durch perfektes Teamwork das Optimum herauszuholen – aus den glücklichen Fügungen genauso wie aus den kleinen und großen Katastrophen. Das Ziel ist, dass auf die Zuschauer zu jedem Zeitpunkt alles absolut souverän wirkt – was auch immer gerade vor sich geht.

Die dafür notwendigen Entscheidungen muss ich natürlich allein treffen: Als Künstler trage ich die Verantwortung für das, was ich auf der Bühne tue. Doch ich kann mich hundertprozentig darauf verlassen, dass das Team mich dabei bestmöglich unterstützt und alle Ressourcen mobilisiert, damit ich stellvertretend für uns alle im Spotlight glänzen kann – alle spontanen Ideen, dusseligen Fehler und bösen Überraschungen eingeschlossen.

Wie die Räder in der wundersamen Maschine einer großen Show ineinandergreifen, kann sogar mich immer noch überraschen. In einer Show verwende ich zum Beispiel ein bestimmtes Requisit. Normalerweise habe ich es bereits in der Hand, wenn ich auf die Bühne laufe, obwohl es erst zu einem späteren Zeitpunkt zum Einsatz kommt. Doch einmal hatte ich es vergessen. Ich bemerkte es erst, als ich keine Chance mehr hatte, den Gegenstand noch von der Garderobe zu holen. »Ich habe mein Requisit vergessen!«, sagte ich zu dem *Stagehand*, dem Bühnentechniker, der neben mir stand. »Es liegt noch an meinem Platz in der Garderobe!«

Daran denkt man im Publikum nicht: Hinter einer großen Showbühne wimmelt es noch mehr von Menschen als auf der Bühne. All die *Stagehands* sind genauso Teil des Teams wie die Künstler – und sie alle sind genau wie wir absolute Experten in ihrem Job.

»Kein Problem«, gab der junge Mann entspannt zurück, »ich kümmere mich darum.«

Ich hatte keine Zeit mehr, ihn zu fragen, wie er das meinte, denn ich musste auf die Bühne. Bei meinem nächsten kurzen Abstecher hinter den Vorhang nur wenig später war es dann so weit: Ich brauchte das Requisit für die nächste Szene, denn sonst hätte ich den ganzen Ablauf durcheinandergebracht. Und siehe da: Genau an der Stelle, an der ich gerade von der Bühne rannte, stand ein anderer Bühnentechniker in den Kulissen und wartete auf mich. Grinsend hielt er mir meine Fernbedienung hin. Im Vorbeilaufen griff ich danach und hatte gerade genug Zeit für einen dankbaren Blick, dann war ich schon wieder auf der Bühne. Die Show konnte weitergehen, als wäre nichts gewesen.

Seit diesem Tag hängt an meinem Spiegel in der Garderobe ein Zettel, angebracht von den Technikern. Darauf steht: »Requisit nicht vergessen!«, und darunter ein Smiley.

Ein echtes Ensemble kann mehr, als sich in seinen Fähigkeiten zu ergänzen. Multiplikation statt Addition: Ein starkes Team wirkt als ausgleichender Faktor in einer Welt voller Variablen. Wenn ich Mist baue, kann es meinen Fehler ausgleichen, so wie es der Techniker an jenem Tag getan hat. Dasselbe kann man über die gesamte Vorstellung sagen: Tausende Hände sind im Spiel, damit unsere Zuschauer die Show bekommen, die sie verdienen.

Multiplikation statt Addition: Ein starkes Team wirkt als ausgleichender Faktor in einer Welt voller Variablen.

Es gibt Dinge, die ich nicht gut kann. Sie wissen das, ich weiß das, jeder weiß das. Doch diesen Satz auszusprechen, der ausnahmslos auf jeden Einzelnen der knapp acht Milliarden Menschen auf diesem Planeten zutrifft, ist in manchen Umfeldern beinahe schon verpönt. Gehen Sie mal in ein Vorstandsmeeting, schauen Sie den anderen tief in die Augen und sprechen Sie ihn aus: Sie blicken in verständnislose Gesichter.

In Castingshows stellen sich Menschen vor die Kamera, die bei einer realen Künstleragentur nicht durch die Eingangstür kämen. Doch sie ziehen nicht einmal die Möglichkeit in Erwägung, dass ihre Stärken auf einer anderen Bühne des Lebens liegen könnten – vorzugsweise einer, auf der Singen optional ist.

Bei meinem Showcasting für den Cirque du Soleil damals hatte ich keine Chance, meine Schwächen zu vertuschen, und niemand hat mich darüber belogen. Als Horror-Elefant bin ich glatt durchgefallen; das konnten viele der Improvisationsprofis an diesem Tag besser als ich. Aber als erfahrenem Showdieb mit einer brennenden Leidenschaft für die Rolle konnte mir keiner das Wasser reichen. Dem Castingteam waren vorrangig meine Fähigkeiten als Taschendieb wichtig, weniger meine schauspielerischen Fertigkeiten – denn die konnte mir die hauseigene Schule in Montreal noch vermitteln.

Warum sollte es nur auf meiner Bühne so funktionieren? In Bewerbungsgesprächen wird gern nach Schwächen gefragt, um die Reaktion des Kandidaten zu testen. Kein Mensch antwortet darauf mit einem echten, bedauernswerten, schmerzhaften Defizit. Das ist schade, um es vorsichtig auszudrücken – und ein Jammer, wenn man es genau nimmt. Denn genau das wäre es, was man bei einem Bewerbungsgespräch besprechen sollte. Die Qualifikation ist an diesem Punkt doch längst abgehakt. Bei der persönlichen Beurteilung sollte es darum gehen, ob derjenige ins Team passt. Dafür sind zwei Dinge entscheidend. Erstens: Hat er oder sie Stärken, die wir brauchen? Und zweitens: Ist das Team in der Lage, die Schwächen des Bewerbers auszugleichen, damit die Stärken zur Geltung kommen? Im richtigen Team sind meine Schwächen kein Hindernis, und im falschen Team verpuffen meine Stärken.

Wenn wir nur halb so oft die Wahrheit über unsere Schwächen sagen würden, wie wir über unsere Stärken lügen, wären wir alle miteinander unschlagbar.

Das Quäntchen Demut, das es braucht, um die eigene Unvollständigkeit zuzugeben, gehört zur Kooperationsliebe dazu: Am Ende spielt es keine Rolle, wer wie laut und wie lange für wen klatscht. Uns allen ist bewusst: Die Show ist der Star. Wenn alle Mitglieder eines Teams mit ausgeglichenem Vitamin-*Me*-Haushalt miteinander ans Werk gehen, spielt das überhaupt keine Rolle. Sobald es gemeinsam zur Sache geht, wirkt das Vitamin *We*. Im Ergebnis ist jeder Beitrag gleichermaßen wertvoll: Viele Köche rocken den Brei.

Wenn wir nur halb so oft die Wahrheit über unsere Schwächen sagen würden, wie wir über unsere Stärken lügen, wären wir alle miteinander unschlagbar.

Die Wirkung eines Teams kann sich auf vielerlei Art ausdrücken. Ohne perfekte Rahmenbedingungen könnten wir Künstler auf unserer Bühne nicht glänzen. Ohne ihren Trainer- und Betreuerstab wäre die Nationalmannschaft auf ihrem Spielfeld kopflos. Ohne seine Assistenz wäre jeder CEO am Verhandlungstisch verloren. Das Ensemble kann inspirieren und strukturieren, entfesseln und limitieren, emotionalisieren und erden, entfachen und korrigieren, loben und kritisieren, fordern und schützen.

Viele Köche rocken den Brei.

Sehr oft muss es allerdings nichts tun – weil allein der Gedanke ausreicht, dass es da ist. Mein Team steht an meiner Seite, stärkt mir den Rücken, greift mir unter die Arme und stellt sich schützend vor mich. Vor allem aber ist es immer in meinem Kopf.

Ein Team für alle Fälle

Wie wichtig schon der mentale Rückhalt durch das Ensemble für einen Künstler wie mich ist, spürte ich bei einer der glücklicherweise seltenen Grenzerfahrungen auf meiner Bühne. Ich hatte einen jungen Mann auf die Bühne geholt, der ganz entspannt und freundlich wirkte – immerhin hatte er keinerlei Widerstand gezeigt und war mir bereitwillig lächelnd auf die Bühne gefolgt.

Als ich mitten im Auftritt in die Seitentasche seiner Jacke griff, wusste ich sofort, dass ich ein Problem hatte. Wie schlimm es tatsächlich war, wurde mir allerdings erst einige Sekunden später klar. Wegen des üblichen Adrenalinrauschs mitten in der Performance spürte ich den Schmerz nicht sofort in vollem Ausmaß.

Der junge Mann hatte, aus welchem Grund auch immer, ein Butterfly-Messer in seiner Jacke – und zwar geöffnet und mit der Klinge nach oben. Beim schnellen Griff in seine Tasche hatte ich voll zugegriffen und mir die Hand aufgeschnitten. Zu meinem Unglück war es auch noch ein recht scharfes Messer. Als ich bei nächster Gelegenheit einen Blick auf meine rechte Hand warf, sah ich, dass sie blutüberströmt war. So tief war der Schnitt, dass mir das Blut regelrecht von der Hand tropfte.

Ich habe auf der Bühne schon so manche Überraschung überspielen müssen, aber das war eine neue Qualität. Wieder einmal wurde mir bewusst, wie sehr meine Arbeit von der Interaktion mit dem Publikum beeinflusst wird. Frauen zersägen kann jeder! Dabei stirbt niemand den Bühnentod, nicht mal die Lady in der Kiste. Bei mir dagegen kann es schon mal kritisch werden, wenn ich mir den falschen Kandidaten aussuche. Und genau das hatte ich an diesem Tag getan.

Gleichwohl hatte ich keine Wahl: Weder vom Schreck, noch vom Schmerz, noch von der barbarischen Blutung durfte ich mir das Geringste anmerken lassen, wenn ich die Show nicht sprengen wollte. Und selbst in dieser Notfallsituation wusste ich: Was auch immer ich als Nächstes tun würde, ich musste es nicht allein tun. Im Schatten außerhalb der Scheinwerferkegel, vor, hinter und neben der Bühne, sprang mir in diesem Moment ein ganzes Heer von Vollprofis zur Seite. Jeder von ihnen, darauf konnte ich mich verlassen, hatte jetzt nichts anderes im Sinn, als mich und die Situation, in der ich mich befand, zu retten.

Ein Signal geben, auch das war mir klar, musste ich ihnen dafür nicht. So gut ich den Unfall auch vor dem Publikum zu verbergen vermochte (denn auch darauf hatte mein Training mich vorbereitet), den Kollegen von der Regie und den Technikern oben in den Lichtmasten konnte ich nichts vormachen. Sie merkten sofort, was los war.

In den folgenden Minuten konnte ich mich davon überzeugen, wie ernst der Artistic Director sein Versprechen damals gemeint hatte. Was auch immer ich tat, ich spürte förmlich, wie das Ensemble im Hintergrund jeder meiner Bewegungen folgte. Zum Beispiel wortwörtlich, im Fall der Beleuchter. Da ich blutete wie angestochen, musste ich für den Rest des Auftritts natürlich auf meine rechte Hand verzichten, sonst hätte das Publikum sich in einem Horrorfilm gewähnt. Zu meinem Glück ist mein Bühnenjackett in einem Farbton gehalten, auf dem sich Blut nicht so stark abzeichnet. Diesen Umstand nutzte ich aus, indem ich die verletzte Hand an den Stoff presste, um die Blutung wenigstens abzuschwächen. Für den Rest des Acts musste ich wohl oder übel mit der anderen Hand auskommen. Quasi ohne Verzögerung merkte ich, wie die Techniker die Scheinwerfer so lenkten, dass das Licht nicht auf die Seite mit der verletzten Hand fiel. Auch sonst folgten sie meinen stark improvisierten nächsten Schritten perfekt.

Aufgrund der Verletzung musste ich den zum Glück schon fortgeschrittenen Auftritt ein wenig verkürzen. Schließlich konnte ich nicht weiter wie gewohnt mit vollem Körpereinsatz um mein Opfer herumwirbeln, das sich zum Täter gemausert hatte. Diese Entscheidung sahen meine Kollegen kommen: Als ich meinen Auftritt früher als gewöhnlich beendete, stand der nächste Act verzögerungsfrei bereit, um einzuspringen.

Auch backstage im Artistenzelt angekommen, musste ich niemandem irgendetwas erklären: Das Notarztteam, das bei jeder Show hinter den Kulissen wacht, wartete bereits auf mich, um meine Wunde zu versorgen. So ging die Angelegenheit glimpflich ab – so groß der Schreck auch gewesen war. Soweit wir wissen, hat niemand im Publikum etwas von dem Unfall bemerkt. Ohne das Ensemble im Hintergrund wäre ein so effektives Krisenmanagement ein Ding der Unmöglichkeit gewesen.

Vielleicht haben Sie auf einer Ihrer Bühnen des Lebens schon vergleichbare Erfahrungen gemacht. Wir neigen dazu, die Menschen als selbstverständlich zu betrachten, mit denen wir jeden Tag zusammenleben und arbeiten. Manchmal mögen sie uns sogar eher nervig als nützlich erscheinen. Was wir wirklich an unserem Ensemble haben, spüren wir oft erst in einer Krise.

Wie anspruchsvoll auch immer die Zusammenarbeit an manchen Tagen sein mag: Ein gutes Team ist durch nichts zu ersetzen. Und ich betone: ein *gutes* Team. »Einmal mit Profis arbeiten« – dieses umgangssprachliche Stoßgebet hat sich für mich zum Glück in jeder Hinsicht erfüllt. Wenn Sie auf Ihrer

Bühne in eine unerwartete Situation geraten, werden Sie merken, aus welchem Holz die Menschen in Ihrem Umfeld geschnitzt sind. Ich kann Ihnen nur raten, Ihre Konsequenzen daraus zu ziehen – so oder so.

Kapitel 10
Standing Ovations für alle
Warum Sie den Applaus verdienen

>»Das Schlechte an den Minderwertigkeitskomplexen ist,
dass die falschen Leute sie haben.«
Jacques Tati

Ist es Kunst, wenn niemand klatscht?

Showkünstler sind Menschen, die sich auf eine Bühne stellen und ihre berufliche Existenzberechtigung dem Urteil anderer Menschen unterwerfen. Ihren Lebensunterhalt in der Regel auch. Anhaltende Minderwertigkeitskomplexe kann man sich bei dieser Stellenbeschreibung nicht leisten. Da machen wir uns auch gar nichts vor: Der Job ist nichts für schwache Nerven.

Woher nehmen wir das dafür nötige Selbstvertrauen? Was motiviert uns weiterzumachen? Wie halten wir Durststrecken durch? Viele glauben, dass der Applaus des Publikums die Antwort auf all diese Fragen sei. Das stimmt und stimmt auch nicht – je nachdem, aus welcher Perspektive man das Thema Anerkennung betrachtet.

Ich habe als Künstler alle Be- und Entlohnungsstufen durchlaufen, die es gibt: von ein paar Münzen in meinem Hut auf der Straße bis hin zu Standing Ovations auf einer der berühmtesten Showbühnen der Welt. Die Frage, wann ich am zufriedensten war, sollte einfach zu beantworten sein, könnte man meinen: Wenn man auf der Bühne vor Tausenden Menschen steht, die frenetisch applaudierend, johlend und pfeifend von ihren Sitzen aufspringen, dann hat man den Gipfel der künstlerischen Glücksgefühle erreicht. Besser geht's nicht. Ist doch klar, oder?

Nein, so klar ist das ganz und gar nicht. Gibt der Applaus mir ein gutes Gefühl, erwärmt er mein Herz, will ich mehr davon? Absolut. Doch am stolzesten bin ich als Künstler nicht unbedingt, wenn mir die Menschen zu Füßen liegen. Ich bin es, wenn ich mit mir selbst besonders zufrieden bin, weil ich meinen künstlerischen Anspruch erfüllt habe. Oft fällt beides auf denselben Abend, aber manchmal eben auch nicht.

Kaum etwas ist für einen Künstler wichtiger, als diese Unterscheidung treffen zu können. Denn wenn man nicht mehr zwischen verdientem und unverdientem Applaus unterscheiden kann, dann hat man den Realitätsbezug und den Draht zum Publikum verloren. Und das ist der Anfang vom Ende so mancher Künstlerkarriere gewesen.

Damit wir uns richtig verstehen: Ihr Applaus ist für uns in gewisser Weise tatsächlich das tägliche Brot. Er bestätigt mir, dass ich Sie zu unterhalten, zu begeistern, zu überraschen vermag. Glauben Sie mir: Während der Corona-Krise haben alle darstellenden Künstler auf dem Planeten gespürt, wie sehr sie den Kontakt zum Publikum, die Interaktion und das Feedback am Ende der Show brauchen, das Sie mit Ihrem Applaus transportieren. Sie glauben gar nicht, wie sehr ich mein Publikum in dieser Zeit vermisst habe! Dafür sind wir Künstler: Die Bühne ist unser Zuhause.

Die Frage ist also nicht von der Hand zu weisen: Ist es Kunst, wenn niemand klatscht? Kritiker und Philosophen beschäftigen sich seit Jahrhunderten mit diesem Rätsel. Es wird wohl nie eine endgültige Antwort darauf geben, woran sich der Wert von Kunst ultimativ bemisst. Doch für den Showkünstler ist der Applaus fraglos die entscheidende Währung.

Der Grund dafür ist, dass eine Show flüchtig ist: Wenn der Vorhang fällt, ist unser Werk Geschichte. Natürlich gibt es heute Aufzeichnungen aller Art in grandioser Qualität. Mit VR-Technik kommen wir einem Live-Feeling so nahe wie nie zuvor. Doch wenn Sie nur einmal in einem Zirkuszelt, in einem Konzertsaal oder vor einer Theaterbühne gesessen haben, dann wissen Sie: Das ist nicht dasselbe, für uns auf der Bühne genauso wenig wie für Sie im Publikum, und wird es nie sein.

Die Frage, ob der Applaus ein wichtiger Indikator ist und ob er unsere Rechnungen bezahlt, ist je nach Sichtweise also durchaus zu bejahen. Ähnlich wie die Höhe des Honorars ist er eine Form von Anerkennung – etwas, das jeder verdient, der eine relevante Leistung vollbringt. Wir dürfen ihn genießen. Wir dürfen ihn als Feedback wahrnehmen und ernst nehmen. Wir dürfen ihn sogar als Energiequelle betrachten. Und unbedingt sollten wir ihn annehmen: Anerkennung, Wertschätzung, Lob und Dankbarkeit abzulehnen, ist nichts weniger als respektlos. Es gibt dabei immer gleich zwei Geschädigte: den Absender, der sich missachtet fühlt, und den Empfänger, der auf eine wertvolle Kraftquelle verzichtet.

Doch der Applaus, genau wie der Erfolg auf Ihrer beruflichen Bühne, ist kein Lebensziel. Sogar die größte aller Bühnenehrungen, die Standing Ovations, sind kein Lebensinhalt und dürfen nie einer werden. Wer seinen Job nur ausübt, um »erfolgreich« zu werden, ist ärmer als jeder brotlose Künstler, der seinem Traum folgt. Ein Künstler, der seinen Selbstwert aus dem Applaus bezieht, wäre ein schlechter Künstler. Genau genommen wäre er gar kein Künstler, denn Kunst ist immer mehr als Unterhaltung.

> Wer seinen Job nur ausübt, um »erfolgreich« zu werden, ist ärmer als jeder brotlose Künstler.

Den Selbstwert und den Mut, jedes Mal aufs Neue auf die

Bühne zu gehen, nehme ich nicht aus dem Applaus. Der Selbstwert heißt nicht umsonst so: Kein anderer kann ihn uns geben. Der Philosoph Jens Corssen hat das Prinzip auf den Punkt gebracht: Spielen Sie lieber das innere Spiel, bei dem Sie wachsen, reifen und sich entwickeln – und nehmen Sie Abstand vom äußeren Spiel, bei dem es um Punkte, Siege, Status und Ego geht.

Die Sache mit den Standing Ovations

Entgegen landläufiger Meinung »leben« Künstler also nicht vom Applaus allein. Die Standing Ovations sind eine differenzierte Angelegenheit: Als Künstler muss man lernen, nicht blind auf ihre Aussagekraft zu vertrauen. Es gibt zwei Gründe dafür, warum Standing Ovations nicht immer so bedeutungsvoll sind, wie es scheint.

Der eine ist, dass es sich bei der Publikumsreaktion nicht zwangsläufig um einen verlässlichen Gradmesser für Begeisterung handelt. Zwar wird jeder Künstler bestätigen können, dass es diese magischen Abende gibt, wenn man an der Art des Applauses und den Gesichtern in der Menge ablesen kann: Dieser Saal schwingt auf einer Wellenlänge mit der Bühne, und die Euphorie ist echt. Das sind besondere Momente, die jeder Künstler für immer in seiner Erinnerung bei sich trägt wie Juwelen.

Der Applaus wird zwar auch, aber nicht nur von der Leistung beeinflusst.

In der Regel aber ist die Reaktion des Publikums nicht zuletzt ein gruppenpsychologisches Phänomen. Das bedeutet, der Applaus wird zwar auch, aber nicht nur von der Leistung des Künstlers beeinflusst. Daneben spielen äußere Faktoren wie der konkrete Anlass, der Ort des Geschehens und vor allem das Verhalten der anderen Zuschauer eine Rolle.

In einer Studie über soziale Identität und Gruppenpsychologie, veröffentlicht im *Journal of the Royal Society*,[52] konnten internationale Wissenschaftler nachweisen: Klatschen ist ansteckend. Sobald wir uns in einer Gruppe befinden – etwa im Publikum bei einer Show –, kann die Verhaltensweise Einzelner leicht auf die ganze Gruppe übergreifen. Dieses Phänomen wird als »soziale Ansteckung« bezeichnet. Die Forscher stellten fest, »dass die Zeit, welche ein Publikum Applaus spendet, unabhängig von der Qualität der Präsentation deutlich variieren kann«.[53] Einen besonders großen Einfluss habe dabei »das Verhalten der Menschen, die direkt neben einem sitzen«.[54]

Selbst im wohl berühmtesten Showrevier der Welt, dem Broadway, haben Standing Ovations den Feuilletons zufolge nicht mehr die Bedeutung, die sie einmal hatten. Eine Theaterkritikerin etwa beklagte in einer Kolumne, dass das Publikum inzwischen »lemmingmäßig« nach jeder Vorstellung aufstehe, unabhängig von der Qualität der Darbietung.[55] Ein anderer Kolumnist hielt dagegen, Standing Ovations seien das neue Klatschen – die eine Konvention hätte eben die andere abgelöst. Ein Argument, dem ich aus meiner eigenen Bühnenerfahrung zustimmen kann: Wir Künstler erkennen an der Art, Intensität und Dauer des Applauses dennoch, wie begeistert das Publikum wirklich ist – wenn wir denn darauf achten.[56]

Hinzu kommt der Effekt, dass fast immer viele im Publikum sind, die nur selten ein Kulturevent besuchen. Sie sind schneller zu Standing Ovations bereit als Routiniers, die viele Vergleichsmöglichkeiten haben. Deshalb lassen sie sich mutmaßlich auch leichter animieren aufzuspringen, wenn andere Zuschauer es tun. »Ich traue mir unabhängig davon, ob ich am Ende aufstehe oder nicht, ein vernichtendes Urteil über ein Stück zu. Für die Touristenfamilie neben mir, die ihr halbes Urlaubsbudget dafür ausgegeben hat, kann ich allerdings nicht sprechen«, schrieb der Broadway-Kritiker weiter.[57]

Bei manchen Veranstaltungen ist die Standing-Ovations-Kultur derart außer Kontrolle geraten, dass sie selbst für die Künstler zu einem Martyrium geworden ist. Bei den Internationalen Filmfestspielen von Cannes kann man regelmäßig beobachten, wie die Regisseure und Darsteller sich bei den endlosen Applausorgien sichtlich unbehaglich fühlen. Es gibt sogar eine Rangliste der Filme mit den längsten Standing Ovations bei den Festspielen – so bekannt ist Cannes dafür. Den Spitzenwert erzielte 2009 Quentin Tarantinos bereits erwähntes Meisterwerk *Inglorious Basterds*. Ganze 22 Minuten lang spendete das Publikum stehend Applaus. Ich garantiere Ihnen: Kein Künstler kann so lange glaubwürdig überrascht wirken und dankbar lächeln. Nicht einmal Brad Pitt hat es geschafft. Und der musste da, genau wie Tarantino, schon einige Male durch.[58]

Publikumsreaktion und Darbietungsqualität korrelieren nicht immer: Das ist der eine Grund, warum wir uns als Künstler bei unserer Suche nach Anerkennung und Motivation nicht allein darauf verlassen dürfen.

Der andere Grund ist, dass das Applaus gewordene Urteil des Publikums nicht zwingend mit der Selbsteinschätzung des Künstlers übereinstimmt – oder der eines Kollegen oder Experten, der die Performance beobachtet. Das liegt nicht etwa daran, dass im Publikum lauter Banausen säßen, die keine Ahnung haben. Vielmehr hängt meine Selbsteinschätzung nach einem Auftritt auch von Faktoren ab, die das Publikum nicht einschätzen kann – jedenfalls nicht, wenn ich meine Sache gut gemacht habe.

Das gilt genauso für Sie bei Ihrer täglichen Arbeit. Der Wert, den wir dem eigenen Tun beimessen, ist oft ein verlässlicher Gradmesser als die Anerkennung, die wir dafür bekommen.

Warum Sie sich ruhig selbst beklatschen dürfen

Folgen Sie mir in Gedanken noch einmal auf die Bühne. Bei manchen Auftritten ist mein Job leichter als bei anderen. Wenn ich ins Rampenlicht trete – egal, ob im Cirque du Soleil oder auf einem Kongress –, habe ich keine Ahnung, was mich erwartet. Der grundsätzliche Ablauf meiner Darbietung oder meines Vortrags ist zwar immer ähnlich, doch tatsächlich gleicht keine Performance der anderen. Ich habe es nämlich immer mit einem anderen Publikum und vor allem jedes Mal mit einem anderen Freiwilligen zu tun. Und mit dessen Eignung als meinem auserwählten »Opfer« steht und fällt mein Auftritt.

Dabei sind verschiedene Faktoren im Spiel. Manchmal geht es schon damit los, dass ich möglichst einen Freiwilligen brauche, der sich an diesem Tag für ein Outfit mit Krawatte oder wenigstens mit Gürtel entschieden hat. Wenn ich also nirgendwo im Publikum einen Zuschauer mit Gürtel und/oder Krawatte entdecke, habe ich ein Problem. Und wenn es nur einen oder zwei Kandidaten gibt, denen ich auf den ersten Blick ansehe, dass sie eher zur unkooperativen Sorte gehören, habe ich ebenfalls ein Problem. Daran kann ich nicht das Geringste ändern – da muss ich durch.

Der Wert, den wir dem eigenen Tun beimessen, ist oft ein verlässlicher Gradmesser als die Anerkennung, die wir dafür bekommen.

An diesen Tagen verdiene ich mir mein Honorar noch redlicher als sonst. Wenn ich einen Auftritt unter solchen Vorzeichen erfolgreich über die Bühne bringe, habe ich eine viel größere Leistung erbracht als an einem Tag mit lauter kooperativen Anzugträgern im Saal, die nichts lieber wollen, als ausgeraubt zu werden. Da komme ich klatschnass geschwitzt, aber glücklich von der Bühne und bin besonders stolz darauf, dass ich diese Herausforderung gemeistert habe. Das Publikum aber hat davon im Idealfall überhaupt nichts mitbekommen; es klatscht nicht mehr oder weniger als sonst. Und genau darin liegt dann mein größter Verdienst.

Wenn ich nicht in der Lage wäre, mir selbst Anerkennung zu spenden und meine Leistung realistisch einzuschätzen, würde mich das frustrieren. Wenn ich Ihnen nun sage, dass es bei praktisch jedem Auftritt erschwerende Faktoren gibt und ich nicht ab und zu, sondern immer wieder um einen erfolgreichen Act kämpfen muss wie ein Löwe, dann verstehen Sie: Für meine besten Performances bekomme ich keine besondere Anerkennung von außen. Die muss ich in mir selbst besorgen.

So wie die meisten Auftritte finden auch die meisten Arbeitstage in Ihrem Job nicht unter idealen Bedingungen statt, stimmt's? Vielleicht haben die Kinder morgens schon keine Lust aufzustehen, dafür aber auf eine Grundsatzdiskussion über den Schulbesuch. Beim Ausparken bekommen Sie es mit einem Verkehrsrowdy zu tun, der Sie so eng schneidet, dass Sie die Engel singen hören, bevor Sie überhaupt das Radio eingeschaltet haben. Beim Betreten des Büros entdecken Sie den Stapel Akten, den Ihr Chef Ihnen freundlicherweise um kurz nach fünf hinterlassen hat, nachdem Sie *einmal* pünktlich Feierabend gemacht haben. Obendrauf klebt ein Post-it mit der Aufforderung, alles bis zum Meeting um zehn durchzusehen. Beim Lunch kleckern Sie sich Tomatensoße auf die

Bluse, natürlich direkt vor der Videokonferenz mit dem neuen Kunden. Nachmittags kommt ein Anruf aus der Schule, dass es in der Klasse Ihres Kindes einen Masernausbruch gibt. Und als Sie gerade den Rechner herunterfahren wollen, teilt Ihr Kollege aus dem Vertrieb Ihnen mit, dass das soeben fertiggestellte Angebot noch einmal komplett überarbeitet werden muss.

Wenn Sie an einem solchen Tag trotzdem irgendwie alles gut gemeistert haben und mit einem guten Glas Wein aufs Sofa fallen, dann wissen Sie, was Sie getan haben. Aber bekommen Sie dafür eine Gehaltserhöhung? Hat Ihr Chef mal ein gutes Wort für Sie übrig? Stehen die Kollegen am Ausgang Spalier und spenden Ihnen Applaus? Singt Ihre Familie Ihnen aus Dankbarkeit ein Lied? Von wegen. Meistens bekommen Sie nicht mal ein Dankeschön zu hören.

Wenn schon ein schlechter Tag einem manchmal die Motivation rauben kann – wie schafft man es ohne Anerkennung von außen dann erst durch schlechte Zeiten? Wie überwindet man die vielen Hürden, bis der Erfolg sich überhaupt erst einmal einstellt? Leider geben viele Menschen Ihre Ambitionen und Träume genau deshalb schon früh auf, anstatt sie hartnäckig und gegen alle Widerstände zu verteidigen. Wie viele große Geister sind wohl der Welt auf diese Weise vorenthalten geblieben?

Viele Künstler, die es zu Weltruhm gebracht haben, hätten es ohne einen felsenfesten Glauben an sich selbst nicht weit gebracht. Selbst Genies wie Walt Disney nicht. Der Erfinder von Micky Mouse und all den anderen weltberühmten Figuren begann seine Laufbahn als Zeichner für eine Lokalzeitung – und wurde gefeuert. Die Begründung: Es fehle ihm an Vorstellungsvermögen, und er habe keine guten Ideen.

Doch Walt Disney glaubte an sein Talent und zeichnete weiter. Schon bald erlangte er mit seinen Comics eine gewisse Bekanntheit in seiner Heimat Kansas. So gründete er sein erstes Unternehmen, ein Animationsstudio. Doch leider scheiterte er ein weiteres Mal: Schon bald war die Firma hoch verschuldet, weil er nicht mit Geld umgehen konnte. Disney musste Insolvenz anmelden. Der Gedanke, versagt zu haben, setzte seinem Ego schwer zu, und er machte schmerzvolle Zeiten durch.

Sie müssen sich selbst Ihr wichtigster Kritiker sein, vor allem aber Ihr größter Fan.

Doch nachdem er nach Hollywood umgezogen war, bildeten die Lehren aus dieser Zeit die Basis für seine spätere Karriere. Der Mangel an Erfolg und Anerkennung hatte ihm nicht den Glauben an sich selbst geraubt, ganz im Gegenteil: Das Leiden hatte ihn stärker gemacht. Als er schließlich mit der neu gegründeten Walt Disney Company erfolgreich wurde, halfen die früheren Fehler ihm dabei, dieses Mal die richtigen Entscheidungen zu treffen.

Darum ist es so wichtig, dass Sie Ihre Selbsteinschätzung nicht allein davon abhängig machen, wie andere auf Ihre Arbeit reagieren. Wer nicht gelernt hat, an sich selbst zu glauben, steht in schlechten Zeiten ohne Anerkennung und ohne Motivation da. Ob als Zeichner oder als Erziehungsberechtigter, als Führungskraft oder als Mitarbeiter: Sie müssen sich selbst Ihr wichtigster Kritiker sein, vor allem aber Ihr größter Fan.

Stellen Sie nie sich selbst infrage, sondern immer nur Ihre aktuelle Leistung.

Wenn Ihnen das gelingt, werden Sie Standing Ovations als das wahrnehmen und schätzen können, was sie sind: ein Feedback, das Sie sich redlich verdient haben. Den Weg, der Ihnen heute Standing Ovations beschert, haben Sie ja vor langer Zeit begonnen. Stellen Sie nie sich selbst, Ihre Persönlichkeit und Ihr Potenzial infrage, sondern immer nur Ihre aktuelle Leistung. Dann können Sie selbstkritisch auf Ihre Performance in diesem Moment blicken – und die Anerkennung dennoch annehmen. Gleichzeitig können Sie es verschmerzen, wenn nach einer besonders guten Performance die erhoffte Anerkennung mal ausbleibt: Die Menschen beurteilen Ihre Leistung auf Ihrer Bühne, nicht Sie als Mensch. Sie tun es, so gut es ihnen eben möglich ist. Manchmal können sie das nicht, weil ihnen der Vergleich fehlt. Manchmal wollen sie das nicht, weil sie voreingenommen oder abgelenkt sind. Und manchmal trauen sie sich nicht, weil sie sich keine Blöße geben wollen. Niemals aber können andere Sie aufgrund einer isolierten Leistung spontan als Mensch und Gesamtkunstwerk bewerten. Also tun Sie es auch nicht!

> *Von allen Urteilen ist keines so wichtig und so mächtig wie das, das wir über uns selbst fällen.*

Warum Sie immer nur wert sind, was Sie sich selbst wert sind

Unter meinen Kollegen, sowohl bei den Künstlern als auch bei den Referenten, gibt es einige, die den Applaus nicht abwarten. Sie beenden ihren Auftritt, winken vielleicht noch einmal kurz und verlassen die Bühne, während die Zuschauer sich die Hände wund klatschen. Manchmal rufen sie sogar noch Zugabe, ohne dass der Künstler sich noch einmal blicken lässt. Mir tut das jedes Mal in der Seele weh. Für das Publikum? Auch. Aber vor allem für den Bühnenkollegen.

Wenn man dieses Verhalten positiv betrachten will, kann

man es natürlich als besonders große Bescheidenheit auslegen. Aber was bedeutet diese Null-Geste denn genau? Der oder die Betreffende ist der Ansicht, dass der Applaus nicht gerechtfertigt sei. Das kann man positiv wenden, wie man will: Am Ende läuft es auf mangelnden Selbstwert hinaus. Die Zuschauer, Freunde, Kollegen werden davon irritiert sein, wenn Menschen ihre Anerkennung nicht wollen und ihren Dank womöglich noch aktiv ablehnen: »Dafür doch nicht!« Doch am meisten schadet sich der Künstler selbst. Von allen Urteilen, zu denen wir im Leben kommen, ist keines so wichtig und so mächtig wie das, das wir über uns selbst fällen.

Eine selbstbewusste Ausstrahlung braucht eine bestimmte innere Einstellung zur eigenen Identität. Wenn wir nicht an uns selbst glauben, wird es auch kein anderer tun. Halten Sie sich selbst nicht für grundsätzlich gut, liebenswert und wirksam, ist die komplexe Welt, in der wir leben, für Sie ein Ort ohne Hoffnung und ohne die Chance auf Erfüllung. Sind Sie allerdings mit sich selbst im Reinen, wird sie zu einem Ort voller Möglichkeiten.

Gerade weil der Applaus und die Standing Ovations kein guter Gradmesser für die eigene Entwicklung sind, ist ein gesundes Selbstwertgefühl wichtig, um die selbst gesteckten Ziele zu erreichen. Der Selbstwert entscheidet in hohem Maße über all die Faktoren, an denen wir ein gutes Leben festmachen – wohin wir es auf unserem eingeschlagenen Weg bringen, ob wir funktionierende Beziehungen unterhalten und wie wir mit Herausforderungen umgehen. In guten Zeiten ermöglicht er uns, die Früchte unserer Arbeit zu ernten, die Anerkennung zu genießen und auf den Erfolgen weiter aufzubauen. In schlechten Zeiten hilft er uns wie ein Schutzschild darüber hinweg, wenn messbare Ergebnisse und äußere Anerkennung ausbleiben, die wir alle uns selbstverständlich wünschen.

Der Grund für diesen erstaunlichen Einfluss des Selbstwerts auf unsere Lebensführung ist wieder das Prinzip Selbstwirksamkeit: Menschen mit einem gesunden Selbstwert sind davon überzeugt, dass sie die Welt, ihr Umfeld und vor allem sich selbst beeinflussen und gestalten können. Sie denken und handeln unabhängiger und gehen konstruktiver mit Schwierigkeiten um. Menschen mit einem geringen Selbstwert glauben dagegen eher daran, ihrem Schicksal ausgeliefert zu sein. Deshalb bleiben sie fast zwingend unter ihren Möglichkeiten.

Doch warum sind manche Menschen mit einem gesunden Selbstwert ausgestattet und andere nicht? Die Ursache liegt meist in der Kindheit. Forscher gehen davon aus, dass Kinder ein sogenanntes negatives Selbstbewusstsein schon mit etwa zweieinhalb Jahren entwickeln können. Bereits mit fünf ist die Ausbildung des Selbstwertgefühls weit fortgeschritten. Danach findet nur noch eine Art Feinabstimmung statt, die etwa bis zum 20. Lebensjahr erfolgt.[59]

Das bedeutet natürlich, dass die Eltern und das frühe Umfeld einen extrem großen Einfluss darauf haben, wie es später um unseren Selbstwert als Erwachsene bestellt ist. Ängstliche Kinder, die sich selbst nicht viel zutrauen, werden oft ausgerechnet von besonders starken, erfolgsorientierten Eltern erzogen. Denn die neigen dazu, ihren Kindern mit ihrer Leistungsfokussierung im Nacken zu sitzen. Und dort, im Nacken, sitzen sie im übertragenen Sinne im Erwachsenenalter immer noch – wie ein Gewicht auf den Schultern und eine Stimme im Ohr, die das längst erwachsene Kind für seine vermeintlich hinter den Erwartungen zurückbleibenden Leistungen runterputzt, obwohl es vielleicht längst Standing Ovations verdient hätte.

Eine solche innere Stimme, die Menschen mit geringem

Selbstwert traktiert, ist so etwas wie ein Gegenbild zu Jürgen: Sie verunsichert, wo Jürgen mir Sicherheit gibt. Was daran besonders tückisch ist: Auf Jürgens Präsenz in meinen Gedanken habe ich Einfluss. Ich kann ihn jederzeit rufen, wenn ich seine Unterstützung brauche, aber sonst darf er gern seine wohlverdiente Rente genießen. Er hat mir alles mitgegeben, was ich brauche, um im Leben zu bestehen. Der Antagonist eines Jürgen dagegen ist mit seiner destruktiven Dominanz ständig präsent – er klammert sich im Nacken fest wie ein blutrünstiger Vampir. Ihn abzuschütteln erfordert mehr Entwicklungsarbeit, als ein positives Bild zu verinnerlichen. Doch für Menschen mit geringem Selbstwert ist dieser Sieg das Ticket zu einer ganz neuen Show.

Leider gibt es eine Menge Vampire in unserem Leben. Die typische Leistungsfixierung im engsten Umfeld setzt sich oft von der Erziehung über das Bildungssystem bis in die Unternehmen hinein fort, in denen wir den Großteil unseres Lebens tätig verbringen. Sie ist ein gesamtgesellschaftliches Phänomen. Als Künstler weiß ich, wovon ich rede: Mein Lebensentwurf steht in der Marktlogik der Leistungsgesellschaft erst dann hoch im Kurs, wenn er sich rechnet. Von Schulnoten über Leistungsbeurteilungen und Rankings bis hin zum Jahresgehalt – überall wird unser Wert gemessen, vorzugsweise in Zahlen. Sie dienen anderen als Maßstab dafür, wie sie mit uns umgehen. Wer keinen gesunden Selbstwert aus seiner Kindheit mitbringt, hat von vornherein schlechte Karten. Unsere Welt hat schlicht kein großes Interesse daran, dass sich daran etwas ändert.

Wer glaubt, keine Standing Ovations zu verdienen, hat

Überall wird unser Wert gemessen, vorzugsweise in Zahlen. Sie dienen anderen als Maßstab dafür, wie sie mit uns umgehen.

Angst vor jeder Bühne, die sich ihm bietet: Der mangelnde Selbstwert verbaut diesen Menschen ihre größten Chancen im Leben. Oft trifft das ausgerechnet besonders leistungsfähige Zeitgenossen, die schon ihr Leben lang um Anerkennung kämpfen und deshalb außerordentlich fit auf ihrem Gebiet sind. Für sie selbst, aber auch für ihre Umgebung ist das ein echter Verlust.

Auch die Introvertierten und Schüchternen verdienen eine Bühne! Sogar manche besonders erfolgreiche Künstler sollen einmal schüchterne Zeitgenossen oder sogar Mauerblümchen gewesen sein – von Nicole Kidman bis Hugh Grant, von Michael Schulte bis Diana Krall. Erst auf ihrer Bühne angekommen, kam ihre Persönlichkeit und Leidenschaft wirklich zur Entfaltung. Weil sie sich ihre Anerkennung verdienen und sie es der Stimme in ihrem Ohr beweisen wollen, sind sie oft besonders gut in dem, was sie tun – wenn sie nur die Chance bekommen. Doch allzu oft bleibt ihr Platz auf der Bühne leer. Stattdessen springt häufig der Erstbeste ein, der keine Hemmungen hat, die Aufmerksamkeit für sich zu beanspruchen, dafür aber vielleicht weniger Substanzielles zu bieten.

Auch die Introvertierten und Schüchternen verdienen eine Bühne!

Ein höherer Selbstwert hilft auch dabei, nicht länger hinter den dominanten »Rampensäuen« auf Ihrer Bühne zurückzustehen – jenen Menschen, mit denen Sie sich vermeintlich nicht messen können. Lassen Sie sich von den Selbstwertmonstern um sich herum nicht täuschen: Selbstbewusstsein kann man bis zu einem gewissen Grad faken. Die Wahrscheinlichkeit, dass einschüchternde, weil scheinbar besonders von sich überzeugte Menschen in Ihrem Umfeld genau das tun, ist sogar ziemlich hoch: Die Art Selbstsicherheit, die wir als unsympathisch wahrnehmen, ist oft von der geheuchelten Sorte.[60]

Wie aber entkommen Sie dem Kreislauf von Selbstzweifeln und mangelnder Anerkennung? Der Knackpunkt beim Selbstwert, auch da sind sich die Experten einig, liegt in den Erfolgserlebnissen.

Selbstwert von A bis Z

Nichts hilft uns effektiver als Machbarkeitserfahrungen, um an die eigenen Fähigkeiten zu glauben. Schon ein kleines Erfolgserlebnis auf der Herzensbühne kann ein Durchbruch sein, und jede weitere positive Erfahrung stärkt das Selbstwertkonto. Ein unabwendbares Schicksal ist ein geringer Selbstwert also keineswegs. Nicht einmal, wenn Sie zu den chronisch Bescheidenen oder Schüchternen gehören – und schon gar nicht, wenn Sie wie die meisten Menschen einfach ganz normale Zweifel haben. Es gibt eine lange Reihe von Strategien, Denkansätzen und Verhaltensweisen, die Sie in Ihr Alltagsleben integrieren können, um Ihren Selbstwert zu stärken.

Nichts hilft uns effektiver als Machbarkeitserfahrungen, um an die eigenen Fähigkeiten zu glauben.

Daran haben wir alle Bedarf: Nicht nur unsichere Menschen kennen Krisen und Selbstzweifel, sondern auch solche mit gesundem Selbstwertgefühl. Wir Künstler müssen meist zuerst durch ein tiefes Tal gehen, bis unser Glaube an uns selbst tatsächlich Früchte trägt. Selbst, wenn wir ganz oben angekommen sind, bleibt der Erfolg stets fragil. Schlechte Tage und suboptimale Leistungen sind sogar für die Superstars nichts Ungewöhnliches. Und die leiden oft besonders schwer darunter, weil sie den höchsten Anspruch an sich haben.

Den eigenen Selbstwert kritisch im Blick zu haben, hilft jedem von uns – vom Angsthäschen bis zum Bühnentiger. Jeder von uns braucht hin und wieder einen Boost für das eigene Selbstbewusstsein. Deshalb verrate ich Ihnen nicht eine, nicht drei und nicht zehn Stellschrauben für Ihren Selbstwert. Ich gebe Ihnen 26 davon: Aus den mysteriösen Tiefen meiner geheimen Taschen schenke ich Ihnen mein Alphabet des Selbstwerts. *It's magic!*

Wenn Sie sich Ihrer Sache schon ziemlich sicher sind, betrachten Sie die 26 Tipps als Upgrade, mit dem Sie Ihren Selbstwert bei Bedarf intensivieren oder an schlechten Tagen schnell reanimieren können. Ich meine die Tage, an denen sich das Ego einen Doppelten einschenkt, damit wenigstens der Promillewert steigt. Und ausbaden dürfen Sie es am nächsten Morgen. Dann lieber ins Alphabet schauen! Die Spätfolgen sind auch viel angenehmer. Haben Sie sich auf den letzten Seiten ein paarmal ertappt gefühlt, gehören Sie vielleicht zu denen, die mehr oder wenig dauerhaft unter geringem Selbstwertgefühl leiden. In diesem Fall laden Sie sich statt dem Upgrade am besten das gesamte A bis Z des Selbstwerts auf Ihre mentale Festplatte runter.[61] Einige der folgenden Impulse helfen Ihnen, negative Denk- und Verhaltensmuster zu entlarven und zu hinterfragen. Andere unterstützen Sie kontinuierlich dabei, sich in einen Gemütszustand der Machbarkeit zu versetzen und sich den entscheidenden Herausforderungen auf Ihrer Bühne bewusst und ergebnisoffen zu stellen.

Das Selbstwert-Alphabet
A wie Ablehnungsangst: Aus Sorge, wir könnten abgehängt werden, bemühen wir uns oft krampfhaft, mit anderen mitzuhalten. Wir wollen genauso beliebt und erfolgreich sein und

suchen ihre Bestätigung. Damit machen wir uns nicht nur vom Zuspruch anderer abhängig, sondern wir nehmen auch in Kauf, immer hinterherzuhecheln. Runter von der fremden Bühne, die eigene erklimmen!

B wie Betriebsblindheit: Im Zeitalter von Social Media und Massenmedien haben wir die schlechte Angewohnheit entwickelt, uns permanent mit anderen zu vergleichen. Statt auf der eigenen Bühne voranzukommen, werden wir dadurch neidisch, träge, missgünstig auf das Rampenlicht anderer – und dabei immer blinder für das, was uns eigentlich ausmacht. Negative Vergleiche sind Gift für den Selbstwert. Sie lenken uns nur von unserer Einzigartigkeit ab.

C wie Challenge: Ein gesunder Selbstwert hat viel damit zu tun, wie Sie Ihre Chancen nutzen. Das heißt aber nicht, dass jeder Schuss ein Treffer sein müsste. Schwerer als Momente des Scheiterns wiegt die Reue, sich den entscheidenden Challenges gar nicht erst gestellt zu haben. Die meisten Fehlschläge sind letztlich halb so wild – verpasste Chancen kommen dagegen oft nicht wieder.

D wie Denkmuster: Das Geheimnis jeder echten Veränderung liegt darin, destruktive Denkmuster durch konstruktive zu ersetzen. Mit negativen Glaubenssätzen sabotieren wir den Selbstwert nachhaltig und merken es oft gar nicht. Schluss mit der Opferhaltung, die sich in Denkweisen wie »Ich kann das nicht«, »Ich bin zu alt« oder »Ich habe sowieso keine Chance« zeigt. Was Sie wirklich können, wissen Sie erst, wenn Sie es ausprobieren!

E wie Eigenverantwortung: Wie es um Ihren Selbstwert bestellt ist, steuern Sie – wie der Name schon sagt – selbst. Lernen Sie, konsequent zwischen Fremdbild und Selbstbild zu unterscheiden, damit Sie sich nicht unbewusst an Maßstäben orientieren, die gar nicht Ihre sind. Dazu gehört auch, dass Sie

Verantwortung für Ihren eigenen Weg übernehmen und die Schuld nicht bei anderen suchen.

F wie Fehler: Fehler haben in unserer Kultur keinen guten Ruf. Deshalb wirken sie sich oft negativ auf den Selbstwert aus. Lösen Sie sich von der Vorstellung von Perfektion: Fehler ändern überhaupt nichts an Ihrem Wert als Mensch. Fehler passieren. Machen Sie einen Wachstumsfaktor daraus: Wieder etwas über Ihre Bühne und Ihre Rolle gelernt! Die Situation ist mein Lehrer, und ich bin ihr Schüler.

G wie Gehirnwäsche: Wie oft lassen Sie sich von anderen auf Ihrer eigenen Bühne den Kopf waschen? Wenn Sie das für eine gute Frage halten, habe ich noch eine bessere für Sie: Wie oft waschen Sie sich selbst den Kopf? Seit mir ein paar besonders penetrante Glaubenssätze per Notoperation entfernt werden mussten, lasse ich mir von meinem Gehirn nicht mehr alles gefallen.

H wie Happy: Schmeißen Sie für Ihren Selbstwert öfter mal eine Party. Die Menschen um Sie herum spüren nämlich an Ihrem Happiness-Level, ob Ihr Selbstvertrauen echt ist oder geheuchelt. Solche Selbstwertpapierfälscher kompensieren ihre Selbstzweifel mit überzogenen Defensivstrategien. Nicht von anderen täuschen oder runterziehen lassen, sondern zur Gewohnheit machen, was Sie selbst stärkt!

I wie Initiative: Veränderungen, die von Ihnen selbst ausgehen, haben den größten Effekt auf Ihren Selbstwert. Wenn Sie einen großen Traum hegen, aber sich noch nicht trauen, machen Sie es sich leicht: Oft bringt schon ein winziger Schubser den Stein unwiderruflich ins Rollen. Das kann das erste Kilo sein, der erste Satz, der erste Anruf …

J wie Ja: Völlig egal, was Sie so alles gegen sich vorzubringen haben: Sie dürfen sich und Ihr Leben aus voller Überzeugung bejahen. Außerdem müssen Sie nicht jedes Nein einfach hinnehmen. So manches lässt sich in ein Ja verwandeln. Als ein junger Mönch seinen Abt einmal fragte: »Darf ich beim Beten rauchen?«, bekam er ein klares Nein zur Antwort. Als er einem anderen Mönch verärgert davon berichtete, antwortete dieser erstaunt: »Wieso? Ich habe den Abt gefragt, ob ich beim Rauchen beten darf – und er hat es erlaubt.«

K wie Kritiksucht: Öfter noch als gegen andere richtet sich unser Hang zu jammern, zu meckern und Fehler zu suchen gegen uns selbst. Knebeln Sie den inneren Kritiker! Aber vereinbaren Sie vorher ein Safeword, denn Selbstreflexion muss sein. Sie darf nur nie die Oberhand über die Selbstliebe gewinnen.

L wie Lindemann: Gehen Sie zurück auf Start, ziehen Sie gern 5000 Euro ein, wenn Sie schneller sind als ich, und lesen Sie mein Buch noch einmal. In einem Experiment fand die Psychologin Jennifer Crocker von der Universität Michigan nämlich heraus, dass es das eigene Selbstwertgefühl steigert, wenn wir andere unterstützen. Indem Sie mein Buch lesen, tun wir also gegenseitig etwas für unseren Selbstwert. Gern geschehen!

M wie Mut: Es braucht Mut, der Wahrheit ins Auge zu sehen. Noch mehr Mut braucht es allerdings, sich nicht einfach dem anzuschließen, was andere für die Wahrheit halten. Vertrauen in Ihre eigene Urteilskraft ist eine wichtige Voraussetzung für einen gesunden Selbstwert. Sie wissen, was Sie wollen; handeln Sie mutig danach.

N wie Nein: Nein zu sagen ist eine wichtige Kompetenz, um den Selbstwert gegen Angriffe von außen zu schützen, aber auch vor Selbstsabotage. Machen Sie das selbstbewusste Nein zu Ihrem Schutzschild!

O wie Oh, là, là: Menschen mit verspiegelter Schlafzimmerdecke wissen: Ein bisschen Eigenliebe ist gut für das Selbstwertgefühl. Flirten Sie öfter mal mit sich selbst. Wir Showkünstler üben all unsere Tricks vor dem Spiegel – manchmal auch dann, wenn es nicht zwingend notwendig wäre.

P wie Perspektivenwechsel: Fast alles, was Ihnen im Leben passiert, lässt sich aus verschiedenen Blickwinkeln betrachten. Natürlich will ich Sie nicht anstiften, sich Probleme schönzureden. Aber Sie haben fast immer die Wahl, eine Perspektive einzunehmen, die Sie stärkt oder Ihrem Selbstwert zumindest nicht schadet. Nicht: Was läuft falsch?, sondern: Was läuft richtig? Nicht: Was kann ich nicht?, sondern: Was kann ich?

Q wie Quelle: Manche haben den Selbstwert scheinbar schon mit der Muttermilch bekommen, andere sitzen noch als Erwachsene auf dem Trockenen. Der Ursprung des Selbstwerts aber ist bei jedem Menschen derselbe: der Glaube an sich selbst. Sie können diese unerschöpfliche Quelle anzapfen oder nicht. Ich rate Ihnen, in vollen Zügen auszutrinken.

R wie Räuber: Hüten Sie sich vor Dieben. Ich genieße selbstverständlich Immunität: Schließlich haben Sie den Tipp von mir. Aber es gibt eine Menge unsympathischer Menschen, die Sie Ihres Selbstwerts berauben wollen. Je mehr Selbstwert, desto mehr Räuber! Finden Sie heraus, wer die Diebe in Ihrem Leben sind: die Neider und die Nörgler, die Ignoranten und die Intoleranten.

S wie Selfie: Sorgen Sie für Abwechslung in Ihrem Instagram-Feed: Posten Sie statt Ihres Essens öfter mal ein Selfie. Gern direkt nach dem Aufwachen. Betrachten Sie es eingehend. Und dann sagen Sie sich selbst (und am besten auch gleich Ihren Followern): »Das Beste, was der Menschheit heute passieren kann, bin ich.« Sollte das tatsächlich mal nicht helfen: einfach liegen bleiben.

T wie Tatsachen: Bleiben Sie so rational, also faktenorientiert wie möglich, wenn Sie Ihren Selbstwert bilanzieren. Vor allem wenn Emotionen anderer in die Gleichung einfließen, läuft das auf Bilanzfälschung hinaus: So bekommen Sie nie ein klares Bild von Ihrem Wert. Wenn jemand die Statistik manipuliert, dann bitte schön Sie selbst: Brechen Sie große Bilanzziele auf realistische Teilziele herunter, dann haben Sie mehr Erfolge vorzuweisen.

U wie Unschuld: Es gibt Dinge, die sind unwiederbringlich verloren. Aber wenn Sie sich unnötig Schuld aufladen und für jeden Fehler in Ihrem Leben, in Ihrem Unternehmen und im Lauf der Welt bezichtigen, ist das tödlich für Ihren Selbstwert. Nicht jede Bombe, die uns um die Ohren fliegt, haben wir absichtlich gezündet. Glauben Sie mir: Sie kriegen das Internet nicht allein kaputt, und Ihre Firma auch nicht. Ihren Selbstwert dagegen schon.

V wie Vergiftung: Wenn Sie ständig unzufrieden, mürrisch und gereizt sind, ist es höchste Zeit für eine Detox-Kur für Ihr Selbstwertgefühl. Nicht immer kann man sofort zurückfahren, was nervt – aber fast immer kann man mehr von dem tun, was guttut. Langfristig sollten Sie natürlich so wenig wie möglich von dem tun, was Ihren Wertvorstellungen widerspricht, denn das verringert Ihren Selbstwert.

W wie Warum: »Hat man sein Warum des Lebens, so verträgt man sich mit fast jedem Wie!« Dieser Ausspruch stammt von Friedrich Nietzsche. Tatsächlich ist das Warum wie ein Impfstoff, der Ihr Selbstwertgefühl gegen Anfeindungen und Rückschläge immunisiert. Finden Sie heraus, warum Sie morgens überhaupt noch aufstehen, und dann forschen Sie mal genauer nach.

X wie X: Der Buchstabe X tritt in deutschen Texten mit einer durchschnittlichen Häufigkeit von nur 0,03 Prozent auf. Auf der großen Bühne unserer Sprache hat das X also fast nie einen Auftritt. Und doch kommt niemand auf die Idee, das

Alphabet auf 25 Buchstaben zu reduzieren. Niemand stellt den Wert von X infrage. Niemand!

Y wie Yoga: Weil Sie sich beim Yoga sozusagen von außen nach innen kennenlernen können, ist es ein guter Startpunkt für eine tiefergehende Beschäftigung mit sich selbst. Die körperliche Betätigung und die geistige Einkehr stärken das Bewusstsein fürs eigene Befinden – und damit automatisch auch den Selbstwert. Yoga-Praktizierende und Meister werden Yogi oder Yogin genannt. Die weibliche Form des Begriffs lautet Yogini, was gleichzeitig auch ein Wort für »Zauberin« ist. Zufall? Wohl kaum: Manche Selbstwertverstärker können wahrlich zauberhafte Wirkung entfalten.

Z wie Zweifel: Die überlassen Sie am besten den Zweiflern. Die können es nämlich auch nicht leiden, wenn ihnen jemand die Show stiehlt.

Bei welchem Buchstaben dieses Alphabets Sie auch immer anfangen: Mit dem Selbstwert beginnt das, was auch andere als Souveränität wahrnehmen. Solange Sie selbst nicht an sich glauben, werden keine Standing Ovations der Welt Sie jemals zufriedenstellen können.

Das Finale zählt

Noch ein letztes Mal möchte ich Sie daran erinnern: Wir wollten in diesem Buch ehrlich miteinander sein. Also Hand aufs Herz: Wie oft rennen Sie von Ihrer Bühne, bevor andere überhaupt eine Chance haben, für Sie zu klatschen? Wie oft haben Sie den Jubel schon abgewinkt, weil Sie glaubten, er stünde Ihnen nicht zu? Es ist Ihre Rolle. Es ist Ihre Bühne. Es sind Ihre Standing

Mit dem Selbstwert beginnt das, was auch andere als Souveränität wahrnehmen.

Ovations. Das Finale zählt – für Sie, aber auch für die Menschen um Sie herum. Auch denen nehmen Sie etwas, wenn Sie sich Ihres Applauses berauben.

Natürlich gibt es im Leben viele Tage, an denen niemand für uns klatscht. Sogar mir ist das aufgefallen. Weil ich mich damit aber nicht so gern arrangieren wollte, habe ich gelernt, mich selbst zu beklatschen. Nicht wortwörtlich natürlich – auch ein Künstler-Ego kennt Grenzen. Ich meine das im übertragenen Sinne: Ich habe mir angewöhnt, mich gezielt zu belohnen. Zum einen, indem ich die Anerkennung dankbar mitnehme und in meinem Herzen speichere, wann immer ich sie bekomme. Zum anderen, indem ich mir meinen Wert bewusst mache und meine Erfolge zelebriere. Der Selbstwert will gepflegt werden. Auch diese Kunst will gelernt sein.

Der Selbstwert will gepflegt werden.

Am Abend nach jenem Tag des kollektiven Barbierversagens in London spazierten mein Bart und ich durch das schicke Theater- und Ausgehviertel Soho. Wir waren auf der Suche nach einem Drink, um uns über die Enttäuschung hinwegzutrösten. Und der Anblick, der sich uns dort am frühen Abend bot, machte beinahe alles wieder wett. Wohin ich auch blickte: In den Straßen Sohos reihte sich eine Bühne an die andere. Vor fast jedem Pub gab es einen Außenbereich (nicht nur für Raucher), der von Menschen schier überquoll. Jeder von ihnen hatte ein Pint in der Hand, manche auch zwei. Die meisten trugen ein breites Grinsen im Gesicht, tauschten sich angeregt aus, lachten und waren offensichtlich in Feierlaune. Und dabei standen sie. All diese Menschen spendeten sich gerade ihre eigenen Standing Ovations für den vollendeten Arbeitstag. Und nicht nur an diesem Tag: Viele tun das praktisch jeden Abend. Die Briten haben aus einer der besten Strategien für einen gesunden Selbstwert ein Kulturmerkmal gemacht: Sie wissen, wie man sich selbst feiert.

Da verstand ich erst, was das Wort »Feierabend« eigentlich bedeutet. Bei uns ist dieses Ritual, das Tagwerk zu zelebrieren, in Vergessenheit geraten. Ich finde, das ist ein Jammer. In diesem Punkt können wir uns von den Briten tatsächlich mal ein Pint abzapfen. Eure Friseure dagegen, liebe Briten – die könnt ihr euch in die Haare schmieren.

Lernen Sie diese letzte Lektion von der Hochkultur des britischen Empire, bevor es zu spät ist: Lernen Sie zu feiern. Schließlich kannte schon der alte Churchill den Dreischritt eines zufriedenen Lebens: Feiern, feiern lassen und sich feiern lassen! Oder war es Queen Mum, Botschafterin des Gin Tonic? Wie auch immer: Finden Sie einen Weg, die wohlverdienten Standing Ovations in Ihren Tag einzubauen, indem Sie sich feiern, belohnen und verwöhnen. Hier sind drei Alltagstipps, die Ihrem Selbstwert mindestens so guttun werden wie ein Pint Guinness vor dem Pub:

> *Feiern, feiern lassen und sich feiern lassen!*

1. Nehmen Sie Komplimente mit Freude an!

Menschen mit geringem Selbstwertgefühl entlarven sich durch ihren Umgang mit Komplimenten. Sie selbst sind sich dessen oft gar nicht bewusst. Auf jedes Lob folgt bei ihnen wie aus der Pistole geschossen eine Abwehrreaktion. Ihre Meinung über sich selbst erlaubt ihnen nicht, das Kompliment anzunehmen – doch damit verletzen sie auch denjenigen, dem sie es verweigern.

Jeder Mensch hat hin und wieder Zweifel, doch manche werden davon regelrecht gequält. Andere ernst zu nehmen und ihnen aufmerksam zuzuhören, wenn sie Ihnen Wertschätzung entgegenbringen und Ihnen danken, ist ein guter Startpunkt, um ein gesundes Selbstwertgefühl zu entwickeln. Lernen Sie, Komplimente anzunehmen – und Sie werden lernen, sich darüber zu freuen.

Lassen Sie zu, dass andere Sie feiern! Dann werden Sie schon bald in der Lage sein, sich selbst jeden Tag eine kleine Party auszurichten, wenn es gerade kein anderer tut.

2. Belohnen Sie sich und Ihr Tagwerk!
Wer ein geringes Selbstwertgefühl hat, konzentriert sich vornehmlich auf die negativen Dinge des Lebens und blendet die positiven aus. Auch, wenn wir eine Krise durchmachen und der Selbstwert einen Durchhänger hat, spüren wir das: All die Erfolge, die wir schon erzielt haben, rücken in den Hintergrund. Die harte Arbeit, die wir Tag für Tag tun, verliert an Bedeutung. Selbst positive Signale wie Wertschätzung aus dem Umfeld oder gute Neuigkeiten in einem anderen Lebensbereich verblassen gegen die Krise, die am Selbstwert nagt.

Menschen, die sich regelmäßig belohnen, kommen besser durch solche Phasen, weil das Positive die Negativsträhne durchbricht. Schaffen Sie sich gezielt Belohnungsrituale und weichen Sie auch in schwierigen Zeiten nicht davon ab: ein heißes Bad, Lunch mit Freunden, ein gutes Buch auf Ihrer Lieblingswiese, Shopping, ein Glas Rotwein und eine Zigarre im Garten ... Toben Sie sich aus: Es ist Ihr Ritual. Zelebrieren Sie es und pochen Sie darauf. Denn es verankert den Erfolg emotional, den Sie sonst im Alltag einfach übergehen. Je mehr positive Emotionen Sie sammeln, desto mehr wächst Ihr Selbstwert, und desto resistenter werden Sie gegen Phasen der Unzufriedenheit und des Selbstzweifels, gegen all die Selbstwerträuber in unserem Alltag und gegen negative Empfindungen.

3. Holen Sie sich Ihre Krone!
Ja, Sie verdienen eine. Ich bin mir absolut sicher, dass Sie in irgendetwas die oder der Beste sind. So wie ich der »King of Pickpockets« bin, so sind auch Sie eine »Queen of« oder ein »King of«!

Jeder Beruf, jede Branche, jedes Spezialgebiet, jedes Hobby und jeder Ort hat seine Royals – gekrönt oder ungekrönt. Einmal durfte ich zum Beispiel einen Vortrag beim Bundesverband der Sekretärinnen in Berlin halten. Als ich den Saal betrat, wusste ich sofort, dass ich von Königinnen umgeben war: lauter »Queens of Assistance«, eine souveräner als die andere. Bis heute denke ich an diesen Auftritt zurück, bei dem ich von ungekrönten Königinnen umgeben war. Als ich ihnen in meinem Vortrag ihre Krone aufsetzte, konnte ich live mit ansehen, wie alle im Publikum buchstäblich einen Kopf größer wurden, als hätte jemand den Boden angehoben: Endlich sprach es mal jemand aus!

Genau das ist es, was viele Menschen verpassen: Sie setzen sich ihre Krone nicht auf. Ich kenne den »King of Busfahrer«, bin sogar mit ihm verwandt – doch er spürt die Krone auf seinem Kopf nicht. Schließlich ist er meistens voll darauf konzentriert, Dutzende Schüler sicher zur Schule zu bringen. Ich kenne die »Queen of Bäckereifachverkäuferinnen« – bei jedem Besuch beschenkt sie mich mit ebenso viel Freundlichkeit wie Kalorien. Ich kenne den »King of Sommeliers«, der immerhin standesgemäß im Bayerischen Hof residiert – doch von Kronkorken will auch der nichts wissen.

Anderen ihre Größe zuzugestehen, hilft uns beim Wachsen.

All diesen Menschen würde ich ohne zu zögern eine Krone aufsetzen. Und wie ich festgestellt habe, tut dieser Gedanke auch für mich selbst eine Menge. Anderen ihre Größe zuzugestehen, hilft uns beim Wachsen. Wenn Sie selbst noch nicht bereit sind, Ihre Krone entgegenzunehmen, üben Sie sich erst mal in der Krönung: Entdecken Sie die Menschen in Ihrem Umfeld, die Ihrer Meinung nach den Titel »Queen of ...« oder »King of ...« verdienen. Wenn Sie verstehen, was diese Menschen auszeichnet, werden Sie früher oder später auch Ihr eigenes Royal-Potenzial erkennen.

Geben Sie sich ruhig Zeit: Souveränität kommt nicht über Nacht. Vielleicht brauchen Sie einfach noch ein paar Runden auf Ihrer Bühne, noch ein paarmal frenetischen Beifall, noch einige kleine Erfolgserlebnisse mehr, bevor es bei Ihnen klick macht. Wie kurvenreich der Weg zur Souveränität sein kann, haben Sie aus dem Bühnenstück erfahren, das Sie gerade in der Hand halten. Einmal hinter die Kulissen, durch den Vorhang ins Rampenlicht, von meiner Vergangenheit in Ihre Zukunft sind wir gemeinsam gegangen. Von den Brettern, die meine Welt bedeuten, habe ich Ihnen Strategien für Ihre Bühnen des Lebens an die Hand gegeben.

Nun ist der Moment gekommen, da ich Sie loslasse. Doch während dieser Vorhang fällt, öffnet sich bereits ein anderer: Nach der Show ist vor der Show. Mit einem sanften Schubs auf Ihre eigene Bühne verabschiede ich Sie von meiner. Haben Sie auch wirklich alles dabei? Ich habe nichts für mich behalten – versprochen. Und der Applaus, den Sie von jetzt an hören, gebührt Ihnen allein. Genießen Sie ihn und lassen Sie sich dennoch nicht täuschen. Niemand kennt Ihre Bühne besser als Sie. Keiner kann sie besser bespielen, und kein Kritiker kann ein besseres Urteil fällen. Ist es Kunst, wenn keiner klatscht? Sobald Sie gelernt haben, zuerst für sich zu applaudieren, müssen Sie sich darüber keine Gedanken mehr machen.

Wir denken viel zu selten daran, während wir über die Bühnen unseres Lebens gehen: Jeder Auftritt ist auch eine Szene in der ganz großen Show, die irgendwann einmal zu Ende geht. Genießen Sie Ihre Bühnenmomente, denn jeder einzelne ist einzigartig. Sie können ihn nicht wiederholen. Sorgen Sie dafür, dass Sie so oft wie möglich auf Brettern stehen, die Ihnen die Welt bedeuten. Wenn unser aller Vorhang einmal fällt, kann kein Applaus der Welt dafür sorgen, dass wir mit uns selbst im Reinen sind. Das kann nur die Gewissheit, dass wir aus unseren Bühnen das Beste gemacht haben. So ist das Showbusiness, so ist das Leben: Am Ende zählt mehr Sein als Schein.

Lassen Sie andere doch tricksen, wie sie wollen. Souveränität ist die wahre Magie!

Nachweise

1 Ben Hewitt: 9 pop stars who quit their day jobs for fame, BBC, 04.01.2017, https://www.bbc.co.uk/music/articles/e7cfc1f8-9d1f-472e-a9e7-b1c866d1587a
2 Ebd.
3 Dave Simpson: Interview mit Noddy Holder, https://www.theguardian.com/music/2015/nov/26/noddy-holder-people-think-i-live-in-a-cave-all-year-and-come-out-in-december-shouting-its-chriiisstmaaasss?CMP=fb_gu, 26.11.2015.
4 Stichwort »Leidenschaft«, in: *Digitales Wörterbuch der deutschen Sprache*, Berlin-Brandenburgische Akademie der Wissenschaften, https://www.dwds.de/wb/Leidenschaft
5 Andreas Ehmer: »Wie die Passion zur Leidenschaft wurde – ›Reinerhaltung und Pflege der deutschen Sprache im 17. Jahrhundert‹. Zur Geschichte der deutschen Sprachgesellschaften, *Deutsche Sprachwelt*, Ausgabe 20, zitiert nach: https://www.sprache-werner.info/wie-die-passion-zur-leidenschaft.3563.html
6 DGB-Bundesvorstand, Abteilung Jugend und Jugendpolitik: Ausbildungsreport 2019, August 2019, S. 49; Bundesministerium für Bildung und Forschung: Berufsbildungsbericht 2020, April 2020, S. 7.
7 Fast jeder Dritte bricht sein Studium ab, https://www.faz.net/aktuell/politik/inland/neue-studie-zahl-der-studienabbrecher-steigt-an-15042502.html#:~:text=Neue%20Studie%3A%20Zahl%20der%20Studienabbrecher%20steigt%20an&text=Services%3A,Handel%202020%3A%20Trendbarometer, 01.06.2017.
8 Kevin McFarland: Adele's Album May Break Sales Records – Even Though It's 2015, *Wired*, 20.11.2015, https://www.wired.com/2015/11/adele-record-setting-sales/
9 Wikipedia: Stichwort »25 (Adele album)«, https://en.wikipedia.org/wiki/25_(Adele_album)
10 Kevin McFarland: »Adele's Album May Break Sales Records – Even Though It's 2015«, https://www.wired.com/2015/11/adele-record-setting-sales/, 20.11.2015.

11 Wikipedia: Stichwort »25 (Adele album)«, https://en.wikipedia.org/wiki/25_(Adele_album)
12 Kevin McFarland: »Adele's Album May Break Sales Records – Even Though It's 2015«, a. a. O.
13 Ebd.
14 Ebd.
15 »Mitarbeiter verlassen keine Unternehmen, sondern Chefs«, https://t3n.de/news/mitarbeiter-kuendigen-jobwechsel-gruende-1141397/, 01. 02. 2019.
16 Sabine Kaufmann: »Spiegelneuronen«, https://www.planet-wissen.de/natur/forschung/spiegelneuronen/index.html
17 »Charakterstärken«, Deutsche Gesellschaft für Positive Psychologie (DGPP), https://www.dgpp-online.de/home/themen-der-positiven-psychologie/charakterst%C3%A4rken/
18 Alden M. Hayashi: »Why Picasso Outearned van Gogh«, *MIT Sloan Management Review*, Herbst 2008, https://sloanreview.mit.edu/article/why-picasso-outearned-van-gogh/, 01. 10. 2008.
19 Roxana Azimi: »When art imitates business«, https://www.theguardian.com/artanddesign/2014/sep/26/art-business-commercial-hirst-koons, 26. 09. 2014.
20 »Famous INTPs«, Website von IDRlabs, https://www.idrlabs.com/intp.php
21 Hans Israel/Erich Ruckhaber/Rudolf Weinmann (Hrsg.): *Hundert Autoren gegen Einstein*, Leipzig 1931.
22 »Famous INTPs«, Website von IDRlabs, https://www.idrlabs.com/intp.php
23 Tobias Dorfer: »Max Planck und der schlagfertige Chauffeur«, https://www.sueddeutsche.de/wissen/max-planck-google-doodle-1.1942136, 23. 04. 2014.
24 Aimee Cliff: Interview mit Shia LaBeouf, https://www.dazeddigital.com/artsandculture/article/22732/1/shia-labeouf-the-interview, 27. 11. 2014.
25 Hubertus Breuer: »Die Illusion der Wahrnehmung«, https://www.sueddeutsche.de/wissen/zauberei-und-psyche-die-illusion-der-wahrnehmung-1.706049, 17. 05. 2010.
26 Ebd.
27 Ebd.

28 Jochen Mai: »Distanzzonen – Bitte Abstand halten! Karrierebibel.de«, https://karrierebibel.de/distanzzonen-intimsphaere/#Distanzzonen-nach-Hall-Bitte-Abstand-halten!
29 Mia de Graaf: »It's what I would want that Dad to do, if it was my daughter«, https://www.dailymail.co.uk/news/article-3133071/Heartbreaking-moment-police-officer-distracts-little-girl-parents-three-siblings-pulled-wreckage-car-crash.html?ito=social-twitter_dailymailus, 21. 06. 2015.
30 Hershey Felder on Leonard Bernstein's Carnegie Hall Debut, YouTube-Kanal von WQXR, https://www.youtube.com/watch?v=yusBp5e2J18&feature=emb_title, 14. 11. 2016.
31 Ebd.
32 Kim Nowacki: »Leonard Bernstein Makes His Carnegie Hall Debut With A Moment's Notice«, WQXR, https://www.wqxr.org/story/leonard-bernstein-makes-his-carnegie-hall-debut-moments-notice/, 14. 11. 2016.
33 Hershey Felder on Leonard Bernstein's Carnegie Hall Debut, YouTube-Kanal von WQXR, a. a. O.
34 Michaela Brohm-Badry: »High Energy – So aktivieren wir unser Belohnungssystem«, https://www.wiwo.de/erfolg/high-energy-so-aktivieren-wir-unser-belohnungssystem/19233654.html, 10. 01. 2017.
35 Hannes Roß: »Was ist bloß passiert?«, https://www.stern.de/kultur/musik/robbie-williams--was-ist-bloss-passiert---3324078.html, 21. 10. 2006.
36 Ebd.
37 Peter Walker: »Banksy graffiti rival King Robbo dies«, https://www.theguardian.com/artanddesign/2014/aug/01/banksy-graffiti-rival-king-robbo-dies, 01. 08. 2014.
38 Jason Daley: »Watch this $1.4 Million Banksy Painting Shred Itself As Soon As It's Sold«, https://www.smithsonianmag.com/smart-news/watch-14-million-bansky-painting-shred-itself-soon-it-sold-180970486/, 08. 10. 2018.
39 Peter Walker: »Banksy graffiti rival King Robbo dies«, a. a. O.
40 »Banksy vs. King Robbo (Street Art vs. Graffiti)«, https://www.artfido.com/banksy-vs-king-robbo-street-art-vs-graffiti/
41 Ebd.
42 Ebd.

43 Ebd.
44 Peter Walker: »Banksy graffiti rival King Robbo dies«, a. a. O.
45 »Strauß und das mysteriöse Tisch-Loch«, https://www.merkur.de/lokales/muenchen/stadt-muenchen/franz-josef-strauss-per33546/strauss-mysterioese-tisch-loch-5481852.html, 14. 09. 2015.
46 Peter Fässlacher: Interview mit Harald Schmidt, ORF III Künstlergespräche, 04. 07. 2019, https://www.youtube.com/watch?v=kP2j5UK2tjo
47 Stuart Oldham: Interview mit Christoph Waltz, https://variety.com/2009/film/news/interview-christoph-waltz-1118007564/, 21. 08. 2009.
48 Brad Pitt lobt seinen deutschen »Inglorious Basterds«-Kollegen: »Christoph Waltz ist einfach großartig!«, https://www.vienna.at/brad-pitt-lobt-seinen-deutschen-inglourious-basterds-kollegen-christoph-waltz-ist-einfach-grosartig/2069347, 10. 08. 2009.
49 Rupert Pennefather by Alfred Dunhill, https://www.youtube.com/watch?v=qyTyFUeRP6E, 02. 08. 2011.
50 Richard Johnson: »Ballet – the secret lives of dancers«, https://www.telegraph.co.uk/culture/theatre/dance/5686154/Ballet-the-secret-lives-of-dancers.html, 29. 06. 2009.
51 »Rudolf Nureyev and Margot Fonteyn, The Perfect Partnership«, https://nureyev.org/rudolf-nureyev-biography/perfect-partnership-margot-fonteyn/
52 RP Mann u.a: »The Dynamics of audience applause«, https://royalsocietypublishing.org/doi/10.1098/rsif.2013.0466
53 Gesine Wiemer: »Trau nicht dem Applaus!« *Idw – Informationsdienst Wissenschaft*, https://idw-online.de/de/news541526?fbclid=IwAR121UyE4oAIB_x816kIo9h6073utncV8QKb5_aA_HG70ZGgD2MPfnp2r44, 02. 07. 2013.
54 Ebd.
55 Linda Buchwald: »Taking a Stand Against Standing Ovations«, https://www.tdf.org/stages/article/1723/taking-a-stand-against-standing-ovations, 17. 08. 2017.
56 Michael Schulman: »In Defense of the Standing Ovation«, https://www.newyorker.com/culture/cultural-comment/in-defense-of-the-standing-ovation, 01. 09. 2017.
57 Ebd.

58 Adam Epstein: »Quentin Tarantino's new film got a 7-minute applause at Cannes. That's actually not that good«, https://qz.com/quartzy/1625450/once-upon-a-time-in-hollywood-and-the-longest-standing-ovations-in-cannes-film-festival-history/, 22.05.2019.
59 Kathrin Schwarze-Reiter: »Nie wieder schüchtern«, https://www.focus.de/familie/erziehung/familie/nie-wieder-schuechtern-selbstvertrauen_id_2122480.html, 01.09.2008.
60 Jochen Mai: »Selbstwertgefühl stärken: Mit 10 einfachen Schritten«, https://karrierebibel.de/selbstwertgefuehl/
61 Selbst ein ganzes Alphabet bildet nur einen Einstieg in das komplexe Thema Selbstwert. Wenn Sie mit starken, ggf. sogar pathologischen Selbstwertproblemen kämpfen, kann es Ihnen eine Stütze sein, aber keine tiefergehende, möglicherweise therapeutische Beschäftigung mit dem Thema ersetzen. Darüber hinaus gibt es für Betroffene zahlreiche spezialisierte Ratgeber über Selbstbewusstsein, Introvertiertheit und Schüchternheit, die diese Themen aus psychologischer Sicht vertiefen.